中青年经济与管理学者文库

广州国家中心城市研究基地资助

日本汽车在中国投资的时间过程与空间组织研究

——以广州为例

（汉英对照）

蒋　丽

U0832869

中国财经出版传媒集团
中国财政经济出版社

图书在版编目（CIP）数据

日本汽车在中国投资的时间过程与空间组织研究：以广州为例：汉英对照／蒋丽著．--北京：中国财政经济出版社，2020.1

ISBN 978-7-5095-9557-2

Ⅰ.①日…　Ⅱ.①蒋…　Ⅲ.①汽车工业－对外投资－研究－日本－汉、英　Ⅳ.①F431.364

中国版本图书馆 CIP 数据核字（2020）第 020272 号

责任编辑：孙　琛　　　　责任校对：胡永立

封面设计：智点创意

日本汽车在中国投资的时间过程与空间组织研究——以广州为例

RIBEN QICHE ZAI ZHONGGUO TOUZI DE SHIJIAN GUOCHENG YU KONGJIAN ZUZHI YANJIU——YI GUANGZHOU WEILI

中国财政经济出版社 出版

URL：http://www.cfeph.cn

E-mail：cfeph@cfemg.cn
（版权所有　翻印必究）
社址：北京市海淀区阜成路甲 28 号　邮政编码：100142

营销中心电话：010-88191537

北京财经印刷厂印装　各地新华书店经销

710×1000 毫米　16 开　20.25 印张　275 000 字

2020 年 1 月第 1 版　2020 年 1 月北京第 1 次印刷

定价：75.00 元

ISBN 978-7-5095-9557-2

（图书出现印装问题，本社负责调换）

本社质量投诉电话：010-88190744

打击盗版举报热线：010-88191661　QQ：2242791300

前言

汽车行业是典型的以龙头企业为主导建立起全球生产网络的行业。当汽车龙头企业在发展中国家投资时，它们常常根据当地政府的要求，邀请其供应商和中间商到当地建立和组织生产网络，这些重组的生产网络直接影响当地经济的发展。因此，涌现出大量关于汽车龙头企业主导的重组生产网络的时间过程和空间组织特征及其内在动力的研究。然而，这些研究大都关注单个汽车龙头企业重组生产网络的时间过程和空间组织的特征，而忽略了不同的汽车龙头企业重组生产网络的时间过程和空间组织的不同特征，这些不同特征可以导致地方经济发展程度不同。而且，关于导致形成重组的生产网络内在动力的研究主要强调汽车龙头企业或地方政府的作用和治理，以及汽车龙头企业与跟随供应商之间的互动分析，而忽略了公司内部企业之间的互动，如龙头企业的整车厂、研发中心和发动机厂，忽略了龙头企业和地方政府，尤其是各层级政府部门之间商讨的动力机制。这些因素都是影响重组生产网络形成的时间过程和空间组织不可或缺的动力机制。

本书采用了定量和定性相结合的方法考察了三大日本汽车龙头企业在广州重组生产网络的时间过程和空间组织，特别是由不同日本汽车龙头企业与跟随供应商的组织。定量的方法是使用区位商指数、全球莫兰指数、地理信息系统技术分析企业层面数据和编码分析半结构深度访谈内容，定性的方法是归纳总结深度访谈内容。研究发现，在广州的日本各汽车龙头企业主导重组的生产网络是“封闭式网络”，其特征是由于对日本供应商信任以及长期关系，与跟随它们而来的日本供应商关系紧密，与当地供应商的联系存在不同程度的疏离。最封闭的网络是丰田，之后依次是本田和日产。由于与当地供应商的联系不够紧密，日本汽车投资的重组并没有加快广州本地供应商行业的发展。从空间上看，由于日本汽车龙头企业与跟随供应商之间的紧密联系，在广州形成了以日本汽车龙头企业为中心的“三足鼎立”的汽车产业集聚形态。

本书还应用全球生产网络2.0理论的“战略”概念解释了日本汽车投资的时间过程和空间组织。一是用日本不同汽车龙头企业和跟随供应商或中间商的企业之间的伙伴战略，解释了不同汽车龙头企业在投资地所主导的不同程度的“封闭生产网络”。由于这些“封闭生产网络”以及与当地供应商的联系不够紧密，重组后的日本汽车生产网络无法在很大程度上加快广州汽车零部件企业发展。二是用日本不同汽车龙头企业的内部协调战略、日本汽车龙头企业和大的供应商与地方政府或非政府组织之间的商讨战略解释了在广州形成了“三足鼎立”的不同的空间集聚模式。

在学术研究贡献方面，理论上，本书丰富了全球生产网络（GPN）2.0理论的“战略”概念内涵，更进一步理解了“企业外部商讨战略、企业之间伙伴战略和企业内部协调战略”的概念，评估了全球生产网络（GPN）2.0理论对由各汽车龙头企业主导的重组生产网络的适用性。此外，本书拓展了沿海地区地方政府与各汽车龙头企业的战略耦合，并增加了案例以丰富汽车龙头企业崛起所带来的重组生产网络和战略耦合的发展文献。

实践上，本书不仅考察了中国汽车生产网络重组过程中外资汽车龙头企业的崛起，尤其集中在对不同日本汽车龙头企业主导的重组生产网络的比较研究，而且还探讨了由三家日本汽车龙头企业在大型潜在市场发展中国家中主导的不同重组生产网络形成时间过程和空间组织，特别是不同日本汽车龙头企业与其跟随供应商之间的时间过程和空间组织的相似性和不同性。通过此案例研究，也有助于理解日本汽车龙头企业在投资地重组生产网络的决定因素。

在实际应用贡献方面，本书也为地方汽车产业发展的政策制定提供一些启示。一是当地政府在选择外资汽车龙头企业时应了解它的生产网络，尤其是与其供应商之间的关系，这直接决定重组生产网络的特点及其对当地汽车零部件产业的影响。同时，当地政府可以提前采取适当的对策来应对其负面影响。二是当地政府在与汽车龙头企业谈判时，要制定同时有利于地方经济的发展和有利于汽车龙头企业发展的商讨条件。三是因为研发才是汽车产业升级的基础，因此当地政府要重视制定促进投资汽车企业在当地研发的政策。

限于本人的学识和能力，本书仅限于日资汽车企业在广州地区重组生产网络的时间过程和空间组织，还有其他外资汽车企业如德国、美国和韩国汽车企业在广州或者中国其他地区如上海、武汉、重庆等地亟待研究。因此，此研究领域的深度和广度还待进一步拓展。对于本书的不足，还望学界同仁和各位读者批评指正。

目录

Temporal Process and Spatial Organization of Japanese Automotive Investment in Guangzhou, China

JIANG Li

Foreword

The production network of the automotive industry is a case in "lead firm-led". Historically, when automotive lead firms invested in less developed countries, they would build and organize their reconfigured production networks with their follow-source suppliers and intermediaries according to local government requirements. Accordingly, a rich body of literature exists on the characteristics of the temporal process and spatial organization of automotive lead firm-led reconfigured production networks because their organization is directly significant for local economic development. Additionally, the underlying dynamics mainly emphasize the role of the automotive lead firms or local government and governance with their follow-source suppliers focused on a firm-centredanalysis. However, these studies overlook the different characteristics of the temporal process and spatial organization of the various automotive lead firm-led, reconfigured production networks formed that can dynamically trigger diverse local economic development. Additionally, the underlying dynamics behind the formation of reconfigured production networks ignore intra-firm dynamics such as assemblers, R&D centres, and engines of lead firms and the extra-firm dynamics such as different lead firms interplaying with various levels of states in host regions.

This book employs quantitative methods, such as firm-level data analysis and indicators measuring by Location Quotient index, Global Moran's I and Geographic Information System techniques, as well as semi-structured, in-depth interviews analysing by coding. It examines the temporal process and spatial organization of Japanese reconfigured production networks, particularly the organization with their suppliers in the automotive industry led by various lead firms. It illustrates that the organization of reconfigured production networks of various Japanese automotive lead firms-led in Guangzhou can be regarded as "exclusive networks" characterized by close organization with their follow-source suppliers in the formation of trust and long-term relationships whilst displaying relatively weak ties with local suppliers, although the extent to which this is the case varies. The most exclusive network is Toyota, followed by Honda and Nissan. Spatially, there exist close inter-firm supply linkages in Japanese automotive firms, centring on their lead firms, having shaped tripartite confrontation of Japanese automotive investment within Guangzhou in terms of the extent of agglomeration, co-location effects, firm-size distribution within the agglomerations, and the effect of spatial autocorrelation.

Drawing upon the "strategies" concept of global production networks (GPNs) theory, this book further demonstratesthe temporal process and spatial organization of Japanese automotive investment in Guangzhou. First, the differing extent of exclusive networks led by various lead firms can be interpreted by the different inter-firm partnership strategies between Japanese automotive lead firms and their suppliers or intermediaries. As a result of these exclusive networks and weak organization with local suppliers, the reconfigured, Japanese automotive production networks cannot substantially accelerate the development of Guangzhou's local suppliers industry. Second, the different agglomeration of spatial organization in the tripartite confrontation can be elucidated by the different three intra-firm coordination strategy of Japanese automotive lead firms, and extra-firm bargaining strategy between Japanese firms (usually lead firms and largest suppliers) and local government.

For its contribution to academic research, this book theoretically enriches the concept of "strategy" in global production network (GPN) 2.0 theory, further understands the concepts of "intra-firm coordination strategy, inter-firm partnership strategy, and extra-firm bargain strategy", and evaluates the applicability of this theory in reconfigured production networks led by automotive lead firms. In addition, this book expands the strategic coupling between local governments and automotive leading enterprises in coastal areas and enrichesthe literature of reconfigured production networks and strategic coupling brought about by the rise of automotive lead firms.

Practically, this book examines the rise of automotive lead firms in the process of restructuring China's automotive production network, focusing specifically on the comparative study of reconfigured production networks led by different Japanese automotive lead firms. This book also discusses the thevaried temporal process and spatial organization of different reorganization production networks led by three Japanese automotive lead firms in "developing" countries with large potential markets. In addition, this case study is helpful in understanding the decisive factors of the restructured production networks of Japanese lead automotive firms in host regions and in formulating polices for the development of the automobile supplier industry in Guangzhou.

For its contribution to policy-making, this book also provides some suggestions for the development of the local automobile industry. First, when selecting an automotive lead firm, the local government should understand its production network, especially the relationship with its suppliers, which directly impacts on the characteristics of the configured production network and the local suppliers industry. Simultaneously, the local government can respond in advance to deal with its negative impact. Second, when the local government negotiates with the automotive lead firms, it should formulate some conditions that are beneficial to the development of the local industryand the automotive lead firms. Third, as R&D research is the basis of automotive industry upgrading, the local government should focus on policies to induce the foreign automotive firms to conduct R&D research in the host region.

Due to the limitation of author's knowledge and research ability, this book only focuses on the temporal process and spatial organization of Japanese automotive investment in Guangzhou. However, automotive lead firms from other areas, such as Europe, the United States, and South Korea also have offices in Guangzhou or other parts of China, such as Shanghai, Wuhan, Chongqing, and Changchun. There is, therefore, much opportunity and need for further research into this topic. The author values comments and suggestions about this book and any future research.

CONTENTS

1 绪　论

1.1 背　景

自 20 世纪 80 年代后期以来，跨国企业的外国直接投资被认为是促进发展中国家经济发展的一个关键因素（Pavlínek，2015）。作为外国直接投资驱动产业战略的前沿，汽车行业的跨国企业在发展中国家经历了全球重组，如在具有巨大市场潜力的发展中国家：中国（Liu & Dicken，2006）、印度（Okada & Siddharthan，2008）、巴西（Humphrey，2003）；或发达国家的综合外围地区，如西班牙（Pallares - Barbera，1998）、墨西哥（Debrand，2014）和中欧（包括捷克、匈牙利、波兰和斯洛伐克）（Pavlínek，2015）；或出口生产基地东盟国家。2018 年，中国、印度、巴西、西班牙和墨西哥的汽车销量分别排名第 1、第 4、第 7、第 8 和第 10 位（www.OICA.net）。汽车工业已成为世界上最全球化的产业之一（Dicken，2007）。

由于发达国家的市场饱和以及发展中国家的自动化

水平提高、低生产成本和政府的压力，汽车龙头企业[①]的“在销售市场地区建厂”战略促使其生产网络从发达国家向发展中国家扩散（Sturgeon，Memedovic，Biesebroeck & Gereffi，2009）。2006 年，世界上有 11 家汽车龙头企业，包括通用汽车（General Motor）、丰田（Toyota）、福特（Ford）、大众（Volkswagen）、本田（Honda）、标致（Peugeot Société Anonyme，PSA）、日产（Nissan）、克莱斯勒（Chrysler）、现代（Hyundai）、雷诺（Renault）和菲亚特（Fiat）（Sturgeon 等，2009）。2014 年菲亚特和克莱斯勒合并后，汽车龙头企业的数量减少到 10 家。当这些汽车龙头企业在销售市场地区投资时，它们通过在当地建立生产设施，包括整车厂、发动机厂、研发中心和跟随供应商和中间商，不断地重组其生产网络（Humphrey，2003；Ivarsson & Alvstam，2005 b）。

这一现象引起了许多学者的高度关注，因为重组的生产网络有直接创造经济发展价值的可能性（Henderson，Dicken，Hess，Coe & Yeung，2002；Gereffi，Humphrey & Sturgeon，2005）。然而，他们忽视了由不同的汽车龙头企业主导的直接投资所形成的重组生产网络在时间过程和空间组织上的不同特点，这些特点可以动态地反映当地经济发展的多样性。此外，关于汽车龙头企业的进入模式的研究由于在发达国家的边缘市场（Pavlínek，2015）或发展中国家出口生产基地（Poapongsakorn & Techakanont，2008）的低成本，已经从静态的战略耦合转变为“解除耦合”“耦合”到“再耦合”的演化战略耦合。然而，关于在市场需求大的发展中国家探讨各汽车龙头企业的战略耦合演化，却一直没有得到重视，本次研究可以探讨不同汽车主导企业在发展中国家不同的投资特征。

此外，由各汽车龙头企业主导的重组的生产网络的形成和组织背后的潜在动力研究强调了龙头企业或地方政府和跟随供应商。然而，这些文献主要集中在企业之间的分析，而低估了汽车龙头企业的力量，忽略了企业

① 汽车龙头企业，也称为“汽车制造商或原始设备制造商”，指主要从事产品设计、大多数发动机和变速箱的生产以及在自己的设施内装配所有车辆。他们是大雇主、商人和创新者。在汽车产业链中，他们有很强的协调性和购买力”（Sturgeon et al.，2009）。

外部的动力机制，例如，不同汽车龙头企业与当地各级政府的相互作用；也忽略了企业内部部门关系的动力机制，例如，汽车龙头企业的整车厂、研发中心和发动机厂。

由于当代全球生产网络（Global Production Network，GPN）中的“战略”概念强调龙头企业和企业外部的力量，已经成为解释（重组）全球生产网络有用的工具（Coe & Yang，2015）。到目前为止，这个创新的概念还没有被应用于解释当地各汽车龙头企业与地方企业和不同层次的政府之间演进的战略耦合的动力，以及各汽车龙头企业内部部门协调的动力。此外，这一概念对于重组全球生产网络的影响也没有研究。

本书试图探讨由不同汽车龙头企业主导的重组生产网络不同形式的形成和组织方式，尤其是汽车龙头企业与其供应商之间的组织关系以及运用全球生产网络（GPN）2.0 理论中“战略”概念揭示其内在动力。在全球汽车龙头企业在地方政府制定的合资条例的指导下，与当地资产的战略耦合建立生产设施，包括整车厂、发动机厂和研发中心，以及跟随供应商和中间商（Liu & Dicken，2006）。一些学者注意已经到了这一现象，并考察了上海的大众（Depner & Bathelt，2005）、北京的现代（Sung，2008）、广州的本田（Liu，2017）等汽车龙头企业与本土资产的战略耦合和这些龙头企业和跟随供应商之间的治理。然而，这些文献却忽略了以下两个方面的研究：(1) 在不同的日本龙头企业，如本田、日产和丰田主导的重组生产网络中，龙头企业与本土资产演化的战略耦合；(2) 日本三大龙头企业在中国主导的重组生产网络形成和组织特点，特别是与供应商的关系及其内在动因。

以汽车龙头企业为主导的日本汽车生产网络由于其准时交付系统（Just - in - time，JIT）和垂直企业集团（keiretsu）组织方面是世界上最具竞争力的汽车生产网络。（Sato，1982；Sheard，1983）。第一，当日本汽车龙头企业投资海外时，它们倾向于与跟随供应商重组在当地的生产网络（Cusumano & Takeishi，1991）。第二，日本汽车工业是世界上最大的汽车工业之一，自 20 世纪 60 年代开始在东盟国家进行海外投资，20 世纪 80

年代以来投资西方国家，拥有丰富的海外投资经验（JAMA，2017）。第三，日本重组的生产网络已经在中国形成，包括三家龙头企业（整车厂、发动机厂和研发中心）、供应商和中间商（JAMA，2015），并促使本地汽车工业发展（Liu，2017）。

广州是唯一一个同时拥有由本田、日产和丰田主导的重组的生产网络的城市，分别位于广州的东部、北部和南部，生产网络包括大约 190 个日本跟随供应商和中间商。广州已成为日本在中国最大的汽车生产基地。自 2011 年以来，广州生产的日本汽车数量已超过日本汽车在中国产量的 50%。同时，在广州三个日本重组的生产网络也产生了一系列问题。为什么三家日本汽车龙头企业与广州不同地区的资产相结合？丰田、本田和日产重组的生产网络的动态时间过程和空间组织有什么异同？这三个日本组织的异同是如何变化的？日本的重组全球生产网络对广州本地汽车产业升级产生了什么影响？为了全面了解日本在广州重组的生产网络及其可持续发展，所有这些问题都必须得到回答。

因此，本书将以广州为例，不仅考察日本汽车龙头企业主导重组的生产网络的时间过程和空间组织特征，也要通过全球生产网络（GPN）2.0 理论的“战略”概念，特别是“企业内部协调战略”“企业之间伙伴战略”和“企业与政府之间商讨战略”来探讨丰田、本田和日产主导重组的生产网络的时间过程和空间组织特征。

1.2　研究范围

本书的主要目的是探讨由日本汽车龙头企业主导的重组汽车生产网络的时间过程和空间组织，尤其是汽车龙头企业与跟随供应商之间的组织关系以及内在动力机制。根据广州日资汽车企业名单的建立时间，得知最早的日本汽车企业于 1991 年注册，因此研究时期是从 1991 年至今。此外，最早的日本汽车龙头企业——本田于 1997 年进驻广州。因此，从

1991 年至今这段时期可以呈现出日本汽车在广州重组生产网络的总体发展轨迹。

这项研究的重点是广州，这是中国唯一一个同时拥有本田、丰田和日产三家日本龙头汽车企业重组生产网络的城市。这三家企业的跟随供应商和中间商也分布在广州的周边地区，如佛山、肇庆、中山，甚至中国的其他城市，如北京、上海、武汉（JAMA，2015）。但本次研究只关注跟随到广州的日本供应商和中间商，一些重要的分布在其他城市与研究相关的跟随日本供应商和中间商也将会被提及。

1.3 研究意义

从实践中看，本书以日本汽车投资的时间过程和空间组织为个案研究对象，试图对龙头企业主导重组的生产网络特点进行实证研究，目的是帮助我们了解发展中国家重组生产网络的决定因素，也在于增加日本汽车在中国投资的时间过程和空间组织的案例。

从理论上讲，本书试图提高我们对发展中国参与重组的汽车全球生产网络学术上的理解，并给龙头企业外国直接投资和重组的汽车生产网络提供一些政策建议。此外，本书还评估了全球生产网络（GPN）2.0 理论的“企业与政府或非政府之间的商讨战略、企业之间的伙伴战略和企业内部的协调战略”概念在解释由不同龙头企业重组的汽车生产网络重组的时间过程与空间组织中的适用性。

1.4 研究结构

本书共分为 6 章。本章介绍了本书的选题背景、研究范围、研究意义和研究结构。第 2 章是对有关外商直接投资和全球汽车生产网络、动态、重组和组织方面现有文献的回顾，包括对最近关于上述研究内容的动力机制理论进行了批判性的评述，讨论全球价值链（GVCs）方法的“管治（Governance）”概念及其全球生产网络（GPN）1.0 方法“嵌入（Embeddedness）”概念的局限性，并认为于全球生产网络（GPN）2.0 理论中的“战略”概念更适用。最后是对日本汽车龙头企业在中国（广州）主导的重组生产网络的实证分析。

第 3 章介绍了本书的研究数据和方法。首先，提出建立在全球生产网络（GPN）2.0 理论的“战略”概念基础上的一个可行的分析框架，该框架将指导随后章节的实证分析。这种概念化有助于全面理解由日本龙头企业领导的重组生产网络，超越了过去专注于地方政府的单因素分析。本书主要利用企业层面的数据和半结构化的深度访谈来考察由日本三个汽车龙头汽车重组生产网络的时间过程和空间组织。在此基础上，采用定量和定性相结合的方法对日本汽车企业级别的数据进行了分析。在定量分析方面，采用了区位商（Location Quotient，LQ）指数、全球莫兰指数（Global Moran's Index）和地理信息系统（Geographical Information System，GIS）分析等技术。这将增强对投资广州的日本汽车企业的时间过程和空间组织的理解。定性分析有助于归纳总结半结构化的深度访谈，侧重于日本在广州的汽车投资的时间过程和空间组织的原因分析。

第 4 章详细阐述了由日本汽车龙头企业及其内部企业（包括整车厂、发动机厂和研发中心）和产业链的相关企业（包括跟随供应商和中间商）组成的重组生产网络的时间过程，特别强调从日本跟随供应商的联系。首先，讨论日本汽车企业投资的时间过程。其次，运用全球生产网络（GPN）2.0 理论中的“战略”概念，包括企业内协调战略、企业之间伙伴战略和企业外部商讨战略。最后，分别检验三家日本汽车龙头企业（本田、日产和丰田）重组的生产网络形成时间过程的相似性和差异性特征。

第 5 章探讨日本汽车投资的空间组织和在广州的日本生产网络组织。首先探讨了位于广州的日本汽车龙头企业与日本跟随供应商之间的组织模式，可以被定义为“封闭式网络”，即与广州当地的供应商关系较弱。其中，丰田的网络最封闭，之后依次为本田和日产。其次，运用企业规模分布、区位属性和空间自相关等空间定量指标和图形形象地展示了日本汽车企业之间紧密的供应联系在广州空间上形成了“三足鼎立”的投资模式。最后，运用全球生产网络（GPN）2.0 理论的三个“战略”概念，揭示了日本汽车企业之间“封闭式网络”在广州形成的内在动力和因素，并探讨其对广州经济发展的影响。

第 6 章总结了主要研究结果，并对这一领域的主要理论和实践贡献进行了总结提升，进一步指出本书的某些局限性。希望本书有助于指导未来关于汽车龙头企业投资在重组生产网络方面的研究。

2 文献综述

2.1 引　　言

汽车对外直接投资往往由于东道主国家政府的干预而在当地重组生产网络，这个重组网络的时间过程和空间组织直接影响到当地汽车产业的发展。因此，其重组的时间过程和空间组织特征以及背后的驱动因素得到很多学者和当地政府极大的关注。在中国，自20世纪90年代以来，大量的外国汽车直接投资推动了当地汽车生产网络的重组，涌现出一些关于以汽车龙头企业为主导的重组生产网络时间过程和空间组织的研究。然而，无论中外，关于不同龙头企业重组生产网络的时间过程和空间组织的比较研究少，采用的理论有局限性导致分析驱动因素也不全面。

关于外国直接投资及其对地方经济发展的影响的研究普遍意识到重组生产网络在汽车龙头企业和供应商之间组织的重要性，尤其是在发展中国家，通过技术和管理专门知识可以更有效地转让给当地企业（Busser,

2008；Pavlínek，Domański & Guzik，2009；Pavlínek & Žížalovά，2014）。

在中国，自20世纪90年代末以来，大量的日本汽车投资推动了当地汽车生产网络的重组。虽然汽车龙头企业和供应商之间的组织非常重要，然而，关于重组生产网络的研究，尤其是关于在中国的日本汽车龙头企业和供应商之间相关的研究非常少。

在此背景下，本章首先回顾了由于市场需求动力和汽车生产网络重组引起的汽车对外直接投资（FDI）的相关文献。随后，讨论了关于汽车龙头企业和跟随供应商之间组织结构形成和决定因素的现有理论观点。特别讨论了汽车产业龙头企业与供应商之间的组织结构关系的全球产业链（GVCs）方法中的“治理”概念及其忽视政府作用的局限性，重点关注地方政府作用的全球生产网络（GPN）1.0方法中的“嵌入”概念及其忽视汽车产业龙头企业与跟随供应商之间的组织结构关系的局限性，提出了一个更适用于解释汽车龙头企业领导重组的生产网络关系的全球生产网络（GPN）2.0理论的“战略”概念。最后，重点述评了本研究的对象——日本汽车龙头企业在中国主导重组的生产网络已有的实证研究，以发现需要进一步研究的内容。

2.2 汽车对外直接投资与全球汽车生产网络的动态、重组

2.2.1 汽车对外直接投资（FDI）与市场需求动力

汽车产业对外直接投资（FDI）不同于其他产业对外直接投资（FDI），主要是因为它具有四个鲜明的特征。第一，它特别集中，是“极为集中的公司结构：少数巨型公司对较小的公司施加了巨大的权力，来自日本、德国和美国三个国家的11家汽车龙头企业在主要市场上占据了主导地位”（Sturgeon et al.，2009）。第二，它有地理上的考虑，“最终的车辆装配，

并推广，零件生产……由于政治敏感性，很大程度上保持在接近终端市场的水平。”第三，它具有“强大的区域结构（Sturgeon et al.，2009）。虽然自20世纪80年代中期以来，汽车产业在全球范围内日趋一体化，但它也形成了强大的区域一体化模式。”第四，它是“专业化”的，“它很少有完全通用的零件或子系统可以广泛地使用在终端产品，没有大量的定制。”（Sturgeon et al.，2009）。总的来说，汽车产业投资是由汽车龙头企业主导和驱动，在投资地建立生产网络的一种对外直接投资。

汽车对外直接投资的主要动力可以被认为是由于投资所在地的“市场需求”和“低成本”（Sturgeon et al.，2009；Pavlínek，2015）。在这两个因素中，市场需求更为重要，因为它决定了汽车行业的对外直接投资（FDI）（Pavlínek，2015）。根据目的地市场的规模和距离，发展中国家可分为两类。一类是市场潜力大的发展中国家，如巴西、俄罗斯、印度和中国，被丰田等企业称为“大象计划（BRIC）”的国家。另一类是发达国家低成本的边缘市场国家和地区，如墨西哥、西班牙和东欧（Pavlínek，2015）。刘和迪肯（Liu & Dicken，2007）发现世界上所有的汽车龙头企业都在中国进行了投资和生产，皆因为中国巨大的汽车市场需求。汽车市场需求小的发展中国家一般被排除在市场之外，除非由于低成本的原因使它们在区域生产中的作用很重要，如南非和泰国（Sturgeon et al.，2009）。

2.2.2 重组的全球汽车生产网络

（1）母国汽车龙头企业主导下的汽车生产网络

汽车行业几十年来一直是全球价值链关注的焦点，因为它是典型的生产者驱动链（Sturgeon et al.，2009）。许多学者用模型形象地概念化了汽车价值链。例如，梅梅多维科（Memedovic，2007）概念化了一个简单的汽车价值链，它强调龙头企业和供应商之间的组织，包括设计、分配、销售，甚至在销售之后的服务活动（见图2-1）。然而，这个框架忽视了在指定汽车产业政策中发挥积极作用的地方政府等非企业的作用。此外，龙头企业的作用也被淡化了。

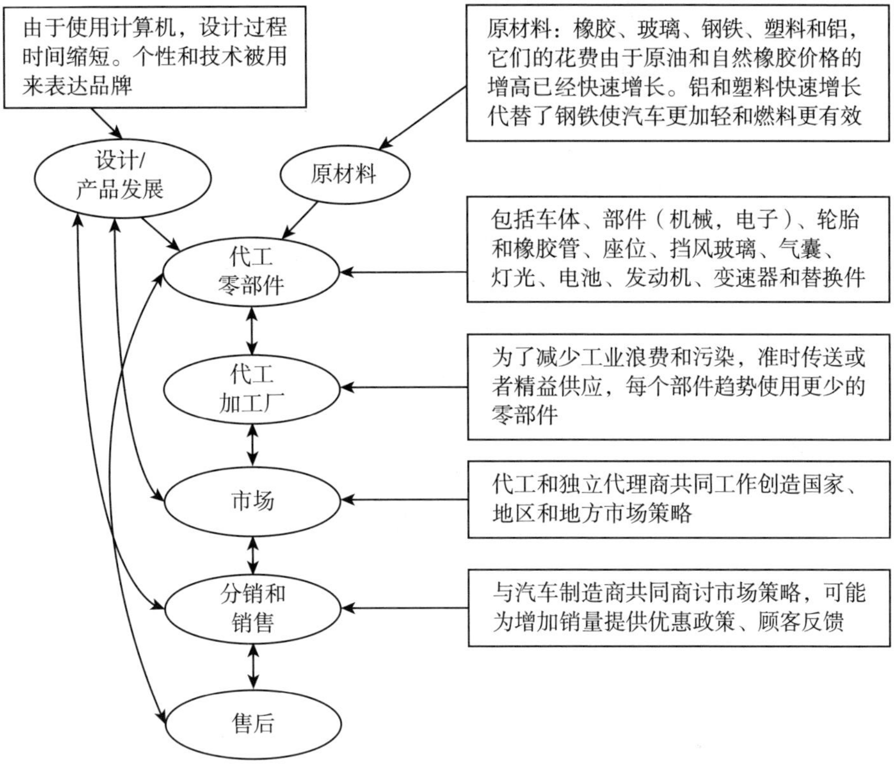

图 2－1　一个简单的汽车价值链

从汽车产业的设计、装配和供应链组织的全球一体化的地理视角出发，斯特金等（Sturgeon et al.，2009）概念化提出了一种经典的“鸟巢”方法（见图 2－2）。然而，与梅梅多维科（2007）一样，这种方法也忽视了地方政府和龙头企业的作用。

然而，在全球生产网络 2.0 理论中，科和杨（Coe & Yang，2015）提出了两种关于企业外部动力的生产网络组织配置模型。一种是“战略伙伴关系模式”，另一种是“以龙头企业为中心的模式”。汽车生产网络的配置是典型的以龙头企业为中心的全球生产网络组织模式。在这种结构中，龙头企业被认为在生产网络中占据主导地位并保持影响力（见图 2－3）。它们容易受到政府和非政府团体的游说和干预。以龙头企业为中心的模式优先考虑核心供应商和关键客户的地位。

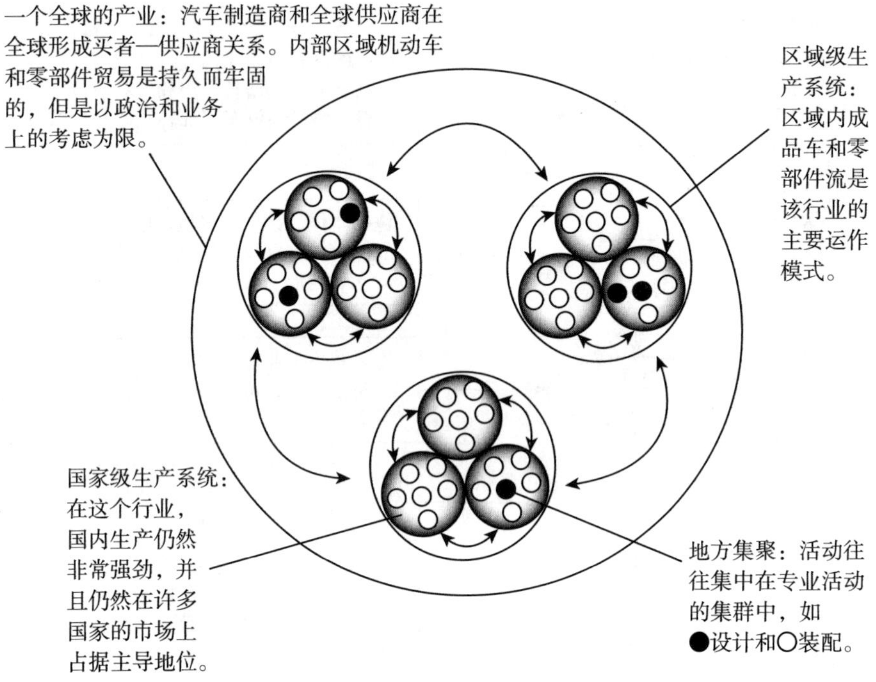

图 2－2　汽车工业的嵌套地理和组织结构

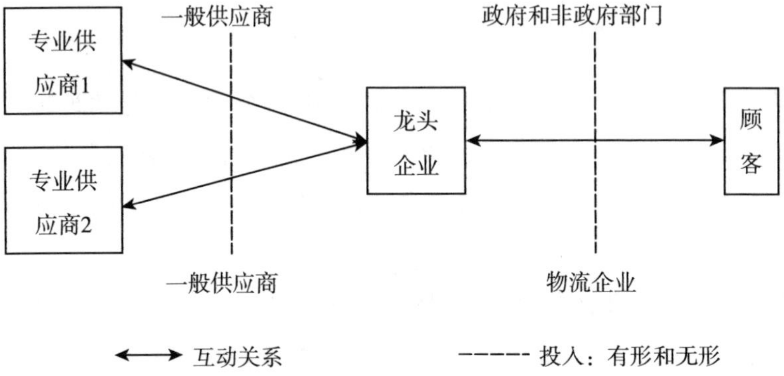

图 2－3　以龙头企业为中心的组织配置模型

科和杨（2015）认为，在以龙头企业为中心的模式中，“一家专业的核心零部件供应商或中间商可能会通过企业具体举措和全行业转型，担当战略伙伴的角色。这种动态的演变可以导致重组的全球生产网络，从以龙头企业为中心的模式转变为以战略伙伴为中心的模式”。此外，杨（Yang，2017）认为，在笔记本电脑行业，全球生产网络的动力已从龙头企业转变为战略合作伙伴企业，如富士康。然而，在汽车工业中，这种转变几乎不可能发生（从以龙头企业为中心的模式转变为以战略伙伴为中心的模式）。

事实上，全球汽车供应商已经出现（Sturgeon & Lester，2004），或者是说汽车大供应商的地位已经提升（Sturgeon 等，2011）。11 家汽车供应商已经成长为世界 500 强，如博世、大陆、电装、采孚、江森自控、麦格纳、摩比斯、爱信、精机、普利司通、米其林轮胎，尽管它们的排名并不靠前。然而，这些巨大的汽车供应商只能为它们的龙头企业提供一些核心组件和部件，它们不可能像富士康那样成为该企业的决定者，这是由它们只能扮演核心供应商的角色决定的。它们的龙头企业或其他供应商不会跟随这些零部件巨头到投资地投资。因此，汽车产业的组织配置模型应始终是以龙头企业为中心的模式。

科和杨（2015）进一步提出了多家龙头企业和其他涉及全球生产网络（GPN）2.0 理论的企业可以构成一个由多个全球生产网络和本地化企业组成的整体产业（见图 2－4a）。在同一行业内，核心供应商倾向于向多家龙头企业提供制造，这可以被概念化为多个全球生产网络中的产业内交叉点（见图 2－4b）。例如，“电装”为丰田和本田同时提供产品。

科和杨（2015）建立的包括外部企业和以龙头企业为中心的模型能够合理地揭示重组的汽车生产网络中的形成和组织，这是由于汽车龙头企业的主导地位和地方政府等外部企业在其中的作用。

（2）汽车龙头企业在东道地区主导的重组生产网络

当汽车龙头企业在发展中国家投资，由于政治敏感性，其建立的工厂往往在地理位置上接近市场。同时，供应商也顺应这一趋势接近投资的汽车装配工厂（Sturgeon et al.，2011；Liu & Dicken，2006）。最近，根据当地政府如中国的法规或汽车龙头企业公司内部战略，汽车龙头企业在市场潜力大的发展中国家建立了研发中心，尽管研发是跨国企业中最不国际化的部门之一（Patel & Vega，1991；UNCTAD，2005）。如此一来，汽车龙

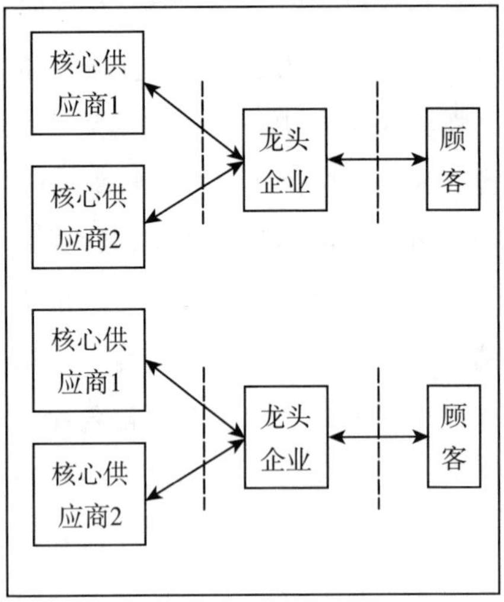

（a）一个产业的形成

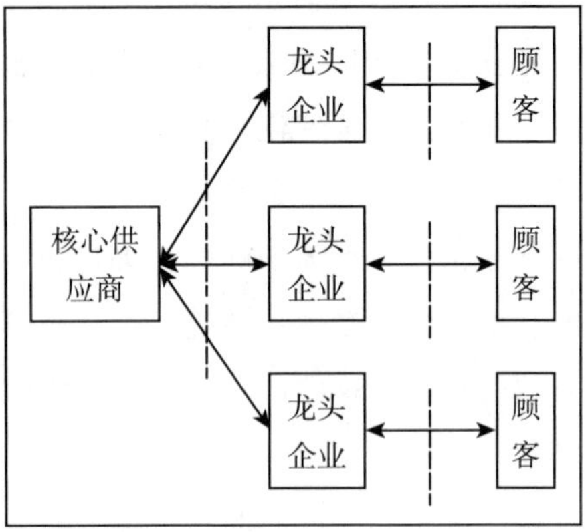

（b）一个普通的核心供应商

图 2-4　多个全球生产网络：产业和产业内的交点

头企业主导的在母国的生产网络在东道主地区基本重新进行了配置，如图 2-3 所示。有时，几个汽车龙头企业同时在一个东道地区投资并各自形成了它们的重组生产网络。如此以来，汽车产业就在当地形成了。例如，在广州就有三家日本汽车龙头企业投资，它们在广州各自形成了重组的生产网络，汽车产业成为广州的第一支柱产业，如图 2-4 所示。

更具体地说，为了得益于集聚经济效应，跟随供应商表现出一种强烈的在装配工厂周围聚集的倾向（Frigant & Lung，2002；Pavlínek & Ženka，2010；Sturgeon，Biesebroeck & Gereffi，2008）。这种空间邻近性在模块化生产中和在预装组件与关键部件的及时传送系统中起着重要作用（Frigant & Lung，2002；Mair，Florida & Kenney，1998；Pavlínek & Janák，2007）。而且，地方政府常常建立工业园为汽车工业的发展提供便利，即为汽车龙头企业投资的装配厂、发动机厂和研发中心和跟随供应商以及中间商重组的生产网络的有效运作提供便利（Lecler，2002）。

汽车对外直接投资具有强烈的聚集倾向（Depner & Bathelt，2005；Irawati，2011；Poapongsakorn & Techakanont，2008）。这种趋势在上海大众及其跟

随供应商组织中（Depner & Bathelt，2005）以及泰国曼谷工业区和东部地区的日本汽车龙头企业及其跟随供应商组织中可以看到（Poapongsakorn & Techakanont，2008；Busser，2008）。

然而，以往关于汽车龙头企业主导的重组生产网络的研究主要关注每一家龙头企业、中央政府和跟随供应商的作用及其之间的关系，而忽略了不同级别的地方政府、不同的汽车龙头企业和中间商——尤其是物流和贸易企业的作用及其之间的关系。中央政府的作用对于重组的生产网络的形成至关重要，然而地方政府如省、市甚至区政府或者工业园区管委会在吸引汽车龙头企业、跟随供应商和中间商的投资中也发挥了重要作用。跟随供应商是重组生产网络不可或缺的一个重要组成部分，然而跟随的中间商也为汽车龙头企业和跟随供应商服务，并跟随它们到东道主地区。特别是物流企业，例如，当日本汽车龙头企业在中国投资时，就有很多中间商跟随为其提供贸易服务（Jama，2015）。因此，比较研究不同的汽车龙头企业主导的、与跟随供应商和中间商组成的、在不同层级政府影响下的重组生产网络，可以发现不同重组生产网络的不同特点，丰富重组生产网络的研究。

（3）汽车龙头企业的演化战略耦合

龙头企业在汽车行业的影响力非常强（Sturgeon et al.，2009）。因此，当汽车产业在东道地区投资，汽车龙头企业的投资战略对全球市场影响巨大。也可以认为汽车投资具有“政治敏感性”，因为这种活动在某种程度上由当地国家的主导。因此，汽车龙头企业与当地汽车集团和政府机构能否实现战略耦合已成为汽车产业投资面临的首要问题。中国等国家的严格监管框架加剧了这一问题，在中国，汽车龙头企业不能建立两家以上的合资企业且国内汽车企业的份额应在50%以上。

当代全球生产网络（GPN）2.0理论注重“耦合”“解耦”和“重耦”的“演化战略耦合”研究，并强调了龙头企业、地方企业和政府会采用不同的耦合战略（Mackinnon，2011；Coe & Yeung，2015）。演化战略耦合是理解具体的企业战略和外部区域的联系的一种工具。这有助于更好地理解龙头企业在东道主地区的投资过程（Yang，2017）。

汽车龙头企业与当地汽车企业和当地政府“演化战略耦合”已经在部分发展中国家出现。例如，当丰田在中国投资时，最初它是与中国“三大三小”中的“一小”——天津汽车集团合作，但是由于天津汽车集团经验不足而失败。之后，丰田成功地与“一大”——中国第一汽车集团有限公司（简称一汽）再合作（Shimokawa，2010）。最著名成功的“演化战略耦合”案例要数广汽集团与标致在1985年的耦合，之后由于巨大的债务，在1997年与标致“解耦”，并与本田“重耦”，并取得了巨大的成功，堪称MBA的经典案例。另外，日产与东风汽车集团耦合也是建立在台湾裕隆与东风汽车“解耦”的基础上的（Yao & Han，2008）。

以往关于龙头企业的演化战略耦合研究经常忽略企业具体战略与外部区域动力之间的联系，即没有把重点放在东道地区汽车投资的外部因素上（Yang，2017）。而且，这些研究忽略了不同龙头企业之间的演化战略耦合和这些企业的外部驱动力。纳入这些外部因素有助于了解由于龙头企业与地方政府之间的关系使耦合失败或成功经验。

2.2.3 汽车龙头企业与供应商之间的组织

（1）母国中汽车龙头企业和供应商之间的组织

汽车工业由汽车龙头企业和生产网络中数以千计的分层结构组织的供应商紧密联系组成（Humphrey & Memedovic，2003）。因此，在全球价值链和全球生产网络研究中，汽车龙头企业和供应商的组织是最重要的（Sturgeon 等，2009；Coe & Yeung，2015），因为这直接影响当地的采购和汽车零部件行业的发展。以往关于各汽车龙头企业和供应商之间组织形式的研究提出了“横向/纵向”网络与“封闭（排他性）/开放（包容性）”网络之间的二分法（Zysman，Doherty & Schwartz，1996）。

在汽车工业中，“横向”和“纵向”网络关系可以同时存在。在日本，供应商网络大多被认为是“垂直的”（Van & Ruigrok，1998），也称为垂直企业联盟（Hill，1989；Sato，1982；Sheard，1983）（见图2-5；图2-6）。此外，汽车龙头企业在各级都存在“横向/纵向”网络。例如，大众、福特和本田被认为是“中等垂直网络”，而丰田和日产则表现出“强垂直”网络（Hill，1989；Sato，1982；Sheard，1983）。日产在1998年被雷诺收购后，则变成了“中等垂直”网络。

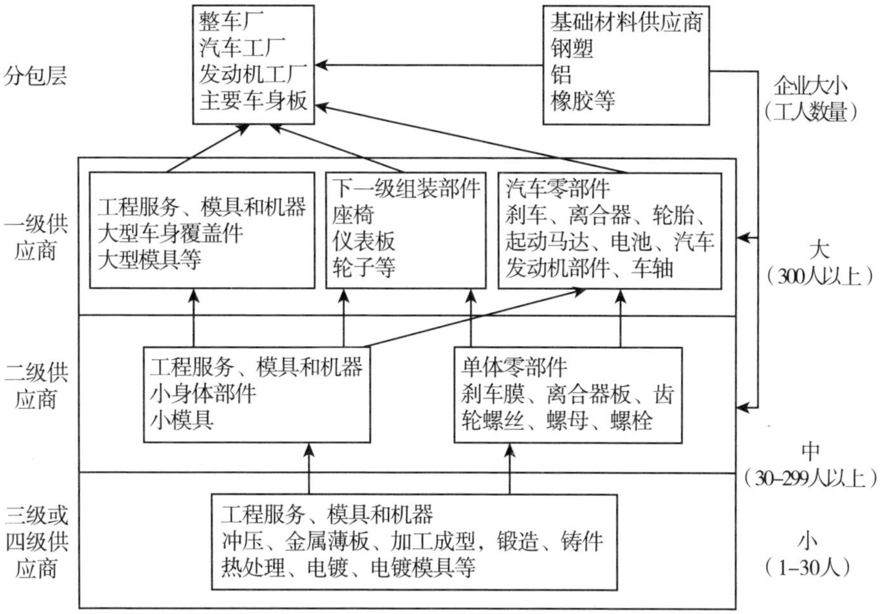

图2-5　日本汽车生产系统

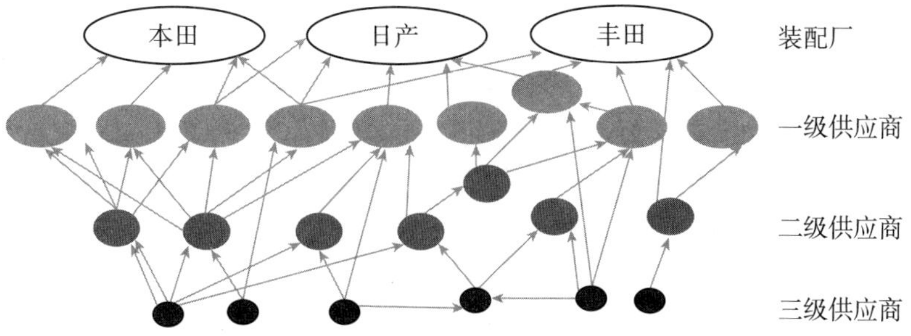

图2-6　与日本供应商的紧密联系

在“封闭（排他性）”网络中，汽车龙头企业及其供应商往往存在紧密和长期的关系，其他供应商通常无法进入这些网络，而“开放（包容）”

网络则更容易进入（Hill，1989；Sato，1982；Sheard，1983）。然而，在实践中，许多龙头企业及其供应商在半封闭和半开放网络的相对“灰色地带”运作。因此，清晰的区分就不那么有用了。例如，大众、福特和现代及其供应商都是“中等包容性”的网络，而丰田则可以被视为一个非常“封闭式网络”，本田是一个“中等包容性”网络，日产也是一个“封闭式网络”。随着时间的推移，网络配置会发生变化，例如，日产以前的“封闭式网络”更加“包容”了（Shimokawa，2010）。这种变化影响到传统的子公司业务（Hill，1989；Sato，1982；Sheard，1983）。

（2）投资所在地区汽车龙头企业与跟随供应商之间的组织

当汽车龙头企业投资于发展中国家时，它们的跟随供应商大部分会跟随它们到投资地区，以运营重组的生产网络，但是会因为当地的投资环境而发生一些变化。分析在泰国的日本汽车龙头企业与其跟随供应商的组织过程中，丸桥（1995）发现日本的垂直企业联盟供应商网络系统已在泰国出现，但只有两层分包（见图2－7），与日本母国多层分包活动相比较而言“较弱”（见图2－6）。同样，对投资到上海的大众的二级供应商的分析发现，二级供应商也比在德国要“弱”，因为只有少数德国二级供应商跟随大众来到上海（见图2－8）。

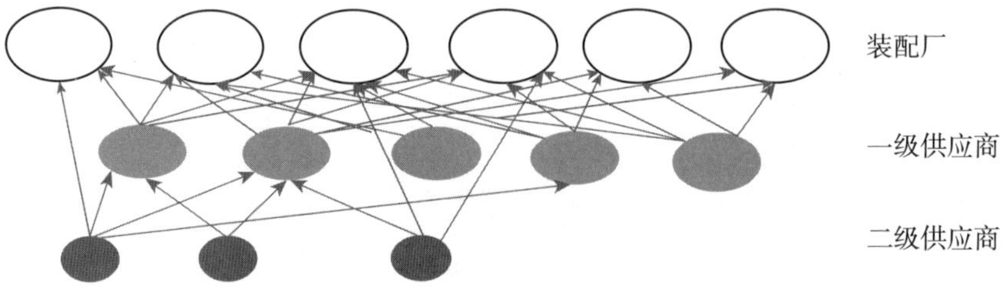

图2－7　在泰国的日本龙头企业与跟随供应商的联系薄弱

（3）跟随供应商的供应战略

此外，跟随供应商在投资所在地区的供应战略比母国更为复杂。与在日本相比，日本供应商在泰国提供了更多的整车厂（见图2－6、图2－7）（Maruhashi，1995）。同样，在研究投资北京的现代跟随供应商的本地采购

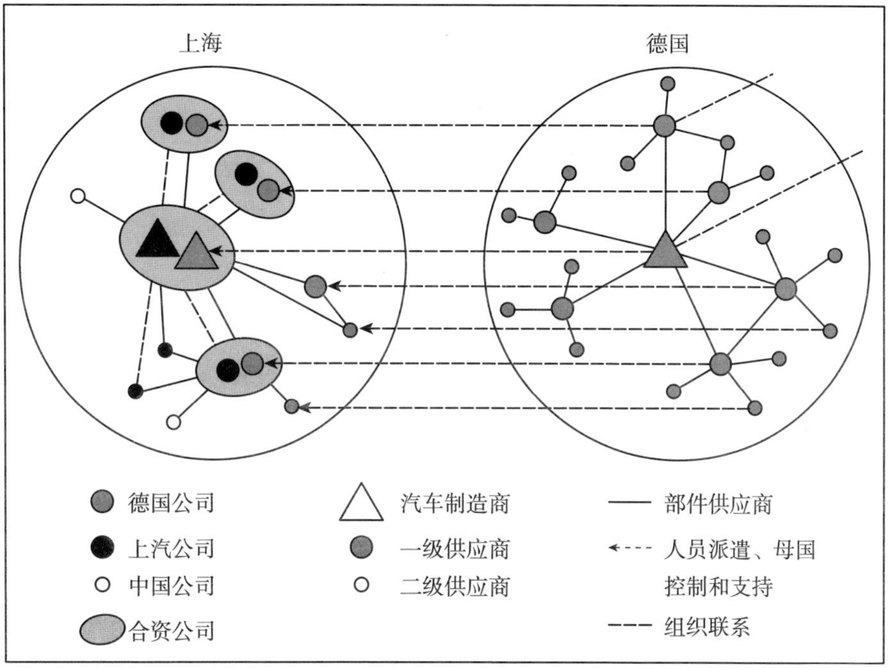

图 2－8 在上海的德国大众与跟随供应商的联系薄弱

战略过程中，成（2008）发现韩国供应商在中国一直努力开发新的销售渠道：通过中国本地企业和在中国的外国企业出口到韩国和韩国以外的国家。因此，他总结出韩国汽车行业的采购已从“韩国纵向封闭结构”转变为“中国横向开放结构”。此外，德伯纳和巴斯尔特（2005）在 2002 年调查到几乎所有德国供应商都将零部件卖给了上海通用汽车（SGM）。尽管大众是它们的主要客户，但大众的需求不足。

先前的研究表明，汽车龙头企业与投资所在地区跟随供应商之间的采购活动比在母国更加复杂和薄弱。然而，这些研究都是从汽车龙头企业国内需求不足的角度分析这种情况，而忽略了发展中国家（如中国）大规模潜在市场的吸引力。在这些国家，汽车龙头企业的国内市场对它们的跟随供应商来说已经足够了，但是这些供应商仍然愿意提供更多的客户来扩大它们的生产以获取更多的利润。在中国等拥有巨大潜在市场的发展中国家，研究这种跟随供应商的战略应该是一个有趣的课题。

如上所述，每个汽车龙头企业都有自己独特的“横向/纵向”或“封闭（独家）/开放（包括在内）”供应商网络。已有的研究表明，在向发展中国家投资时，供应商网络发生了变化。然而，这些研究都是关于单个汽车龙头企业的供应商网络变化研究，还应该对不同的汽车龙头企业的供应商网络进行比较研究，因为不同的汽车龙头企业的供应商网络导致投资地不同的经济变化。

2.3 全球汽车生产网络重组决定因素的理论思考

2.3.1 全球价值链（GVCs）方法的“治理”概念

全球价值链（GVCs）方法是研究特定地区全球价值链动力的重要方法（Humphrey & Schimtz，2002）。在最初的全球价值链方法中，有四个维度，分别是投入产出结构、属地性、治理结构和制度框架（Gereffi & Korzeniewicz，1994）。格雷菲和科泽尼维奇（Gereffi & Korzeniewicz，1994）定义了两种类型的价值链：消费者驱动价值链和生产者驱动价值链。消费者驱动价值链将全球价值链视为被最大的零售商、品牌销售商和贸易企业控制。相反，生产者驱动价值链意味着大的跨国企业控制了一个紧密集成的生产系统，特别是在资本和技术密集型行业中（Gereffi & Korzeniewicz，1994）。汽车工业是典型的生产者驱动链（Sturgeon et al.，2009），因此成为研究全球价值链的方法。

在分析企业间联系的基础上，汉弗莱和施密兹（Humphrey & Schimtz，2002）进一步强调治理的四种类型：臂长（arm's length）、网络（network）、半层级（quasi hierarchy）和层级（hierarchy）。鉴于三个变量：变迁的复杂性、对交易进行编码的能力和供应能力，Gereffi 等（2005）也提出了五种新的结构治理类别，包括市场（market）、模块（modular）、关系（relational）、圈养（captive）和层级（hierarchy）。这些不同类型的治理模式对于理解汽车产业在一个具体的地区对外投资和重组的生产网络都是有用的工具，因为它们可以提供更加精确的答案，它说明供应商可能受不同类别的全球生产网络的具体治理结构的影响（Gereffi et al.，2005）。例如，日本汽车生产网络模式是层次类型，即由多层分包体系（垂直的企业联盟）构成的（Pavlínek & Zénka，2010；Sheard，1983）。这意味着日本整车厂和层级供应商之间的关系是呈垂直层级的，也是全球价值链企业之间联系的一种形式（Gereffi et al.，2005；Humphrey & Schimtz，2002）。在实证研究中，斯特金等（2008）应用这些全球价值链方法的“治理”概念来分析全球汽车行业的趋势。虽然全球价值链的方法有助于了解生产网络中各企业间联系的决定因素，但考虑到在全球价值链中汽车龙头企业和供应商各种类型的治理，公司间治理的概念仍然过于简单化，还存在一定的问题。

首先，全球价值链的方法仅侧重于汽车龙头企业和供应商之间现有的产业链，而没有研究汽车龙头企业和供应商在母国的历史和性质（Hederson et al.，2002）。这种忽视导致人们对产业链中所体现的社会关系缺乏理解，对“路径依赖”的重要性也缺乏了解。此外，对母国和投资国“商业系统”的研究表明其对汽车龙头企业和供应商之间的产业链存在一定影响（Dicken，Kelly，Olds & Yeung，2001）。

其次，全球价值链的方法只关注汽车龙头企业和供应商之间的组织，而在一定程度上忽视了地域的重要性和特定区域的制度功能。最近一些新兴研究对全球汽车工业分析全球价值链方法中机构的作用表示关注（Sturgeon et al.，2008）。从理论上讲，母国和投资国的政府在全球价值链的组织中发挥了关键作用，直接影响汽车龙头企业与其跟随供应商在投资区域重组生产网络的联系。

最后，现有的全球价值链框架在形成公司间治理方面几乎没有为政府等外部参与者提供解释能力，它们常常被排除在行业特定价值链分析参数之外（Yang，2017）。

2.3.2 全球生产网络（GPN）1.0 方法的“嵌入”概念

全球生产网络（GPN）1.0 方法的“嵌入”（Embedness）概念包含三个重要内容——“社会嵌入”“网络嵌入”和“地域嵌入”，为重组生产网络形成和组织的原因提供了一个真实有用的框架（Henderson et al.，2002；Hess，2004）。

“社会嵌入”的概念是主张企业不是孤立的原子，而是存在于社会网络中（Yeung，2005）。这意味着龙头企业的投资是伴随着它们的经济、文化、社会和政治背景的。龙头企业的历史背景可能对其在投资区域组织供应商的方式产生深刻影响。这些现象被称为“路径依赖效应”（Hederson et al.，2002）。此外，龙头企业和国内企业的文化和社会背景总是成为建立跨国企业生产网络的障碍。德伯纳和巴斯尔特（2015）发现德国汽车龙头企业和国内企业之间由于文化差异导致在其合作中产生了一些问题。

“网络嵌入”的概念一般与“公司权力”在网络结构上的分配有关（Hederson et al.，2002）。全球生产网络（GPN）1.0 方法的网络嵌入概念不同于全球价值链的治理概念。全球价值链的治理概念主要解释了龙头企业与一级供应商之间的关系。然而，在重组的生产网络中，层级供应商（如一级和二级供应商）之间的关系也很重要，因为许多二级供应商跟随它们的“父母”（一级供应商）到投资地区。网络嵌入由于其网络概念可以解释多层供应商之间的关系。然而，以往应用“网络嵌入”概念只研究了汽车龙头企业及其跟随一级供应商的关系。例如，卢瑟福（Rutherford，2000）认为日本汽车龙头企业与其在加拿大的一级跟随供应商“重新嵌入”了长期的信任关系。

“地域嵌入”的概念认为全球生产网络被嵌入了基于地域的地方制度环境，特别是资源和地方市场（Hess，2004）。国家和地方政府的政策可能在将全球生产网络的特定部分嵌入特定城市或地区方面发挥关键作用，支持在全球生产网络中形成新的节点（Hess，2004）。此外，投资地区的经济、社会和文化环境是“地域嵌入”的必要因素；投资地区的社会和文化环境与母国的社会和文化环境冲突；原始资产等经济环境对龙头企业的联动有一定的影响；龙头企业和供应商容易受到地方州和机构的操纵。波蓬萨科恩和特卡农特（2008）阐述了日本汽车龙头企业对20世纪80年代泰国增加国产化率的法规进行了妥协，这些汽车龙头企业邀请它们的供应商分布在泰国的组装工厂周围。在研究日本供应商在泰国聚集的过程中，勒克莱尔（2002）指出可以分为两个阶段。第一阶段由于政府的相关政策、土地使用、劳动力的供应和成本以及运输系统的效率等原因而存在许多问题；第二阶段由于政府针对第一阶段存在的问题制定了相应的激励政策并建设了现代化基础设施，取得了成功。

这三种类型的“嵌入”为分析本地化跨国企业生产网络的多面性和相互关联的决定因素提供了一个综合的和可供选择的概念工具（Liao，2007）。“嵌入”的概念进一步解释了这种联系的时空结果以及本地化生产网络的产业升级轨迹。杨（2007）利用地域嵌入包括东道地区的机构和企业战略，以及社会嵌入（母国优势）来解释通过港台电子投资建立重组的生产网络形成的不同特征。杨和廖（2010）利用这一概念来考察中国台湾个人电脑在珠三角投资重组的生产网络。

但是，这个概念太全面了，因为它涉及几乎所有的层面。在具体的产业FDI分析中，容易引起人们的困惑，失去了研究的重点。因此，只有全球生产网络（GPN）2.0理论中出现了“网络嵌入”的概念，才强调了“网络”的重要性（Coe & Yueng，2015）。龙头企业和供应商之间的组织似乎是最重要的。然而，在一些国家指定的汽车工业中，地方政府一直在其中扮演着重要的角色（Dicken，2003）。刘和迪肯（2006）根据国家在汽车FDI中的作用，提出了“被动嵌入”和“主动嵌入”两个概念。他们进一步认为，对中国汽车的外国直接投资的特点是“被动嵌入”。这就意味着汽车龙头企业必须在不讨价还价的情况下服从地方政府的规定，如1994年国产化率和2004年建立的发动机和研发中心。汽车龙头企业不得不邀请其供应商跟随它们来到中国，无条件遵守这一规定。

事实上，“被动嵌入”并不是中国独有的特色，20世纪80年代汽车龙头企业投资在东盟国家中就出现了国产化率的规定。勒克莱尔（2002）认为，政府的政策，特别是禁止组装车（CBU）进口和国产化率，使日本供应商聚集在泰国的某一个区域发挥了重要作用。在泰国，日本汽车龙头企业同意在20世纪80年代国产化率的规则，通过邀请它们的供应商到泰国并分发到它们的组装工厂，以提高当地的国产化率（Poapongsakorn & Techakanont, 2008）。与此同时，菲律宾也要求汽车龙头企业的国产化率要稳步增长，这也迫使更多的供应商跟随它们的客户去菲律宾（Sturgeon et al., 2016）。虽然印度尼西亚（简称印尼）直到1996年才开始使用国产化率，但仍然触发了更多的供应商进入印尼（Aswicahyono, 2000）。

"嵌入"概念关注的是地方政府的重要作用，而忽视了龙头企业的关键作用。地方政府的作用非常重要，它决定了重组的生产网络的形成。但是，龙头企业不仅促进了自身的生产，而且决定了重组生产网络的组织结构，从而带动了当地经济的发展（Coe & Yeung, 2015; Depner & Bathelt, 2005）。在汽车工业中，只有来自日本、德国、美国、韩国、意大利和法国这6个国家的10家龙头企业在世界市场上占据主导地位。此外，由于这些汽车龙头企业的不同，其重组的生产网络的特点也各不相同。因此，必须强调汽车龙头企业的作用，这与地方政府的作用同样重要。

此外，与"治理"概念类似，"嵌入"概念忽视了企业与地方政府之间，特别是在东道地区投资的主要企业之间的商讨过程，这种讨价还价决定了企业投资的时间过程和空间格局。

2.3.3 全球生产网络（GPN）2.0理论的"战略"概念

在回顾全球价值链（GVCs）方法的"治理"概念和全球生产网络（GPN）1.0方法的"嵌入"概念时，全球生产网络（GPN）2.0理论的"战略"概念提供了一个实用的框架。它可以通过提供三个重要概念来解释由企业（龙头企业和供应商）、外部机构（地方政府）和中间商（物流企业、贸易企业和金融企业等）的各种行为主体组成和组织的重组的生产网络："企业外部商讨战略，企业之间合作或控制战略和企业内部协调战略"（Coe & Yeung, 2015）。

龙头企业的内部协调战略是至关重要的，因为它能使龙头企业实现利润最大化。在实证分析方面，对投资地区龙头企业的外国直接投资战略可以进行解释。例如，迪肯（1987）研究了日产和日产在英国的演变的企业内部协调战略。勒克莱尔（2002）探讨了日本汽车龙头企业对4个东盟国家中每个市场的内部协调战略以布局它们在每个国家生产的汽车类型，如丰田在泰国以生产皮卡为主。他还进一步详细地分析了丰田和三菱的内部协调战略来解释日本汽车龙头企业的整车厂、发动机厂和研发中心不断变化的地理分布。

“控制战略和伙伴战略”是企业之间的两种形式（Coe & Yang，2015），类似于全球价值链的治理、控制和合作。在日本的汽车企业中，每个日本龙头企业及其供应商之间都是合作伙伴关系，因为每家企业都投资于其战略伙伴和专门的供应商，以建立更密切的连锁关系。因此，企业之间伙伴战略已经广泛地用于解释自20世纪80年代以来日本汽车龙头企业与其跟随供应商之间的关系。

在分析汽车龙头企业与其跟随供应商的合作伙伴战略在欧洲投资过程中的作用时，迪肯（1987）观察到，当日本龙头企业在欧洲投资时，供应商跟随它们的主要企业并围绕它们进行定位。此外，在分析汽车龙头企业与其跟随供应商的合作伙伴战略在泰国投资过程中的作用时，波蓬萨科恩和特卡农特（Poapongskorn & Techakanont，2008）发现日本龙头企业邀请它们的供应商从日本到泰国投资。羽溪（Hatani，2010）注意到，丰田集团的专业一级供应商并不总是采用传统的跟随整车厂投资的形式，有时也比整车厂先到投资地集聚。以往的研究表明，日本龙头企业与供应商之间的伙伴战略是影响日本汽车投资集群成形过程的主要动力之一。然而，以往关于合作伙伴战略的研究并没有探讨各层级供应商之间的关系，尽管各层级供应商也是日本重组汽车网络的动力之一。

企业（龙头企业、供应商）和非企业（地方政府）之间的商讨战略至关重要，因为它“为理解企业所体现的经济过程如何与非经济问题相互交叉提供了关键的分析联系（例如，政治改革、社会正义与安全、环境可持续性等）”（Coe & Yeung）。类似于前两种战略，本书采用企业外部商讨战略来分析企业特别是龙头企业投资的时间过程和空间组织。

在研究东欧地方政府与汽车龙头企业的商讨作用时，帕夫莱内克（Pavlínek，2012）提出，由于汽车龙头企业的出口战略和本国的市场较小，地方政府在与汽车龙头企业商讨在东欧建立研发设施方面处于弱势地位。因此，汽车龙头企业在东欧只有较低的发展职能，如向当地整车厂提供生产技术支助和为东欧市场提供改装产品。

在东盟国家和中国，地方政府的作用相对较强。正如在“被动嵌入”中讨论的那样，汽车龙头企业只能服从于投资地国家或地区的条例（Liu & Dicken，2006；Poapongsakorn & Techakanont，2008）。然而，在与当地企业的具体战略耦合中，汽车龙头企业也有权争取地方政府提供更多的支持。孙等（2010）和刘（2017）阐述了本田和地方政府如何在广州与广汽达成合作协议。广州市政府要求本田达到一些条件，比如生产畅销车型和偿还债务，同时广州市政府也帮助本田重组了组装工厂和基础设施。此外，何（2011）指出，工业园区和广州市政府提供的奖励是吸引日本供应商来广州的重要因素。

一般来说，这三种战略概念可以用来系统地解释复杂的汽车对外直接投资的时间过程和空间组织。然而，如前所述，以往的研究只是集中在汽车投资的一个战略概念上，并没有系统地运用这三种战略概念来解释汽车投资，导致无法系统地揭示汽车对外直接投资的时间过程和空间组织的内在动力。本书将运用三种战略概念系统地阐明日本汽车投资在中国的时间过程和空间组织。

2.4 日本汽车在中国投资的实证研究

2.4.1 转型中的日本汽车产业投资

20 世纪 60 年代以来，日本汽车龙头企业及其跟随供应商一直在东盟国家投资，这些国家成为日本重组生产网络的海外基地（Shimokawa，

2010）。1997 年东盟国家金融危机后，日本汽车投资从东盟国家转向中国，一些研究发现东盟国家向中国转型的内在动力在于东盟国家经济的衰退以及中国市场的扩张和政策的稳定（如 Sit & Liu，2000；Shimokawa，2010）。例如，下川（2010）观察到日本三家汽车龙头企业——本田、日产和丰田根据南亚的萎缩市场和中国蓬勃发展的市场调整了它们在东亚的生产战略——从东盟国家转移到中国。

然而，以往的研究忽略了日本汽车投资由东盟国家转移到中国的一个特定地区如广州形成的重组生产网络的时间过程和空间组织。这是一个有意义的话题，因为它可以揭示东盟各国与中国之间产业升级和价值创造的差异，有助于促进当地的经济发展（Coe & Yueng，2015）。这一问题应通过对日本在中国和东盟国家投资设施的进一步比较研究得出结论。此外，由于中国不同地区的市场规模不同，中国的市场需求动力应从具体地区进一步解读，20 世纪 90 年代，沿海地区如珠江三角洲和长江三角洲的市场规模与内陆地区有所不同。这类研究可以揭示中国不同经济增长地区的市场的不同投资效果。

2.4.2 日本汽车在中国投资的时间过程

日本汽车投资的时间过程是日本在中国汽车投资的一个热门话题。日本汽车龙头企业的进入模式备受关注（Liu & Dicken，2006；Liu，2017；Shimokawa，2010）。刘和迪肯（2006）结合在中国汽车龙头企业投资的分析，列出了日本汽车龙头企业在中国投资的资本和进入方式，并对此作了简单的说明。特别是对丰田在中国的投资过程进行了详细的阐述，发现日本对汽车零部件的投资远远超过了装配工厂。在对本田在广州投资的观察中，刘（2012）阐述了本田与广汽集团的互惠的耦合过程。在分析日本汽车在中国谨慎投资的背景下，下川（2010）阐述了日本三家汽车龙头企业——丰田、本田和日产进入中国与合作伙伴耦合的不同过程。

广州由于是三大日本汽车龙头企业的集聚地而成为研究的重点。朽木和柄田（Kuchiki & Tsukada，2008）分别列出了本田、日产和丰田的跟随供应商的进入时间、名称和产品，甚至列出了丰田2006年之前的跟随中间商。此外，羽溪（2010）还详细列举了天津和广州跟随丰田的一级供应商的进入时间和名称。

所有上述研究都集中于日本汽车龙头企业及其供应商投资的时间过程，仍有一些空白需要修补。第一，上述所有研究都侧重于日本龙头企业和供应商的进入时间和投资，而忽略了日本的研发中心、发动机厂和中间商，这也是汽车生产网络组织中三种行为者（Coe & Yeung, 2015）。第二，没有分析三家日本汽车龙头企业及其跟随企业投资动态时间过程的差异性和相似性，从而揭示出日本三大汽车生产网络的不同形成特征。第三，丰田和日产与地方政府之间的战略耦合也有待观察。作为两家日本汽车龙头企业，它们成功地在广州重组生产网络，它们是广州三大日本汽车生产网络不可缺少的部分。

2.4.3 日本汽车在中国投资的空间组织

许多学者也研究了日本汽车投资的空间组织。首先，研究了日本汽车企业的地理集聚。下川（2010）阐述了由于丰田、本田和日产的进入，长春和天津一汽（丰田）、武汉和襄阳东风集团（本田和日产）、广州广汽集团（本田和丰田）成为日本汽车产业投资的三个集聚区。研究还提到，许多日本供应商是在20世纪90年代中期之后来到中国的，这些供应商聚集在它们的下游企业周围。此外，何（2011）指出由于广汽丰田、广汽本田和东风日产及其跟随供应商聚集在广州而形成汽车产业集聚。然而，这些研究可能由于缺乏可靠的企业层面的数据，而没有进一步探讨（各种）集聚模式的特征以及它们在中国某个城市聚集的程度。这些研究应该用定量的方法计算出具体数字，从而进行分析。

其次，一些研究侧重少数供应商的供应策略（组织）（Shimokawa, 2010）。基于两个供应商合作伙伴——小糸车灯和矢崎连接器的研究，下川（2010）发现日本供应商在中国建立生产基地之后，由于它们在技术上非常先进，还向位于东盟国家的日本企业和外国企业的生产基地出口产品。然而，他只解释了日本供应商在中国供应活动的复杂性，却没有探讨各种日本不同汽车龙头企业的集团供应商和分层供应商在中国供应活动的复杂性。

最后，鲜有文献如分析韩国（Jung，2008）和德国（Depner & Bathelt，2005）一样分析日本供应商与其下游企业之间的供应链在中国的变化。此外，供应商与其上游企业在具体地区如广州组织之间的差异和相似之处的研究一直被忽视。

总之，尽管日本汽车龙头企业及其跟随供应商和中间商在中国投资，并成功地运营它们重组的生产网络（Shimokawa，2010），但是它们没有受到如德国和韩国的广泛关注。此外，上述所有研究都侧重于日本汽车龙头企业与其供应商之间的组织化，还忽视了一些重要的值得研究的内容。首先，所有上述研究都集中在日本汽车龙头企业和供应商的组织活动上，而忽略了日本研发中心直接引发功能升级的组织活动（Pavlínek，2012）。其次，发动机厂和研发中心也属于汽车生产网络组织中的角色（Coe & Yeung，2015），因此这些活动也是值得关注的。最后，没有分析日本三大汽车龙头企业主导的重组生产网络的组织活动中差异性和相似性，这对解释汽车龙头企业对地方汽车产业发展产生的各种影响至关重要。

2.4.4 日本汽车在中国投资的时间过程和空间组织的决定因素

日本汽车在中国投资的时间过程和空间组织决定因素的解释研究主要集中在地方政府和日本汽车龙头企业的作用两方面。在分析日本龙头企业谨慎进入中国的过程中，下川（2010）认为这是由于中国汽车产业形势不稳定所致。刘和迪肯（2006）提出中国汽车外商直接投资的特点是“被动嵌入”，中国政府制定了汽车龙头企业投资必须遵守的政策，如1994年制定的《汽车工业发展规划》规定了合资汽车要达到一定程度的国产化率、2004年开始要建立发动机厂和研发（R&D）中心。在这些条件的背景下，汽车龙头企业被迫邀请它们的供应商跟随它们来到中国，并在中国设立发动机厂和研发中心，以建立跨境生产网络。此外，孙等（2010）运用“政治嵌入”的概念，考察了地方政府在中国汽车 FDI 中的作用。图恩（Thun，2004）也强调了中国政府的限制条件对吸引汽车外商直接投资的影响。

龙头企业战略是解释日本汽车投资的另一个重要因素，甚至是解释日本在中国重组生产网络的组织的重要因素。在对日本龙头企业在中国投资的分析中，下川（2010）阐述了丰田、本田和日产进入中国的时间、产品和地点方面的战略。羽溪（2010）重点研究了丰田在天津和广州的投资战略。

综上所述，许多研究已经关注日本汽车投资的时间过程和空间组织的动力因素。然而，这些动力因素还需要进一步研究。首先，有四个层次的政府（中央、省、市和区政府）都有权利给外国直接投资企业提供有利的政策和制定严格的规定。因此，在研究日本汽车在中国的投资过程中，应考虑四个层次政府的作用。其次，以往的研究没有系统地解释日本在中国重组汽车生产网络的形成和组织，而且忽视了日本汽车龙头企业在中国不同地区的不同的战略。最后，这些研究并没有解释每一个行为者之间的关系，如企业与地方政府之间的外部企业的关系，龙头企业与供应商之间的企业间关系，以及龙头企业的内部企业之间的关系，这些关系都是重组生产网络的基本元素（Coe & Yeung，2015）。因此，本书将运用全球生产网络（GPN）2.0 理论中行为者的“战略”概念：包含外部企业商议战略、企业间的伙伴战略和企业内部的协调战略，三大动力因素系统地考察日本汽车生产网络在中国重组的生产网络的时间过程和空间组织。

2.5 小　　结

本章回顾了关于汽车对外直接投资和市场需求动态以及重组的汽车生产网络的研究，特别探讨了汽车龙头企业与供应商之间的组织内容。之后，介绍了原有解释汽车重组生产网络形成的动力机制的理论和方法：全球价值链方法的治理概念和全球生产网络 1.0 方法的嵌入概念，发现这两个概念虽然有一定的贡献，但都存在一定的局限性，提出全球生产网络2.0理论中的战略概念才是从根本上揭示汽车重组生产网络形成和组织动力机制的完美理论和方法。在分析日本汽车投资在中国的时间过程和空间组织以及其背后的动力因素的成果和不足之后，发现还缺少详尽分析日本汽车龙头企业及其跟随供应商之间组织，这个研究不足将在下一章进一步讨论。

3 数据和方法

3.1 引　　言

第 2 章回顾了汽车产业对外直接投资和全球汽车生产网络的动态、重组特征和决定因素的理论选择，以及日本汽车在中国投资的实证研究，发现以汽车龙头企业为主导重组生产网络的时间过程和空间组织特征是不同的，影响原因是复杂的。对日本汽车在中国投资的实证研究日益增多，然而没有一个合理的研究框架来探讨日本汽车龙头企业与跟随供应商之间在中国投资独特的时间过程和空间组织特征及其影响因素，以及对地方零部件产业发展产生的影响。为了填补这一知识空白，本章首先制定了一个分析框架，以指导后续的实证研究。在此基础上，明确了本书的研究目标、研究问题和研究思路。同时介绍了研究区——广州和汽车产业的研究选择和定义。最后介绍了数据采集和分析的方法。

3.2　分析框架

为了填补现有文献中的这一空白，更好地了解日本在中国特别是在广州重组的生产网络，本书试图提出一个分析框架（见图 3-1）。该框架下的理论来源于全球生产网络（GPN）2.0 理论中的“战略”概念：“企业内部协调战略、企业之间伙伴战略和企业外部商讨战略。”这一框架主要侧重于研究日本汽车龙头企业的权力及其在汽车生产从东盟国家转移到中国的主导作用以及与其供应商在中国的组织。最后，将从过去 30 年广州本地汽车供应商的成长情况来考察日本汽车龙头企业与供应商之间的组织模式的影响。

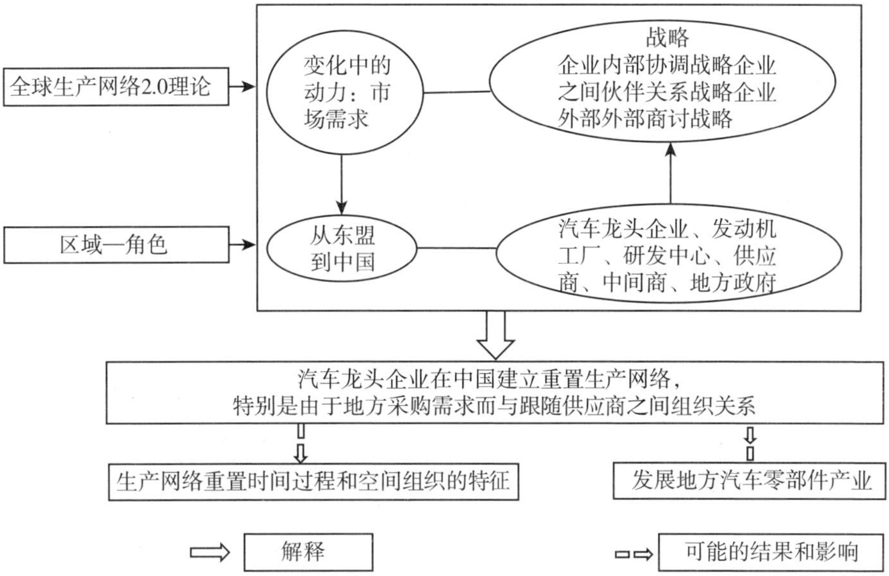

图 3-1　由汽车龙头企业主导的重组生产网络分析

资料来源：作者自 Yang（2017）改编。

具体来说，本书将从全球的角度分析日本汽车龙头企业顺应市场需求的变化趋势从东盟国家转移到中国的原因。通过“日本汽车龙头企业与地方政府之间的商讨战略”，日本汽车龙头企业确定与中国的汽车集团合资。然后，根据中国政府关于发展汽车产业的规定，日本汽车龙头企业通过“企业之间伙伴战略”邀请它们的跟随供应商和中间商到中国投资，并通过“企业内部协调战略”在中国配置它们内部的企业，如发动机厂和研发中心。如此一来，由日本汽车龙头企业主导的重组的生产网络在中国被建立起来，并直接影响到当地汽车供应行业的发展。

3.3 研究问题、目标和假设

3.3.1 研究问题

本项研究主要是为理解汽车龙头企业与跟随供应商和中间商在发展中国家建立其重组的生产网络，特别是对其组织结构的独特方法作出微薄的贡献。本书以广州三家日本汽车龙头企业为例，采用全球生产网络（GPN）2.0 理论的“战略”概念，对汽车重组生产网络的时间过程和空间组织多方面影响因素进行了分析。本书试图探讨以下三个问题：

（1）日本汽车龙头企业如何建立重组的生产网络？特别是建立起日本和跟随供应商在广州本地以采购形式的组织。

（2）如何解释不同日本汽车龙头企业主导以重组的不同生产网络的时间过程和空间组织？特别是在广州的日本供应商和广州当地供应商的组织。

（3）日本汽车龙头企业重组的生产网络的时间过程和空间组织对广州汽车产业发展有什么影响？尤其是在广州的日本和地方供应商的组织及其对广州地方汽车零部件产业发展的影响。

3.3.2 研究目标

基于这三个研究问题，本书分为以下三个研究目标：

（1）建立一个分析框架，分析和解释由日本汽车龙头企业主导重组生产网络的时间过程和空间组织。

（2）以采购联系的形式考察日本跟随供应商的组织。

（3）阐明日本龙头企业主导重组生产网络形成的时间过程和空间组织背后的多方面力量。

3.3.3 研究假设

为了回答上述研究问题并达到上述研究目的，我们设定了三个假设：

（1）日本汽车龙头企业与其跟随供应商或中间商之间存在着重要的关系；

（2）不同的汽车龙头企业建立其内部机构（如研发中心和发动机厂）的方式各不相同；

（3）不同的汽车龙头企业在日本和当地供应商或中间商之间建立组织的方式各不相同。

3.4 研究行业选择——日本汽车产业

本书选取日本汽车产业为个案，基于一些理论考虑。首先，汽车产业是全球化程度最高的产业（Dicken，2007）。汽车产业尤其是日本汽车产业在海外投资方面有着丰富的经验。日本汽车产业自 20 世纪 50 年代开始在全球范围内向美洲、欧洲、亚洲和非洲投资，自 20 世纪 80 年代以来在中国建立了数百家工厂（JAMA，2017）。

其次，日本汽车产业拥有世界上最多的龙头企业，如丰田、本田和日产（www. OICA. net）。汽车工业中的龙头企业，被称为汽车制造商或原始设备制造商，它们在自己的设施内实施了大部分的产品设计、发动机和变速器生产以及几乎所有的车辆装配（Sturgeon et al.，2009）。从产量来看，2006 年，世界上有来自日本、德国和美国三个国家的 11 家汽车龙头企业，分别是通用汽车（General Motor）、丰田（Toyota）、福特（Ford）、大众（VW）、本田（Honda）、标致雪铁龙（Peugeot Société Anonyme）、日产（Nissan）、克莱斯勒（Chrysler）、现代（Hyundai）、雷诺（Renault）和菲亚特（Fiat）。2014年初，菲亚特获得了克莱斯勒100%的股权。自那以后，除了克莱斯勒以外，世界上只有10家汽车龙头企业，其中三家来自日本：丰田、日产和本田（见表3-1）。从2000年到2017年，这三家日本汽车龙头企业的产量逐年上升，在世界汽车总产量中的比例虽略有浮动，但都在20%左右。丰田在2010年之后稳居世界第一，日产和本田分别在第6、第7和第7、第8之间游走。

表3-1　世界十大汽车龙头企业（2000—2019）　单位：百万辆

年份	2000	2005	2010	2012	2015	2016	2019
丰田	5.95[①] (3)	7.34 (2)	7.77 (1)	10.10 (1)	10.08 (1)	10.21 (1)	10.47 (1)
大众	5.11 (4)	5.21 (4)	8.48 (3)	9.25 (3)	9.87 (2)	10.13 (2)	10.38 (2)
通用	8.13 (1)	9.10 (1)	8.56 (2)	9.29 (2)	7.49 (4)	7.79 (4)	6.86 (4)
现代	2.49 (11)	3.09 (9)	5.76 (4)	7.13 (4)	7.99 (3)	7.89 (3)	7.22 (3)
福特	7.32 (2)	6.50 (3)	4.99 (5)	5.96 (5)	6.40 (5)	6.43 (5)	6.39 (5)
日产	2.63 (8)	3.49 (6)	3.98 (6)	4.89 (6)	5.17 (6)	5.56 (6)	5.77 (7)
菲亚特	2.64 (7)	2.03 (12)	2.41 (11)	2.13 (13)	4.87 (7)	4.68 (8)	4.60 (6)
本田	2.51 (10)	3.44 (7)	3.64 (7)	4.11 (7)	4.54 (8)	5.00 (7)	5.24 (8)
雷诺	2.51 (9)	2.62 (10)	2.72 (10)	2.68 (10)	3.03 (9)	3.37 (9)	4.15 (9)
标致雪铁龙	2.88 (6)	3.38 (8)	3.61 (8)	2.91 (8)	2.98 (10)	3.15 (10)	3.65 (10)
总量[②]	11.09	14.27	15.39	19.1	19.79	20.77	21.47
比例[③]	18.99%	21.47%	19.80%	22.67%	21.92%	21.92%	22.15%

资料来源：作者根据汽车制造国际协会整理（www.OICA.net）；
①括号中数字为排名。
②三家日本主导企业的总产量。
③三家日本龙头企业在世界汽车产量中的份额。

第三，日本汽车产业拥有由准时生产（JIT）物流运作系统和具有传统的信任及长期紧密和稳定层级关系的供应商（垂直企业联盟）（Hill，1989；Sato，1982；Sheard，1983）组成的最具竞争力的生产网络（Hill，1989；Nemoto，Hayashi & Hashimoto，2010）。当日本汽车产业在其他国家投资时，日本汽车龙头企业积极帮助各自企业联盟中的供应商在投资地区的整车厂附近建立工厂（Cusumano & Takeishi，1991）。如此一来，日本汽车龙头企业可以在投资地区运行准时生产（JIT）物流运作系统（Mair et al.，1998；Nemoto et al.，2010；Rutherford，2000）。这意味着它们在投资地区运行着重组的生产网络。

第四，三家日本汽车龙头企业在中国都建立了重组的生产网络，包括研发中心、发动机厂、供应商和中间商（JAMA，2015）。2017 年，它们的产量达到 364 万辆，占三家世界总产量的 16.59%（http：//db.auto.sohu.com）。

最后，日本汽车投资重组的生产网络虽然是在中国形成的，但还没有得到系统的研究。相反，Depner & Bathelt（2005）和 Sung（2008）已经分别探讨了德国和韩国在中国的汽车投资，因为这些投资对当地经济发展非常重要。此外，三家日本汽车龙头企业在日本的生产网络也各不相同。丰田的组织是垂直企业联盟，因此其集团供应商的数量最大。日产的组织和丰田一样紧密，但在与雷诺合作后，它变成了开放的，因此其集团供应商的数量是最少的。本田的组织位于丰田和日产之间，所以供应商的数量比丰田的少，比日产的多。当三大主导企业在东道地区投资时，这些不同的组织可能导致不同的生产网络重组和不同的地方经济发展状况。

总的来说，探索日本汽车投资及其在中国的重组的生产网络是有意义和可能的，因为它可以代表先进的汽车工业、拥有不同的汽车龙头企业和生产网络、具有竞争力的生产网络和丰富的世界投资经验。更重要的是，由三家汽车龙头企业主导的重组生产网络的差异和相似之处有待在发展中国家如中国进行研究。

3.5 研究区域选择——广州

广州是广东省的省会，是珠江三角洲（珠三角）的核心城市，也是中国 GDP 第三大城市。广州面积为 7434 平方千米，截至 2019 年底，人口达 1450 万人（Guangzhou Statistics Bureau，2018）。它由 11 个区（越秀、荔湾、天河、海珠、番禺、南沙、黄埔、增城、白云、花都、从化）、136 个街道及 34 个城镇组成①。

新中国成立后，广州成为 20 世纪 50 年代以来的汽车工业基地。1969 年至 1978 年，广州生产的宏威牌卡车在中国取得了巨大的成功，在此之后，由于投资不足和技术落后而破产。1980 年，广州开始生产客车来安排下岗工人，但这种生产是不成规模的。在同一时期，中国经历了改革开放，大量外商直接投资流入中国，促进了许多产业的发展。然而，由于汽车产业关系到国家经济命脉，所以一直由中央政府掌控。1984 年，广州汽车工业集团（GAIG）②成为国家指定的汽车集团之一。1985 年，广汽集团与法国标致合作，打造中国“三小”之一的广州标致。

广州标致从 1985 年到 1992 年经历了一个辉煌的时期，因为它诞生在拥有巨大市场需求的珠三角。最初广州标致在广州生产汽车时，产量很小，其生产仅仅能供应国内市场。但在 1993 年之后，却积压了很多产品，1994 年出现亏损。主要是由于法国标致只持有 22% 的股份，这使法国标致没有积极的长期规划，只给广州标致提供落后车型，本地化速度慢、配件昂贵，导致生产和维护成本高昂。其他原因还包括：资本结构不合理、投资少、销售体制不合理、维修网点少、管理落后、地方政府和政府支持不

① 2019 年，广州有 170 个街道。2000 年至 2017 年，由于广州市行政区划的不断调整，镇的数量发生了变化。然而，最大的是 2005 年进行的调整，将近 1/3 的广州面积合并和拆分。之后，有一些小的调整。因此，本书使用 164 个街道和城镇 2005 年的行政区划的电子地图比较合理，因为它可以衔接 2000 年和 2019 年。

② 2005 年更名为广州汽车集团有限公司（GAC）。

足以及其他有竞争力的车型如上汽桑塔纳的崛起。至1997年，广州标致的债务已经高达29亿元。本田以偿还债务的方式取代标致成为投资广州乃至中国的第一家日本汽车龙头企业，之后是日产（2003）和丰田（2004）。

由此，广州这个集聚三家日本汽车龙头企业——本田、日产、丰田的城市，成为了日本在中国最大的汽车生产基地。自2011年以来，三家日本汽车龙头企业的产量占在中国生产的日本汽车产量的一半以上（见图3-2）。其中广州生产的日产汽车在全国生产的日产汽车中的占比最高，2013年达到83.05%；其次是本田，2009年占64.22%；最后是丰田，最高的是2016年占39.47%（见图3-3）。日本汽车产量从2007年到2017年逐

图3-2　三家日本汽车龙头企业在广州的产量和在中国的份额（2007—2017年）

资料来源：作者从 http：//db. auto. sohu. com 汇编获得，2019年4月6日。

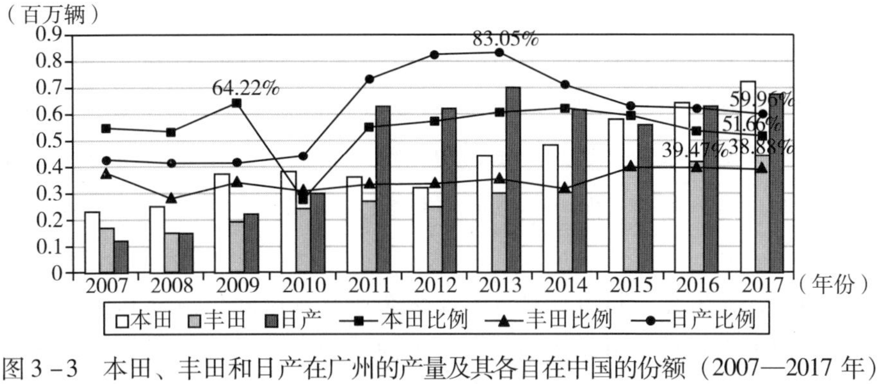

图3-3　本田、丰田和日产在广州的产量及其各自在中国的份额（2007—2017年）

资料来源：作者从 http：//db. auto. sohu. com 汇编获得，2018年4月6日。

年递增（2012 年由于钓鱼岛事件略有下降），年平均增长率高达 9.68%。

同时，在广州形成并组织了三个日本汽车重组的生产网络。当本田、日产和丰田在广州投资时，它们的研发中心、零部件供应商、基本材料供应商、工程服务机构，甚至中间商都跟随到广州重组当地的生产网络。2019 年底，约 190 家日本投资组装商（发动机厂和研发中心）、供应商和中间商聚集在广州。

在过去的 20 年里，由于大量的外国投资特别是来自日本的投资流入，汽车行业自 2004 年以来已成为广州的第一个支柱产业。在 2019 年的汽车生产量中，广州已从中国汽车产业中的“三小”之一转变为中国第三大汽车生产基地。特别是 2008 年，广州汽车产量居全国第一位（National Bureau of Statistics，2009）。

可以说，广州是中国唯一一个集三大日本汽车龙头企业及其重组生产网络的地区。因此，可以通过广州案例探讨日本汽车特别是这三家日本汽车龙头企业形成的重组生产网络的时间过程和空间组织的相似和不同特征。

3.6 数据收集

在之前的研究中，分析重组生产网络中汽车龙头企业及其跟随供应商和中间商的形成和活动所采用的数据为企业层面的统计数据（Pavlínek & Zénka，2010）和半结构深度访谈数据（Depner & Bathelt，2005），很少使用问卷调查数据。这主要是因为在汽车企业调查中，问卷的反馈率相对较低，为 7.8%（Techakanont，2008）。根据这一反馈率，如果采用问卷调查法对广州 190 家日资汽车企业进行调查，回答的数量将约为 15 家。因此，在研究广州由日本汽车龙头企业及其跟随供应商和中间商的形成重组生产网络组织和活动时，采用问卷调查所获得的数量与计划半结构深度访谈的数量差不多，但获得的信息量和有效性远不如半结构深度访谈。

3.6.1 企业级别统计数据

要探讨由日本汽车龙头企业及其在广州的跟随供应商和中间商重组的生产网络的形成和组织，就要获得这些企业的一些信息，如每家企业的注册时间、注册资本、地点以及主要生产商、供应商甚至股东。广州的外资企业的数据库一般由广州市商务委员会掌握。然而，当我访问这个部门的官员时，他们说由于一些特殊的原因，两大日本汽车龙头企业投资资金是无法获得的。例如，当本田在广州投资时，它们以偿还标致债务的形式投资，而不是资本流入。另外，当日产与东风联盟时，由于使用的是风神汽车[①]有限公司所拥有的乘用车生产配额，因此原注册公司名称没有改变。因此，东风日产的投资来源显示的仍然是中国台湾投资。

因此，企业级数据库是以“汽车核心业务”这一关键词为基础从广州市工商行政管理局（GZMICB）收集的。然而，这个数据库仍然漏掉了一些日本汽车投资企业，因为它们被注册为其他核心业务。因此，当我访谈地方政府或工业园区时，也收集了一些日本汽车投资企业的名称。此外，中间商及供应商名单亦从广州汽车集团有限公司获得。

在收集了广州各汽车企业的资料后，首先采用企业的注册性质和股东两个指标基于国家企业信用信息公开系统对日本汽车投资企业进行了选择和分类。然后，也在此系统中收集了日本各汽车企业注册时间、注册资本和地点的基本信息。之后，从供应商的概况中收集它们的主要产品，并根据主要产品将它们分为不同的层次的供应商。最后，根据其母公司在日本的概况，通过汽车工业门户网站—— MARKLINES（www.marklines.com）and 4 - traders（www.4-traders.com）对股东和主要产品进行了检验。

至此，这套数据为进一步定量分析日本汽车投资形成的时间过程和空

① 风神汽车有限公司是在2000年东风汽车集团与台湾裕隆汽车有限公司耦合成立。

间组织做好了准备，并且它是可靠的，因为它直接来自于广州政府系统并且可以在国家企业信用信息公开系统中得到检验。

3.6.2 半结构化深度访谈数据

半结构化的深度访谈数据对于解释到广州投资的日本汽车企业的时间、地点和活动也是非常重要的。本书对广州14个政府机构和24家涉及整车厂和供应商的企业进行了半结构化的面对面访谈（见表3-2、表3-3），受访者人数约为90人。

表3-2 广州市所有受访者名单

访问对象	政府部门或者企业	数量
政府机构	广州市商务委员会、广州市发展与改革委员会、广州开发区、广州市工业与信息技术委员会、广州市科技创新委员会、花都国际汽车城、黄埔区发展改革局、南沙区发展改革局、南沙区工业与信息技术委员会、南沙区建设和交通局、区住房和城乡建设局、南沙投资促进局、增城区发展改革局、增城开发区的政府官员	14
广汽集团	广汽集团、广汽零部件有限公司、广汽商贸有限公司的管理人员	3

资料来源：作者。

表3-3 在广州接受采访的日本汽车企业概况（2017）

龙头企业	地位	注册时间	注册资本（百万美元）	日资比例（%）	主营业务	位置
广汽本田	整车厂	1998	541	50	乘用车	黄埔区
	发动机	2004		50	发动机	增城开发区
	一级核心供应商	2001	30	100	支架	广州开发区
	一级核心供应商	2001	20	100	支架	花都国际汽车城
	二级核心供应商	2003	5	100	阀门	广州开发区

续表

龙头企业	地位	注册时间	注册资本（百万美元）	日资比例（%）	主营业务	位置
东风日产	一级核心供应商	2007	75	100	变速箱	广州开发区
	一级核心供应商	2002	13	48	传动轴	广州开发区
	二级核心供应商	2005	10	100	压轴铝	广州开发区
	一级一般供应商	2004	22	100	锁和把手	花都国际汽车城
	二级一般供应商	2004	5	100	钢材加工	花都国际汽车城
广汽丰田	一级核心供应商	2004	47	100	汽车空调	南沙黄阁汽车城
	二级一般供应商	2012	2	100	模具	花都国际汽车城

* 如前所述，此注册资金为广州风神汽车有限公司注册资金。

资料来源：作者从受访者、企业网站、国家企业信用信息公开系统等几个方面进行整理获得，2019 年 3 月 29 日。

（1）广州政府

对广州政府官员的访谈旨在了解地方政府的“主动嵌入”和“被动嵌入”在日本汽车企业重组生产网络的形成与活动的作用。分别对不同级别的政府官员进行了 14 次访谈，探讨了地方政府政策对日本汽车企业在广州投资的影响，包括 4 个市级政府的 8 个部门、7 个区级政府部门和 4 个汽车工业园区管理委员会（见附录 1 中的访谈提纲）。

（2）广汽集团

对三家国内汽车集团的采访旨在了解它们如何与日本汽车企业合作，合资企业的整车厂和供应商为什么选在现在的位置，以及合资企业整车厂及其供应商之间的关系。在本书中，对广汽集团及广汽汽车零件集团和广汽商贸集团组进行了访谈。它们是代表广州市政府与日本汽车企业合作的机构。

（3）三家合资龙头（整车）企业及其供应商

对三家合资龙头（整车）企业的访谈旨在了解三家合资龙头（整车）企业在三个日本汽车重组生产网络的形成和组织中的权力。在本书中，东风日产汽车有限公司、广汽本田汽车有限公司、广汽丰田汽车有限公司分别接受了采访。此外，对供应商企业的访谈旨在了解供应商与整车厂之间的组织关系。

在这项研究中，共采访了 10 家日资供应商。这些供应商具有典型性。首先，每一家汽车龙头企业都有 1—2 家一级供应商或二级供应商，这意味着可以研究由每个日本汽车龙头企业主导的重组的汽车生产网络的形成和组织。其次，这些供应商到广州的时间与它们下游供应商有所不同，有较晚的、较早的，也有同时发生的，这有助于探索重组后的日本汽车生产网络的形成。最后，这些供应商在广州的位置各不相同，一些供应商临近或远离它们下游的供应商，这可以发现重组后的日本汽车生产网络的组织和活动。

此外，还约谈了六家当地供应商（见表 3 – 4）。三家是广汽本田的一级一般供应商；两家没有核心龙头企业且属于电子供应商；一家不是日本汽车龙头企业的供应商。访问的目的是了解三家日本汽车龙头企业与当地供应商的关系以及对广州汽车零部件行业发展的影响。

表 3 – 4　广州接受采访的内资汽车企业概况（2019）

龙头企业	地位	注册时间	注册资金（百万美元）	主营业务
东风日产、广汽本田和广汽丰田	一级一般供应商	2003	291	模具
	一级一般供应商	2010	146	管道
广汽本田和广汽丰田	一级一般供应商	2006	7500	玻璃
没有主要的龙头企业	一级一般供应商	2003	294	电子
	一级一般供应商	2007	882	电子
没有龙头企业	当地供应商	2006	17	汽车空调

资料来源：作者从受访者、企业网站、国家企业信用信息公开系统等几个方面进行整理获得，2019 年 3 月 29 日。

这些企业是在广东汽车年会、中国汽车年会、广州投资年会等各种会议和广州国际车展等汽车展览会上进行访谈的（见图 3－4）。

A：与加特可公司访谈

B：与广汽部件访谈

C：2016广州国际汽车配件展

D：中国汽车零部件论坛

E：2016广州汽车零部件论坛

F：2017广州国际投资会议

图 3－4　采访的地点

资料来源：作者在访谈过程中拍摄。

访谈内容涉及日本汽车企业在广州发展战略，具体有10个问题，包括其投资的时间和地点、研发、采购和物流活动（详见附录二的调研提纲）。对于汽车龙头企业，基本信息是在访谈前准备的。供应商是在不同的会议和展会上接受采访，而不是有意预约的，因此无法预测可以遇到哪个供应商，也就无法准备供应商的基本信息。

由于日本的保守文化，联系这些企业是非常困难的。因此，作者在采访他们时，会介绍一些最新的激励政策和汽车行业发展趋势，这激发了他们的极大的交流兴趣。然而，由于无法访问日本汽车龙头企业的首席执行官们，作者只能从《广州汽车工业发展十年》中摘录已有访谈内容。

3.7 数据分析

本书采用定性和定量相结合的方法对收集到的企业层面数据和半结构化访谈数据进行分析。在定量分析中，分别用公式计算和地理信息系统（GIS）呈现区位商（LQ）和 Global Moran's I 地理关联。在定性分析中，采用编码方法对访谈记录进行分类和编码。

3.7.1 企业层面数据的定量分析

本书选择了区位商和 Global Moran's I 两类指标来分析日本汽车投资的空间组织的演化特征，并用 Global Moran's I 专题图来说明空间集聚程度的演化特征。

区位商（LQ）是广泛用于研究特定产业空间集聚的方法（Blair，1995；Stimson，Stough & Roberts，2006），已在国外和国内的研究中得到应用（Carroll et al.，2008；Jing & Cai，2010；Yang & Liao，2010）。区位商（LQ）公式是：

$$LQ = \frac{\left(\frac{e_i}{e}\right)}{\left(\frac{E_i}{E}\right)} \tag{3-1}$$

在本书中，e_i是在街道 i 中日资汽车企业的注册资本，e 是在广州的日资汽车的注册资本总额。E_i是在街道 i 中汽车企业的注册资本，E 是在广州的日资汽车注册资本总额。LQ 值越高，这意味着在街道 i 中汽车制造业更加专业化。当 LQ >1 时，反映了街道 i 的日本汽车工业投资规模较大，专业化程度高于广州平均水平。

Global Moran's I 是计算产业空间自相关或关联以及产业间空间相互相关或关联的方法。在本书中，Global Moran's I 用于探讨日本汽车投资产业的空间自相关、整车厂与供应商或中间商之间的空间合作关系。全球 Global Moran's I 的公式定义如下：

$$I = \left(\frac{n}{\sum_i \sum_j w_{ij}}\right)\left(\frac{\sum_i \sum_j w_{ij}(x_i - \bar{x})(x_j - \bar{x})}{\sum_i (x_i - \bar{x})^2}\right) \tag{3-2}$$

在本书中，n 是地理单位的数量，即广州街道的数量。i 和 j 是地理单位的指数；w_{ij}是街道对 i 和 j 的空间权重矩阵的元素；x_i是街道 i 的汽车工业就业人数；j 是 x 的平均值。Global Moran's I 指数的理论背景与相关系数相似，有相同数值范围（－1，1）（Bailey & Gatrell，1995）。正的 Global Moran's I 值意味着高价值单位接近高价值单位，低价值单位接近低价值单位，负值表示相反，高价值单位被低价值单位包围，低价值单位被高价值单位包围。实际上，Global Moran's I 值能够可视化为原始变量（x）上空间滞后变量 w_x的 Global Moran 散点图中的斜率（Anselin，1995）。

之后，根据街道层面电子地图中的基本信息，用地理信息系统方法（GIS）分析并呈现了汽车对外直接投资地理格局的独特轨迹，如空间集聚演变特征和空间相关演变特征。

3.7.2 半结构化深度访谈数据的效度分析

“效度”已经成为定性研究的一种测度（Johnson，1997）。强森认为从访谈中收集的信息有两种类型的效度：描述效度和解释效度。前者是指研究人员所报告叙述的准确性，后者是指被访谈者的观点、思想、意图和经验被研究者准确理解和描述的程度。为了使定量研究的有效性最大化，他进一步发展了一些战略。在本书中，采用了四种战略：数据三角化、参与者反馈战略、同行评测战略和方法三角化战略。

在访谈过程中，受访者可能会因为自己的知识结构水平的不同而对同一个问题持有不同的观点。为了提炼出正确的观点，作者进一步与汽车专家和政府官员进行磋商，并查阅相关文件和文献。例如，为了回答国内供应商进入中日合资整车厂的采购系统的原因，一位受访者声称，这是因为他们把股份给了日本合资企业的整车厂；一位受访者认为这是因为广州市政府和日本汽车龙头企业之间的商讨；一位受访者认为，这是因为他们一直在为广汽提供服务；另一位受访者认为这是因为产品的质量。通过对汽车行业协会、地方政府官员、中日合资企业的进一步访谈，并对相关文献进行研究，作者得出应整合上述因素的结论。此外，作者向受访者和专家给出了这个结论，并征求了他们的意见。

为了分析半结构化的深度访谈数据，期望描述和解释方法，利用NVivo软件进行编码分析，因为电子编码过程比手动操作更快、更简洁。这可以提高研究的质量和可信度（Welsh，2002）。根据Bazeley和Jackson提出的NVivo主题分析的程序，作者采取了五个步骤来编写深度访谈数据。

第一，通过存储NVivo中的每一份采访记录，设计了一个NVivo数据库。第二，NVivo将原始数据存储到节点中，并从导入的采访记录中提取相关说明。在半结构访谈问题的基础上，建立了三层节点。例如，供应商的投资包括时间和地点两个子节点。第三，时间被划分为三个子节点：与下游企业同时、在下游企业之前和在下游企业之后投资；投资地点由两个子节点组成：靠近它们的下游企业和远离它们的下游企业。第四，在代码（节点）中定义了与问题相关的主题。例如，从供应商与下游企业不同的投资时间和地点可以得出供应商与其下游企业之间不同的时间过程和空间组织的主题。第五，可以从主题中总结出一些理论，并观察到这些供应商与其下游企业之间的关系程度。

3.8 小　结

总之，为填补现有文献中的一些欠缺，并指导实证研究分析，本章设计了一个详细而系统的分析框架。

实证过程中，要达到这一目的，需要依靠企业级别层面的数据和半结构化的深度访谈数据。相应地，采用定量和定性两种方法分别分析这两类数据，以提出符合研究目的和目标的结果。在数据采集过程中，注重数据的精确性、有效性和机密性。

该分析框架应用全球生产网络 2.0 理论中的“战略”概念，即“企业内部协调战略”“企业之间伙伴战略”和“外部企业商讨战略”来解释由不同的日本汽车龙头企业主导，重点分析日本汽车龙头企业与不同重组生产网络形成的时间过程和空间组织，它们的供应商的组织和内在动力。

4 日本汽车产业在广州投资的时间过程

4.1 引　言

本章探讨了日本汽车产业在广州投资的时间过程的特点，用定性的方法研究了在第3章建立的分析框架中由日本三大汽车龙头企业——本田、丰田和日产（包括整车、发动机厂和研发中心）、供应商和中间商组成的在广州重新组织的生产网络。本章的内容分为三个部分。第一部分将重点审视和解释日本汽车投资在广州从1991年至2017年期间的时间历程。第二部分将比较日本三大汽车生产网络投资时间过程的异同。用全球生产网络（GPN）2.0理论的“战略”观点对三大主导企业主导的生产网络和基本动态进行了重组。第三部分是总结主要发现和理论意义。

4.2 日本汽车在广州投资的时间过程

4.2.1 日本汽车产业投资从在东南亚国家转向中国（广州）

（1）亚洲金融危机前日本汽车在东南亚投资

自20世纪60年代末以来，日本汽车工业开始扩大国际化生产，特别是在东南亚国家（Shimokawa，2010），如1962年的泰国（Lecler，2002），1963年的菲律宾（Sturgeon，Daly，Frederick，Bamber & Gereffi，2016），1968年的马来西亚（Wad & Govindaraju，2011），1971年的印度尼西亚（Irawati，2011）。亚洲金融危机前，三家日本汽车龙头企业分别在东盟国家进行了投资（见表4－1）。日本供应商的投资时间进程与各自的汽车龙

表4－1　丰田、日产和本田亚洲金融危机前在东南亚国家的投资

单位：百万辆/年

龙头企业		名称	年份	股份	产量
丰田	泰国	丰田泰国汽车有限公司	1962	86%	0.79
		丰田汽车有限公司	1988	33%	0.02
		暹罗丰田制造有限公司	1987	96%	—
	菲律宾	丰田菲律宾汽车有限公司	1988	34%	0.05
		丰田汽车零部件菲律宾公司	1991	61%	—
	马来西亚	装配服务私人有限公司	1992	39%	0.08
	印度尼西亚	宝腾丰田汽车制造（发动机）	1971	95%	2.5
日产	泰国	日产汽车（泰国）有限公司	1977	75%	0.28
		日产动力总成（泰国）有限公司	1987	90%	
		SNN工具和模具有限公司	1989	28%	
	马来西亚	Tan Chong汽车总成私人有限公司	1976	—	0.65
	印度尼西亚	宝腾日产汽车印度尼西亚	1995	75%	1.76

续表

龙头企业		名称	年份	股份	产量
本田	菲律宾	日产汽车印度尼西亚股份有限公司	1991	74%	0.15
		本田零部件制造公司	1992	100%	—
	马来西亚	本田汽车零部件制造私人有限公司	1992	51%	

资料来源：JAMA（2017）。

头企业较为一致，但是没有设立研发中心。这些重组的生产网络是由日本汽车龙头企业及其在这些国家的跟随供应商建立的（Irawati，2011；Poapongsakorn & Techakanont，2008）。

（2）日本汽车在中国（广州）投资

20 世纪 90 年代以来，由于投资自由化、贸易自由化和信息与通信的改善，世界汽车工业面临着日益激烈的全球竞争。由于 20 世纪 90 年代初日本经济衰退和 1997 年亚洲金融危机，日本汽车龙头企业决定将东盟国家的生产发展到全球并向中国靠拢。

然而，与东盟国家不同的是，日本汽车龙头企业对中国市场的战略更为谨慎（Sit & Liu，2000；Shimokawa，2010）。日本进入中国汽车市场的时间落后于欧洲，法国标致、德国大众和意大利菲亚特都在 1985 年就进入了中国市场。本田是三家最早进入中国市场的日本汽车龙头企业，它于 1991 年与东风汽车在惠州成立了东风本田汽车零部件有限公司，1998 年与广汽成立了广汽本田汽车有限公司。到 2017 年底，本田在中国已经设立了 2 家研发中心、2 家整车厂、1 家发动机厂、3 家供应商和 2 家中间商（见表 4－2）。

表 4－2　　本田在中国的投资

企业	资金比例*	地区	年份
一、研发中心			
1. 广汽本田汽车研究开发有限公司	50%	广州	2007
2. 本田技研科技（中国）有限公司	100%	广州	2013

续表

企业	资金比例*	地区	年份
二、整车厂和发动机			
3. 广汽本田汽车有限公司	50%	广州	1998
4. 东风本田汽车有限公司	50%	武汉	2003
5. 本田汽车（中国）有限公司①	75%	广州	2003
6. 东风本田发动机有限公司	50%	广州	1998
三、供应商			
7. 东风本田汽车零部件有限公司	56%	惠州	1994
8. 本田汽车零部件制造有限公司	100%	佛山	2005
9. 本田生产技术（中国）有限公司	100%	广州	2004
四、中间商			
10. 本田汽车用品（广东）有限公司	80%	佛山	2002
11. 本田（中国）投资有限公司	100%	北京	2004

*资金比例：（日本：中国）

资料来源：作者从 JAMA 和本田（中国）（www. Honda. com. cn）网页上获得。获得日期：2017 年 12 月 31 日。

20 世纪 80 年代，当中国的整车厂和政府意向与丰田进行合作时，据说丰田拒绝在中国投资（Liu & Dicken，2006）。究其原因，主要是中国商业环境的不确定性和复杂性（Hinata，2002；Shimokawa，2010）或者政策的不稳定性（Shimokawa，2010），而不是因为丰田对西方市场的关注（Liu & Dicken，2006）。直到 20 世纪 90 年代中期，中国政府颁布了《汽车工业产业政策（1994）》之后，丰田才决定在中国投资生产汽车。到 2019 年底，丰田在中国已经设立了 5 家研发中心、4 家整车厂、2 家发动机厂、6 家供应商和 8 家中间商（见表 4－3）。

① 本田汽车（中国）有限公司已于 2018 年被广汽本田汽车有限公司收购。

表 4-3　　丰田在中国的投资

企业	资金比例*	地区	年份
一、研发中心			
1. 丰田汽车技术中心（中国）有限公司	100%	天津	1998
2. 丰田汽车技术研发（上海）有限公司	100%	上海	2003
3. 广汽丰田汽车有限公司研发中心	50%	广州	2009
4. 丰田汽车研发中心（中国）有限公司	100%	常熟	2010
5. 一汽丰田技术开发有限公司	50%	天津	2012
二、整车厂和发动机			
6. 四川一汽丰田汽车有限公司	50%	成都	1998
7. 天津一汽丰田汽车有限公司	50%	天津	2000
8. 广汽丰田汽车有限公司	50%	广州	2004
9. 四川一汽丰田汽车有限公司长春丰越公司	50%	长春	2005
10. 天津一汽丰田发动机有限公司	50%	天津	1995
11. 广汽丰田发动机有限公司	50%	广州	2004
12. 一汽丰田（长春）发动机有限公司	50%	长春	2004
三、供应商			
13. 丰田一汽（天津）模具有限公司	10%	天津	1995
14. 天津丰田汽车锻造部件有限公司	100	天津	1997
15. 天津丰津汽车传动部件有限公司	94.7%	天津	2004
16. 丰田汽车（常熟）零部件有限公司	100	常熟	2012
17. 新中源丰田汽车能源系统有限公司	50%	常熟	2013
18. 科力美汽车动力电池有限公司	50%	常熟	2014
四、中间商			
19. 丰田汽车（中国）投资有限公司	100%	北京	2001
20. 丰田汽车仓储贸易（上海）有限公司	100%	上海	2001
21. 一汽丰田汽车销售有限公司	53%	北京	2003
22. 丰田汽车技术研究交流（广州）有限公司	100%	广州	2004
23. 丰田汽车金融（中国）有限公司	100%	北京	2005
24. 同方环球（天津）物流有限公司	60%	天津	2007
25. 丰田汽车仓储贸易（常熟）有限公司	100%	常熟	2013
26. 广汽丰田销售有限公司	50%	广州	2015

*资金比例：（日本：中国）。

资料来源：作者从 JAMA 和丰田（中国）（www.Toyota.com.cn）网页上获得。

获得日期：2017 年 12 月 31 日。

日产也是在见证了台湾裕隆的成功后，于2003年才决定在广州投资。到2017年底，日产在中国已经设立了5家研发中心、4家整车厂、1家发动机厂和2家中间商（见表4－4）。

表4－4　　　　日产在中国的投资

企业	资金比例*	地区	年份
一、研发中心			
1. 东风日产技术中心	50%	广州	2006
2. 日产中国设计中心	100%	北京	2011
3. 东风日产乘用车技术研发中心	50%	广州	2016
4. 东风启辰造型中心	50%	广州	2016
5. 东风日产大学	50%	广州	2016
二、整车厂和发动机			
6. 东风汽车有限公司	50%	武汉	2003
7. 东风日产乘用车公司	50%	广州	2003
		襄阳	2003
		郑州	2010
		大连	2014
8. 东风英菲尼迪汽车有限公司	50%	襄阳	2014
9. 郑州日产汽车有限公司	50%	郑州	1993
10. 东风日产发动机厂	50%	广州	2003
三、中间商			
11. 日产（中国）投资有限公司	100%	北京	2004
12. 东风日产汽车金融有限公司	51%	上海	2007

*资金比例：（日本：中国）。

资料来源：作者从JAMA和本田（中国）（www.Honda.com.cn）网页上获得。

获得日期：2017年12月31日。

可见，广州是中国唯一一个拥有本田、丰田和日产投资整车、研发中心、发动机厂、供应商和中间商的集聚地。

4.2.2 日本汽车投资在广州的时间演变

从企业层面的数据分析来看，日本在广州的汽车投资始于1991年（见图4－1）。虽然本田汽车在1998年进入广州，但它的一些供应商在本田进入之前就已经来到广州。这是由于有些本田汽车供应商也给本田摩托车提供配套产品，如昭和零部件公司。本田摩托车1991年在广州投资，这些供应商跟随本田摩托车来到广州。当本田汽车公司来到广州时，这些供应商就给本田汽车公司提供零部件。这些汽车零部件供应商的数量不多，只有8家。

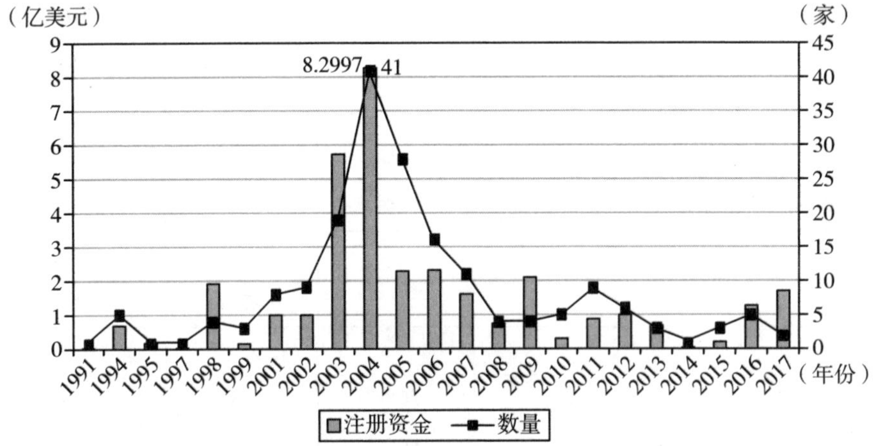

图4－1 广州日本汽车投资的时间过程

资料来源：作者根据广州市政府和国家企业信用信息公示系统整理（获得时间：2018年3月26日）。

从1991年到2018年这28年期间，日本的汽车投资一直是不平衡和不连续的。日本汽车投资大部分在2003—2006年，其中投资最高的年份是2004年，有41家企业和8.30亿美元。此外，日本在2000年停止了汽车投资。

日本经过30年的投资，到2017年底，广州有189家日本投资企业，投资34.54亿美元，其中包括3家合资企业、8个整车厂、4个发动机、9个研发中心、151个供应商和17个中间商（见表4－5）。其中，日资企业有 101 个，合资企业有 88 个（见表 4－6）。

根据第 3 章图 3－2 中 Hill（1989）的类别和层次图显示，来自日本的供应商可分为三类和三层（见表 4－7）。三类日本供应商以零部件供应商为主，占 87.42%；其次为模具及机械工程服务供应商，占 11.92%；只有

表 4－5　　日本汽车企业投资的企业类别（2017）

企业	注册资本（百万美元）	资金比例	数量（个）	数量比例
整车厂和发动机	1179.74	34.29%	12	6.35%
供应商	1959.79	56.96%	151	79.89%
研发中心和中间商	301.01	8.75%	26	13.76%
总计	3440.54	100%	189	100%

资料来源：作者根据广州市政府和国家企业信用信息公示系统整理（获得时间：2018 年 3 月 26 日）。

表 4－6　　日本汽车企业投资的企业性质（2017）

企业	研究中心	装配商	发动机厂	供应商	中间商	总计
独资	2	0	0	92	7	101
合资	7	8	4	59	10	88
总计	9	8	4	151	17	189

资料来源：作者根据广州市政府和国家企业信用信息公示系统整理（获得时间：2018 年 3 月 26 日）。

表 4－7　　日本供应商投资等级和类别（2017）

供应商	合资	独资	总计
基础材料供应商	1	0	1
工程服务、模具和机器	7	11	18
零部件	51	81	132
总计	59	92	151
一级供应商*	39	46	85

续表

供应商	合资	独资	总计
二级供应商	36	20	55
三级供应商	3	6	10
总计	58	92	150

资料来源：作者根据广州市政府和国家企业信用信息公示系统整理（获得时间：2018年3月26日）

* 层级供应商根据日本汽车生产系统分类（Hill，1989），其中基本材料供应商不属于层级供应商。

一家中日合资的基础材料供应商，即广州JEF钢铁有限公司。三层日本供应商中一级供应商占56.67%，二级供应商占36.67%，三级供应商占6.66%。

17家中间商来自日本的投资，其中以合资为主，占58.82%。它们可分为6类，包括贸易、物流、金融、销售、技术支持和服务企业（见表4-8）。

表4-8　日本中间商投资的企业性质（2017）

中间商	贸易企业	物流企业	金融企业	销售企业	技术企业	绿色服务企业	共计
独资	4	1	1	0	1	0	7
合资	1	4	1	3	0	1	10
总计	5	5	2	3	1	1	17

资料来源：作者根据广州市政府和国家企业信用信息公示系统整理（获得时间：2018年3月26日）。

4.2.3 日本汽车企业投资发展阶段

基于广州政府企业级别的数据，以2004年出现的三大汽车龙头企业为界限，日本汽车企业在广州的发展轨迹可分为两个阶段。第一阶段是整车厂和供应商投资，根据投资速度又可以分为初始和快速增长阶段，这与在美国的日本汽车投资的过程类似（Mair et al.，1998）。初始阶段只有几个供应商，大多数供应商与三家日本汽车龙头企业都在快速成长阶段到广州投资。第二阶段着重是研发中心中间商投资。

（1）第一阶段（1991—2004）——制造业增长：三大龙头企业和供应商投资

①2000 年以前——本田和少数日本供应商投资的初步增长

日本汽车投资最初的增长阶段局限于 2000 年以前。在此阶段，来自日本的供货商在广州投资的只有十多家，其中大部分是 1992 年开始生产的五羊本田摩托车的供应商。这些供应商在日本也给本田汽车供应零部件。因此，在 1998 年本田汽车来到广州之后，它们也成为了本田汽车的供应商。

然而，本田的供应商并没有和它们的下游企业同时到广州。从 1998 年至 2000 年，广州仅有 5 家供应商投资（见图 4 – 2）。主要原因是国内投资政策不稳定。本田两家一级核心供应商的经理都承认：

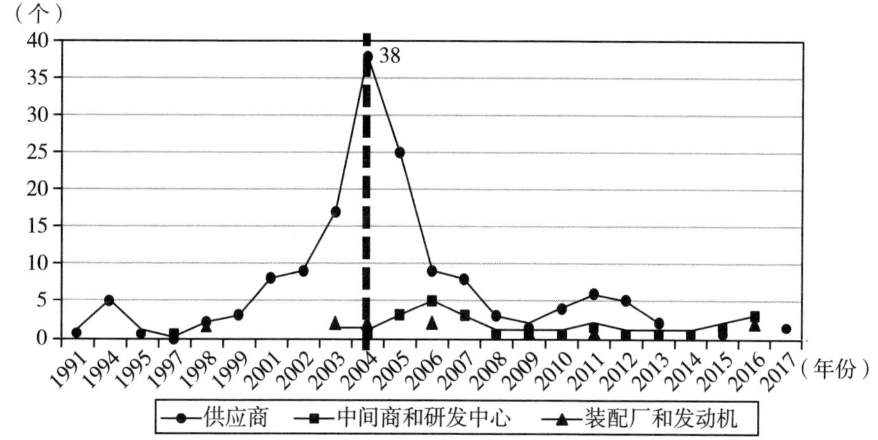

图 4 – 2　日本在广投资汽车数量的变化（1991—2017 年）

资料来源：作者根据广州市政府和国家企业信用信息公示系统整理（获得时间：2018 年 3 月 26 日）。

“我公司于 2001 年在广州成立。我们的主要业务是车身框架、内胎，以及组件和部件的模块。我们的母公司过去一直追随本田，因为我们是本田的战略合作伙伴，而且本田持有我们公司的股份。本田确实邀请了我们的母公司一起来广州。然而，母公司不能确定中国未来的市场和中日关系，所以母公司不敢跟本田一起去广州。母公司从一小笔投资开始，然后由于本田生产的扩大而增加了几倍。在这 20 多年里，我们公司的产量也从几百万增加到几十亿。”（访谈于 2017 年 9 月，广州）

另一个原因是市场需求不足。本田二级核心供应商的经理说：

“我们公司于 2003 年在广州成立，因为本田发动机来到广州。然而，我们的母公司并没有在 1999 年就跟随本田发动机到广州。最初，产量还不足以让我们在这里建厂。但是，本田发动机每年不断地拓展业务，使我们公司在广州能够有了足够的订单，我们公司才在广州投资建厂。”（访谈于 2017 年 9 月，广州）

②2001—2004 年——三大汽车龙头企业及其供应商投资的快速增长

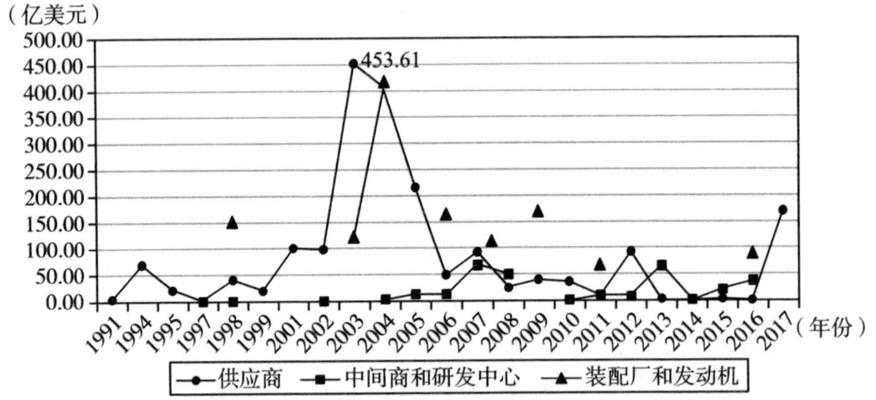

图 4-3　日本在广州投资汽车资金的变化（1991—2017）

资料来源：作者根据广州市政府和国家企业信用信息公示系统整理（获得时间：2018 年 3 月 26 日）。

在这一阶段，因为中国尤其是华南地区市场规模的不断扩大，三家日本汽车龙头企业及其供应商纷纷涌入广州投资。日产和丰田分别于 2003 年和 2004 年进驻广州，日本的投资供应商从 2001 年到 2004 年稳步增长。在此期间，供应商的数目和注册资本分别为 68 家和 453.61 亿美元，分别占供应商总数的 45.03% 和 54.59%。2004 年是日本供应商的投资高峰年，当年日本的投资供应商数量为 38 家，注册资本为 368.64 亿美元，分别占总供应商的 25.17% 和 21.02%（见图 4-4；图 4-5）。丰田集团 1997 年在广州投资了一家中间商之后，直到2004年，才在广州投资了另外一家中间商。因此，在2004年底，整车厂（包括发动机厂）、供应商和中间商数量的比例为6.52%：91.30%：2.17%（见图4-4），其中注册资本的比例为35.95%：63.78%：0.27%（见图4-5）。

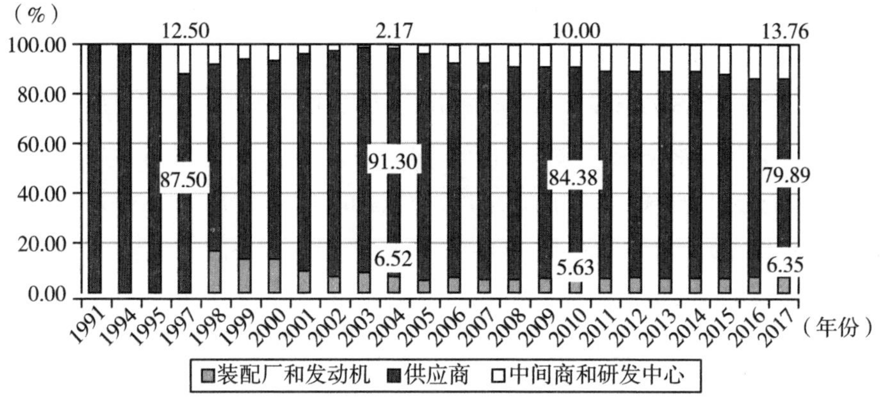

图4-4　日本在广州投资汽车数量比例的变化（1991—2017）

资料来源：作者根据广州市政府和国家企业信用信息公示系统整理（获得时间：2018年3月26日）。

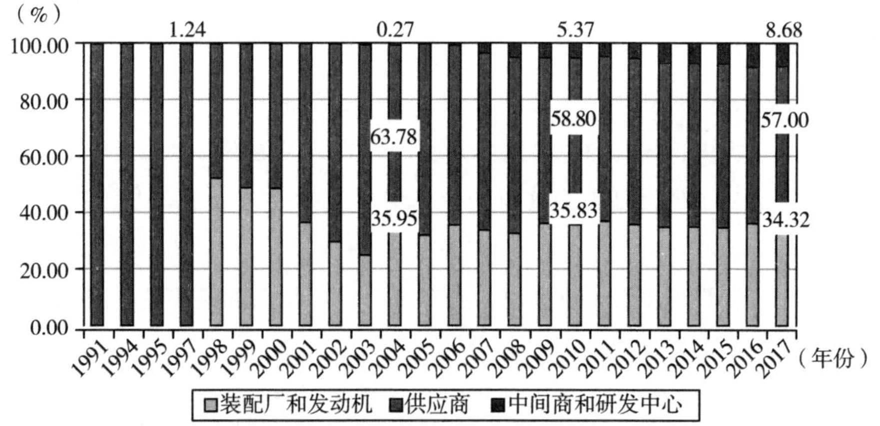

图4-5　日本在广州投资汽车资金的变化（1991—2017）

资料来源：作者根据广州市政府和国家企业信用信息公示系统整理（获得时间：2018年3月26日）。

日本汽车投资涌入广州的特点是一种基于企业联盟的用于日本汽车生产的垂直网络投资模式，也称垂直的企业联盟集聚。这比“集团投资”（Kuchiki & Tsukada，2008）或“基于网络的投资”（Hatani，2010）更具体。日本汽车龙头企业倾向于依靠其在广州的长期的垂直企业联盟分支机构提供部分主要的零部件和服务。这类似于日本在泰国的汽车投资现象（Poapongsakorn & Techakanont，2008）。

汽车工业园区的管理会或区政府的努力加快了日本供应商到广州投资的速度。本田一家一级一般供应商经理承认：

“我们公司于2001年在广州建厂，但是如果没有广州开发区政府邀请，我们公司将推迟几年直到产量达到一定数量才会到广州建厂。总的来说，在广州生产对于节约成本是很有价值的。”（访谈于2017年9月，广州）

（2）第二阶段（2005—2019）——服务业增长：研发中心和中间商投资

日本汽车投资的第二阶段是从2005年开始，其特点是投资更多地集中在研发中心和中间商（见图4-2）。相反，无论是日本汽车投资的数量和注册资本，还是供应商的投资速度都有所放缓。在2014年和2016年，日本供应商甚至停止了投资。只有少数供应商由于其下游企业的扩张业务，继续到广州投资。丰田一家二级供应商的经理说：

“我们公司于2012年来到广州，到广州已经晚了，因为我们的母公司首先在天津投资，我们的主要业务是生产模具，但是不需要靠近顾客。在广州建立第二个公司是因为这里的业务增加了。”（访谈于2017年11月，广州）

对于日资汽车龙头企业来说，还有一个目标是完善供应链。花都国际汽车园的一名官员强调：

“日本供应商从2003年至2006年主要跟随下游企业前往广州或周边地区，核心供应商都来了。近年来，来广州投资的日本零配件公司很少，只是为了完善供应链。例如，东风尤尼于2017年成立，以满足东风日产对某些特殊冲压件的要求。”（访谈于2018年3月，广州）

广州市为了鼓励发展汽车服务业出台了一系列优惠政策，如土地使用、电力安全、技术改造、资本补贴和低利率，培养一批十亿美元级的汽车服务业龙头企业。因此，广汽丰田和广汽本田分别成立了销售公司。广汽丰田公司的经理证实：

"广汽丰田之所以成立销售公司，有两个原因。首先，它回应了广州市发展生产性服务业的政策。第二，它努力降低生产成本，实现销售利润"。(访谈于 2017 年 9 月，广州)

到 2017 年底，日资汽车服务业企业数量和注册资本的比例分别增加到 13.76% 和 8.68%，而整车厂和供应商的百分比都下降了（见图 4-4、图 4-5）。

4.3 三大龙头企业主导生产网络形成时间过程的差异性与相似性

4.3.1 本田主导生产网络形成的时间过程

（1）本田与广汽的战略耦合

为了继续发展广州汽车工业，广州市政府在 1994 年决定更换合作伙伴，这引起了世界各大汽车龙头企业的高度重视。原因之一是虽然广州标致欠债 29 亿元人民币，但却有"三大三小"[①] 入场券。原因之二是广州还拥有成为汽车生产基地的其他优势和资产，如多年的汽车生产经验、2000 多名员工和珠三角庞大的消费市场。

全世界范围内共有 12 家汽车企业希望参与此项目。经过初步比较，留下了欧宝、现代和本田。广州市政府提出了 20 多项指标对这三家企业进行比较和打分，现代出局，欧宝和本田开始了新一轮的竞争。

① "三大"指一汽、东风（二汽）、上汽三大轿车基地；"三小"指北京吉普、天津夏利、广州标致三个小型轿车基地。

欧宝向广州市提交了新的合作条件（修正案），该条款将总资本投资增加到1.7亿美元，用于购买50%广州标致的股权，重组债务和安置各类人员。然而，广州市认为1.7亿美元的投资是不够的，希望欧宝能提供更好的条件，在新模式之后再谈。然而，欧宝认为此解决方案是它们的底线。

当时，广州市政府把欧宝和本田的条件归纳为汽车技术、车型、改造“广州标致”的能力、资本投资、国产化方案、研发能力等20个最关键的因素。经过新一轮的指标比较，结果是本田比欧宝更好。最后，广州决定选择本田作为新的合作伙伴。

实际上，中国政府也同意选择本田，因为直到1997年才有日本的汽车龙头企业来到中国，而那些早期来中国投资的汽车龙头企业都来自欧洲和美国。此外，中国政府希望东风汽车（二汽）参与此次广州的重组，因为担心广汽没有能力振兴汽车工业。因此，中国政府认为广汽与本田的发展应该需要更大的汽车集团的帮助。东风汽车于1991年在惠州设立了本田汽车零部件生产基地，1997年国家又批准了东风本田发动机项目。最后，东风和广汽一起与本田展开合作。然而，在商讨过程中，东风和广汽的股权很难分配。于是，国家召开了一次特别会议，决定广汽持有50%股份与本田公司成立广汽本田整车厂，东风拥有50%股份与本田一起成立了东风本田发动机厂。

虽然广州标致的债务接近3亿元人民币，但法国标致不愿轻易退出广州标致，因为它相信广州市政府会找到解决资金困难的方法而不让广州标致破产。因此，广州市声称，如果法国标致不退出，该公司将宣布破产。中国政府也承诺，如果法国标致退出，将提供与中国其他汽车集团的合作机会。最后，法国标致同意撤资并1法郎转让股权。

本田之所以急于进入中国，是因为它早就意识到了中国的市场潜力。广汽本田的第一位日本总经理描述了本田在广州的投资过程：

“本田自1991年就开始在惠州投资，与东风合资建立零部件公司，并计划建立一家整车厂。五羊本田摩托车于1993年在广州生产。1996年，其国产化率超过80%，许多为本田摩托车供货的日本零部件制造商纷纷来到广东。这些日本制造商在日本不仅为本田提供摩托车零部件，还为其提供汽车零部件。如果本田在广州设立整车厂，它可以利用摩托车供应商的网络和经验，轻松达到40%的国产化率。因此，本田的管理人员一知道法国标致准备退出广州标致，就与广州市政府联系。"（访谈于2007年9月，广州，引自Yao & Han，2008）

此后，2003年，本田进一步在广州出口加工区设立了本田汽车（中国）有限公司，本田在本田汽车（中国）有限公司持有75%的股份（见表4-12）。这是中国汽车史上首个产品100%出口的整车制造企业，其产品已出口到欧洲市场。然而，该公司年产量逐年下降，最终在2017年破产被广汽本田收购。广汽的高级工程师解释说：

"本田（中国）的设计能力是60000辆汽车，但从未达到这一容量。2016年其生产量降至1万辆。本田（中国）破产的主要原因是本田（中国）的车型在欧洲市场中并不受欢迎，而不是其他原因，如劳动力或土地成本。"（访谈于2017年9月，广州）

本田中标之后，广州市政府只花了15天时间就建立了广汽本田公司，并在9个月内重组了生产线。根据商讨，本田带来了世界同步最畅销的车型。广汽本田的产能从1998年的0.01万辆，到2004年增加到24万辆，创造了一个奇迹。至此，第一条生产线的产能已经达到饱和，第二条生产线于2006年建成，产能为24万辆。随着销量的继续增加，广汽本田在2016年建造了第三条生产线（座工厂），产能为24万辆。2017年，在收购本田（中国）之后，其总生产能力达到78万辆（见表4-13）。同时，本田还发布了9款流行车型，以满足中国消费者和政府的需求（见表4-14）。广汽本田的经理解释说：

"我们的车型应该与世界同步，因为中国的消费市场也是国际化的。"（访谈于2017年9月，广州）

（2）供应商投资的时间过程

本田供应商投资的时间过程主要表现为三个明显的特点。首先，有9家供应商在本田之前就来到了广州。例如，广州昭和汽车零部件有限公司于 1995 年推出了五羊本田两轮减震器，并于 1999 年开始生产广汽本田四轮减震器。其次，它们投资时间很长——从 1991 年持续到 2017 年。这是因为本田的供应商担心中国和日本之间政策环境的影响以及中国的市场不足。最后，它们中有一半以上是一级独资企业。2019 年，本田有 40 家日本供应商，其中一级供应商占 62.5%，二级供应商占 37.5%；独资供应商占 55%（其中一级占 55%，二级占 45%），合资供应商占 45%（其中一级占 72%，二级占 28%）（见表 4 – 15）。它们中大约有 80% 在 2005 年之前就与本田一起来到广州。

本田不同层次供应商投资的全过程中，“公司间伙伴战略”起着至关重要的作用。本田有其供应商和中间商集团，并持有一些供应商的股份，同时也属于三菱财团。这些集团中的一些供应商跟随本田到广州投资（见摘录 4 – 1、表 4 – 9）。8 家本田集团成员在广州投资以重组 11 家供应商和 2 家中间商；6 家持有本田股份的供应商跟随本田到广州重组了 6 家供应商；三菱财团的 1 家银行在广州投资了 2 家核心供应商。因此，广州总共有 19 家供应商和中间商与本田有关，其中 17 家是供应商、2 家是中间商。另外，本田集团还在佛山投资了 12 家供应商。此外，二级供应商和一级供应商之间伙伴战略也迫使二级供应商随一级供应商来到广州（见摘录 4 – 1）。

摘录 4 – 1　　关于集团投资叙述

供应商	叙述
本田一级一般供应商	我们公司不是本田的核心供应商。然而，本田持有我们的母公司约 10% 的股份，因此我们一直跟随本田建立整车厂。
本田一级核心供应商	我们公司是本田的一级核心供应商。本田在日本持有母公司 25.4% 的股份，因此本田在哪里，哪里就有我们的公司。
本田一级核心供应商	我们公司是本田发动机的核心供应商。本田发动机 1999 年就开始在广州生产。我们公司是 2003 年到广州。晚到是因为本田发动机的前期业务量不够。本田发动机不持有我们公司的股份，但本田和丰田分别持有我们公司的 4.26% 和 3.65% 的股份。

续表

供应商	叙述
日产一级一般供应商	我们公司于 2004 年来到广州，主要业务是汽车的把手和锁。我们的母公司是日产的一级一般供应商。日产并不持有我们在日本母公司的股份，但是我们仍然跟随日产建立整车厂。
日产一级核心供应商	我们公司于 2007 年跟随日产来到广州。虽然我们公司原计划在 2003 年跟随日产来到广州，但是日本母公司花了 4 年时间才做出决定。我们的母公司是日产在日本的供应商。日产在日本拥有母公司 75% 的股份。
日产二级一般供应商	我们公司是在 2004 年来到广州的，因为优尼冲压在 2003 年来到广州。我们的母公司是优尼冲压在日本的供应商。在广州，我公司还为广州优尼冲压提供钢卷。因此，我公司是东风日产的一般二级供应商。我们公司坐落于花都国际汽车园区内，临近优尼冲压。
丰田一级核心供应商	我们的公司属于丰田集团，丰田在哪里，我们的公司就在哪里。

表 4-9　本田供应商和中间商集团在广州的投资

	日本	广州
本田集团（11）	伟福	伟福（广州）汽车技术开发有限公司
	提爱思	广州提爱思汽车内饰系统有限公司
		广州广爱兴汽车零部件有限公司
	钢铁中心	广州珠铁金属制品有限公司
	昭和	广州昭和汽车零部件有限公司
		昭和汽车零部件研究开发（广州）有限公司
本田集团（11）	H-one	广州爱机汽车配件有限公司
	艾帕克	广州艾帕克汽车配件有限公司
		广州从化科昂诗汽车配件有限公司
	本田贸易	本田贸易（中国）有限公司
	本田物流	广汽本田物流有限公司

续表

	日本	广州
股份持有公司（6）	丸顺	广州丸顺汽车配件有限公司
	三叶	广州三叶电机有限公司
	斯坦雷电气	广州斯坦雷电气有限公司
	海德世拉索	广东海德世拉索系统有限公司
	今仙电机	广州今仙电机有限公司
	日锻汽门	广州日锻汽门有限公司
财团（三菱）（2）	三菱银行	阿雷斯提精密模具（广州）有限公司
		广州阿雷斯提汽车配件有限公司

资料来源：作者根据 en. wikipedia. org/wiki/Nissan _ Group；www. marklines. com；www. 4 - traders. com 整理获得，2018 年 4 月 10 日。

（3）研发中心与中间商投资的时间过程

本田设立了两个研发中心。一个是广汽本田汽车研发有限公司，成立于 2007 年，本田拥有 50% 的股份。这是与中国合资的汽车公司根据修订的“中国汽车产业政策（2004）”建立的第一家研发公司。该政策明确规定，各合资汽车公司应至少投入 50 亿元人民币来建设研发中心。这家研发中心在 2008 年创建了中国第一个合资汽车公司的自主品牌——“理念”。另一个研发中心是由本田汽车（中国）技术有限公司投资，成立于 2013 年，本田拥有 100% 的股份，这是本田在中国唯一的研发中心（见表 4 - 16）。

在广州，与广汽本田有关的有三大日资中间商：成立于 2006 年的本田贸易（中国）有限公司（独资）、2007 年的广汽本田物流有限公司（合资）和 2015 年的广汽本田销售有限公司（合资）（见表 4 - 17）。然而，只有本田贸易（中国）有限公司是由本田投资的，广汽本田物流有限公司由本田物流有限公司和广汽商贸合资，广汽本田销售有限公司是由广汽本田直接投资的。广汽本田的一位经理解释说：

“我们公司没有物流公司，所以我们使用了第三方物流。广汽本田物流不是广汽本田投资的，而是由广州商贸有限公司和本田物流公司组建的。它基本上只服务本田在中国的零部件运输。”（访谈于 2016 年 11 月，广州）

4.3.2 日产主导生产网络形成的时间过程

（1）日产与东风的战略耦合

东风汽车原位于湖北省十堰市。改革开放以后，东风汽车渴望走出内陆地区寻找新的具有活力的地方发展。当时，东部沿海地区的长三角和南部沿海地区的珠三角是中国改革开放最活跃的两个地区。考虑到上汽位于长三角，且珠三角没有比广汽更大的汽车公司，东风汽车在 1993 年决定投资于珠三角的惠州，因为那里有一个废弃的汽车基地。东风汽车计划与本田建立一条汽车生产线，但是，该项目由于正处在限制汽车工业发展的时期而停止了。东风汽车只能参与广州汽车改制项目，于 1998 年与本田共同建立发动机工厂。2000 年，东风汽车找到了与台湾裕隆汽车合作成立风神汽车有限公司的机会。

风神汽车最初想建在深圳，但当时深圳并没有决定发展汽车行业，因此，风神汽车公司无法在深圳注册。当时，广州市政府向风神汽车发出了邀请。在 2001 年底，风神汽车从深圳搬到了广州。广州市政府成立了工作组，在一个月内解决风神汽车的所有问题，包括基础设施和生活设施，以及广州花都区云豹汽车的重组和收购。云豹汽车成立于 1992 年，以拼装公安系统没收的走私汽车的零部件为主，生产“套牌车”，也是名列国家汽车目录的整车厂。然而没有多久，国家开始整顿治理汽车行业，云豹违规被查封，并于 1999 年破产。

与广汽本田相似，风神汽车也创造了一个奇迹。汽车销售量从 2000 年的 3000 辆增加到 2002 年的 4.1 万辆。这一成功促使日产关注到中国巨大的市场。东风日产副总经理解释日产来到广州的原因：

“东风汽车在花都购买了一条破损的装配工生产线，并收购了日产蓝鸟的技术产权。然而，由于研发费用高，东风汽车不可能与日产汽车合资，而是与台湾裕隆汽车建立风神汽车有限公司生产蓝鸟。蓝鸟取得了巨大的成功，这使日产觉察到中国汽车市场的增长趋势。因此，日产想要投资风神。然而，政府打算促进其与东风汽车的更大合作。2003 年，日产与东风成立东风汽车有限公司和东风日产乘用车有限公司。实际上，广州市政府在 2000 年就邀请了日产到广州投资，但当时它没有在中国投资的计划。”（访谈于 2007 年 9 月，广州，引自 Yao & Han，2008）

为了支持东风日产乘用车的发展，广东省政府为其整车厂、发动机工厂、研发中心、跟随供应商和中间商在 2003 年规划建设了一个 50 平方千米的国际汽车城。此外，为了给东风日产提供专业人才，花都区建立了广东省汽车人才市场和华南（华都）汽车人才市场，广州市建立了华南广州汽车学院。

然而，直到 2006 年东风日产才建立取代发动机车间的发动机工厂（见表 4－9）。国务院发布的 2004 年《中国汽车工业政策》修订版明确规定，每一个合资企业的整车厂都应该有一个发动机工厂。为遵守国家规定，东风日产在其公司内部建立了发动机厂。东风日产的一位经理证实：

“在 2006 年按照国家要求成立发动机制造厂之前，我们只有发动机装配车间。”（访谈于 2016 年 11 月，广州）

东风日产建立了两条生产线（见表 4－13）。第一条生产线经历四次扩张，产能从 2003 年的 0.065 万辆，到 2007 年的 36 万辆。至此，第一条生产线的产能已经达到饱和。第二条生产线于 2011 年建成，产能 24 万辆。与广汽本田和广汽丰田不同，东风日产的工厂还分布在襄樊（中部内陆）、郑州（中部内陆）和大连（北部沿海地区）三地。因此，其在广州的总生产能力是 60 万辆，生产六种型号的汽车（见表 4－14）。

（2）供应商投资的时间过程

日产供应商投资的时间过程与本田略有不同。从 2002 年到 2003 年，有 7 家供应商在日产之前来到广州，成为裕隆汽车的供应商，这与本田类似。东风日产一级核心供应商的一位经理承认：

“我们的母公司与裕隆汽车在台湾合作了20多年，为台湾裕隆汽车供应零部件。因此，在2000年裕隆汽车计划在广州投资供应风神汽车时，邀请了我们的母公司到广州继续合作。”（访谈于2017年11月，广州）

日产供应商的投资期限为2002年至2017年，比本田的投资周期短。其中超过一半是一级供应商和独资企业，这也与本田相似。2017年，日产在广州有44家日本供应商，其中一级占68.18%，二级占31.82%；独资占56.82%，合资占43.18%（见表4-15）。其中约70%的日本供应商在2005年前跟随日产来到广州。

在日产不同层级供应商投资的时间过程中，虽然日产在1999年与法国雷诺建立了联盟，出售了大部分供应商的股份，与供应商的关系更加“开放”，然而，日产与供应商之间伙伴战略也对其供应商的投资时间发挥了重要作用。在日产集团中，有3名成员在广州投资了7家核心供应商和1家中间商。加特可是日产的核心供应商，持有75%的股份归属日产，也在广州投资了1家东风日产的核心供应商。此外，日产归属的富士通财团的2家企业在广州投资了8家供应商。因此，日产企业联盟在广州仍有17家相关供应商和中间商，只比本田的少2家。然而，与本田相比较，日产来广州投资的企业联盟数量少，只有6个，还不到本田15家的一半（见表4-9、表4-10）。由此可见，日产与其供应商或中间商之间的伙伴战略关系，比本田略微松散。

（3）研发中心与中间商投资的时间过程

东风日产在广州建立了三个研发中心和一所大学（见表4-16）。第一个是东风日产技术中心，这比广汽本田研发中心的成立早了一年，并且它的研发活动比广汽本田研发中心先进。东风日产在2010年成功创建了自己的品牌车型——启辰（Venucia），尽管比广汽本田的自主品牌——理念（Everus）晚了两年，然而自2012年以来，启辰已成为中国合资公司品牌中质量排名第一的品牌。东风日产的一位经理证实：

表 4-10　　日产集团在广州的投资

	日本	广州
日产集团（8）	康奈可	康奈可广州汽车电子有限公司
		康奈可（广州）汽车科技有限公司
		康奈可（广州）汽车模具制造有限公司
	日立集团	日立汽车系统（广州）有限公司
		日立汽车系统部件（广州）有限公司
		日立汽车马达系统（广州）有限公司
		日立电梯电机（广州）有限公司
	日产通商	广州日产通商贸易有限公司
股份持有公司（1）	加特可	加特可（广州）自动变速箱有限公司
财团（富士通）（8）	丸红	住江互太（广州）汽车纺织产品有限公司
		广州红忠汽车钢材部件有限公司
		广州翔太盛冲压有限公司
		广州优尼冲压有限公司
		广州优尼精密有限公司
		优尼冲压（中国）投资有限公司
		东风优尼冲压有限公司
	长野	广州 JFE 钢板有限公司

资料来源：作者根据 en. wikipedia. org/wiki/Nissan _ Group；www. marklines. com；www. 4 - traders. com 整理获得，2020 年 4 月 10 日。

“东风日产技术中心之所以能建成，是因为国家要求每一家合资企业的组装者都建立一个中心，以创造自己的品牌。因此，它是由东风日产于 2006 年建成的。”（访谈于 2017 年 2 月，广州）

2016 年，东风日产同时建立了两个研发中心和一所大学。启辰造型中心是为了加强启辰的研发活动；东风日产技术研发中心帮助东风日产改造了更多国产化的新车型；东风日产大学为东风日产培养熟练的技术人员和管理人员。东风日产经理解释：

“东风日产最早在广州花都区建立。因此，它把广州视为在中国的原址，并试图在这里建立其研发中心。尽管它在其他地方建立了许多生产设施，以占领当地的市场。因此，广州有三个研发设施和一所大学。”（访谈于2017年11月，广州）

日产在广州只有两家中间商：2006年的广州日产贸易有限公司和2012年的东风日产销售有限公司。富士通财团的丸红在2011年成立了优尼冲压（中国）投资有限公司（见表4－17）。

4.3.3 丰田主导生产网络形成的时间过程

（1）丰田与广汽的战略耦合

在丰田于1992年在马来西亚成立合资企业组装公司之后，丰田开始制定一项名为“金砖四国”的21世纪全球发展计划（Shimokawa, 2010）。它的目标是以人口众多、经济发展良好的“大象经济”的国家为目标：巴西、俄罗斯、印度和中国，这被称为“金砖四国”计划。丰田计划在10年后将其在这4个国家的生产能力提高到目前水平的10倍。中国的汽车市场在世界上增长最快，自然成为丰田整个“金砖四国”计划的重中之重。起初，丰田希望与弱一点的国内汽车企业合作，想要控制整个合资企业，但它没有想到稍弱的汽车企业不能拓展国内市场。成立于2000年的天津丰田连续两年都亏损惨重，因此，丰田只能寻求与国内汽车大集团合作，希望迅速扩大生产规模，于是在2002年与一汽成立了一汽丰田。在完成华北布局之后，丰田在2003年将目光转向了南方。当丰田在广州看到广州本田取得的巨大成功后，它震惊了，因为那时候天津丰田正在亏损。

事实上，在广汽和标致合资之前，首先要寻找的是丰田，但被丰田拒绝了。当广汽在1997年更换合作伙伴时，广汽希望丰田能够进入，却又被丰田拒绝，因为丰田已经在天津投资了。丰田在中国的总代表阐述了迟到广州的原因：

“广东省政府邀请我们在1998年取代广州标致。然而，我们正忙于与

天津合作，因此失去了这个机会。”（访谈于2007年9月，北京，引自 Yao & Han，2008）

因此，当2003年初丰田公司访问广州时，他们进行了迅速的商讨。然而，本田对丰田的到来感到不高兴。广汽与本田公司合作时，签署了“绅士协议”，协议提出所有的本田工厂都应该建在广州，广汽也不会选择其他的合作伙伴。然而，在2001年，本田提议与东风汽车在武汉成立合资企业。广州市政府同意了它的要求，也提出再找一家企业合作。本田建议广汽集团可以找除丰田以外的任何一家企业合作，因为丰田是本田的老对手。然而，广汽要找的新合作伙伴正是丰田。那时，中国对汽车整车生产控制得很严格，一般情况下不批准新的整车项目。本田和日产都是改造原有的整车项目，不需要批准，但是国家不限制发动机项目上马，于是在2004年，广汽与丰田合作首先成立了发动机企业。之后广州市政府再通过广东省政府以整车项目已具备立项条件，即符合国产化率达到40%的汽车产业发展政策，向中央政府申请批准整车项目（Yao & Han，2008）（见表4-12）。

广州市政府对广汽丰田的投资给予了特殊的支持：首先，向广汽丰田公司提供了南沙港附近的一块土地。这不仅有利于广汽丰田发动机的出口，而且为装配和发动机生产的材料或零部件的进口提供了方便；更重要的是，为广汽丰田及其核心供应商或中间商提供了足够的土地，这些供应商或中间商靠近丰田复制它最有效的JIT交付系统。其次，帮助广汽丰田以最快的速度建设最完善的生产设施。广汽丰田10个月建造第一座工厂，18个月生产第一辆汽车。它还建造了一个特殊的通道，使组件和部件能够在10分钟内交付给装配人员。使JIT在南沙新区成功运营。丰田的经理承认：

“供应商都围绕着丰田公司运营JIT，而JIT在丰田内部运作得最好。”（访谈于2017年9月和11月，广州）

丰田按照合约给广州带来了畅销车型——凯美瑞（Camry），在2006年赢得了全国中高档汽车销售冠军。广汽丰田在2009年建设了第二家工厂，产量扩大到36万辆。2017年建设了第三家工厂，产量扩大到60万辆（见表4－13）。丰田也发布了7款车型，这些车型都与世界同步（见表4－14）。

（2）供应商投资的时间过程

丰田供应商投资的时间过程与本田和日产完全不同。丰田的供应商在2004年至2005年的两年内与丰田同时在广州南沙投资建厂。其发动机和核心供应商或中间商，甚至在南沙港附近预先设厂（Hatani，2010）。只有少数几家供应商在2011年来到广州。丰田供应商的时间过程是三家日本汽车龙头企业供应商中最短的。丰田在中国的总代表证实：

“丰田在海外建立了许多组装商，但这是第一次与供应商同步投资。”（访谈于2007年9月，北京，引自Yao & Han，2008）

在丰田供应商中，大约有1/2是一级企业，2/3是独资企业。到2007年，有35家日本供应商跟随丰田到南沙区，45.57%为第1级，51.43%为第2级；68.57%为独资企业，31.43%为合资企业（见表4－15）。

在丰田不同层次供应商投资的时间过程中，它们的公司间合作关系与本田和日产相比起着更重要的作用。丰田集团属于三井财团，同时还持有一些供应商的股份，因此，丰田集团的4家供应商和1家中间商与丰田一起来到广州，成立了14家供应商和5家中间商；6家丰田持有股份的供应商在广州投资了9家供应商；三井财团有1家银行和1家企业在广州投资了4家供应商。总之，广州有32家供应商和中间商与丰田集团有关联（见表4－11）。此外，佛山约有30家核心供应商隶属于丰田集团，如丰田合成（佛山）橡塑有限公司和爱信精机（佛山）汽车零部件有限公司（Kuchiki & Tsukada，2008）。与本田和日产相比，丰田在广州的企业联盟有13家，比本田少两家，是日产的两倍。然而，它们在广州的投资企业有32家，远远超过了其他两家的数量（见表4－9、表4－10、表4－11）。丰田与其供应商之间相互合作、共同演化和共同开发的这种战略伙伴关系，在日本的三家汽车龙头企业主导的生产网络中最紧密。

表4－11　丰田集团在广州的投资

	日本	广州
丰田集团（19家）	爱信精机	广州白木汽车零部件有限公司
	电装	广州电装有限公司
		电装（广州南沙）有限公司
		阿斯莫（广州）微电机有限公司
	丰田纺织	丰爱（广州）汽车座椅部件有限公司
		广州樱泰汽车饰件有限公司
	丰铁	广州丰铁汽车部件有限公司
	丰田通商	广州捷士多铝合金有限公司
		广州丰中铝合金有限公司
		广州宝丰井汽车钢材加工有限公司
		广汽丰通钢业有限公司
		广州双叶汽车部件有限公司
		爱德克斯（广州）汽车零部件有限公司
		高丘六和（广州）机械工业有限公司
		广州广汽丰通物流器材有限公司
		广汽丰通物流有限公司
		丰田通商（广州）有限公司
		广州市丰田通商汽车服务有限公司
		广州广汽丰绿资源再生有限公司
股份持有公司（9家）	东洋橡塑	东洋橡塑（广州）有限公司
	曙光	广州曙光制动器有限公司
	普利司通	广州普利司通化工制品有限公司
	富士机工	广州富士机工汽车部件有限公司
		广州常富机械工业有限公司
		广州常富美山汽车配件有限公司

续表

	日本	广州
股份持有公司（9家）	日铁住金钢管	广州日铁住金钢管有限公司
		广州盛旭汽车配件有限公司
	大桥精密	大桥精密件制造（广州）有限公司
财团（三井）（4家）	三井	广州万宝井汽车部件有限公司
		广州花都宝井汽车钢材部件有限公司
		广州泰李汽车座椅有限公司
	三井住友银行	广州西川密封件有限公司

资料来源：作者根据 en. wikipedia. org/wiki/Nissan_Group；www. marklines. com；www. 4 – traders. com 整理获得，2018 年 4 月 10 日。

（3）研发中心与中间商投资的时间过程

丰田 2009 年才在广州成立了第一个研发中心，这是至今广汽丰田在广州唯一的一个研发部门（见表 4 – 16），直到 2015 年才开始运营，并创建了自己的品牌——领志（Leahead），但至今都没有正式生产。丰田最重要的研发中心在中国的北部或东部。广汽丰田公司的经理解释说：

“丰田主要的研发中心位于上海附近的常熟，而不是上海，因为这里不仅可以接近具有先进技术和专业人员的上海，还可以拥有比上海便宜的土地来满足研发中心的需要，而且当地政府提供了比上海更有利的投资政策。丰田在中国北部建造了更多研发设施，因为第一汽车制造厂（一汽）是“三大”之一，而且一汽丰田在 2000 年就成立了，早于广汽丰田。丰田把一汽丰田作为中国的基地，在北方建立主要的研发中心，这是可以理解的。”（访谈于 2017 年 2 月，广州）

表 4-12　日本汽车企业在广州投资整车厂和发动机

	整车厂			发动机		
	名称	资金比例	建立时间	名称	资金比例	建立时间
本田	广汽本田	50%	1998	东风本田	50%	1998
	本田汽车（中国）	75%	2003	广汽本田	50%	2016
日产	东风日产	50%	2003	东风日产	50%	2006
丰田	广汽丰田	50%	2004	广汽丰田	70%	2004

资料来源：作者根据广州市统计局和国家企业信用信息公示系统整理获得，2018年3月26日。

表 4-13　广州三家日本合资企业的生产能力　单位：百万辆/年

合资企业	第一工厂	第二工厂	第三工厂	第四工厂	总计
广汽本田	0.03/99 - 0.05/01 - 0.12/02 -0.24/04	0.24/06	0.24/16	0.06/17	0.78
东风日产	0.065/03 - 0.15/04 - 0.27/06 -0.36/07	0.24/11	—		0.60
广汽丰田	0.20/04	0.36/09	0.24/17		0.60

资料来源：作者根据 Yao & Han（2008）和广汽本田、东风日产和广汽丰田的简介整理而成。

表 4-14　广州三个日本合资车型

合资企业	模型
广汽本田	雅阁（1999）、奥德赛（2007）、锋范（2008）、飞度（2011）、凌派（2013），缤智（2014）、思加图（2011-216）、理念（2011-2016）、讴歌（2016）
东风日产	骐达（2005）、轩逸（2006）、奇骏（2008）、玛驰（2010）、骊威（2011）、阳光（2011）
广汽丰田	凯美瑞（2005）、汉兰达（2009）、雅力士（2011）、逸致（2011）、凯美瑞混动（2012）、雷凌（2014）、雷凌混动（2016）

资料来源：作者根据 http：//db.auto.sohu.com 整理获得，2018年3月26日。

表 4－15　　　　本田、日产和丰田的层级供应商

企业性质	本田供应商（40 家）		日产供应商（44 家）		丰田供应商（35 家）		总计	
	一级	二级	一级	二级	一级	二级	一级	二级
独资	12	10	16	9	10	14	38	33
合资	13	5	14	5	7	4	34	14
总计	25	15	30	14	17	18	72	47

资料来源：作者根据地方政府的企业数据、访谈和企业的简介整理获得，2018 年 3 月 26 日。

与本田和日产相比，丰田中间商投资的时间过程最长，从 1997 年到 2017 年。丰田丰商（广州）有限公司于 1997 年就来到了广州。截至 2017 年，丰田在广州共投资了 10 家中间商，包括 4 家物流供应商、4 家贸易企业、1 家销售企业和 1 家绿色资源回收企业。很明显，丰田的中间商是三家龙头企业中数量最多的，日产是最少的（见表 4－17）。

表 4－16　　　　广州日本汽车投资研发中心

研发中心		名称	资金比例	年份
龙头企业（6 家）	本田	广汽本田汽车研发有限公司	50%	2007
		本田汽车（中国）技术有限公司	100%	2013
	丰田	广汽丰田研发中心	50%	2008
	日产	东风日产技术中心	50%	2006
		东风日产乘用车技术研发中心	50%	2016
		启辰建模中心	50%	2016
		东风日产大学	50%	2016
本田供应商（2 家）		伟福（广州）汽车技术开发有限公司	60%	2011
		昭和汽车零部件研究开发（广州）有限公司	100%	2013

资料来源：作者根据广汽本田、东风日产、广汽丰田和本田汽车（中国）的简介整理而成。

表 4－17　　　　广州日本汽车投资中间商

中间商		名称	资金比例	年份
物流企业（6 家）	丰田	广州广汽丰通物流器材有限公司	100%	2005
		广州广汽木村进和仓储有限公司	60%	2005
		广汽丰田物流有限公司	54%	2006
		广汽丰通物流有限公司	45%	2006
	本田	广汽本田物流有限公司	50%	2007
贸易企业（6 家）	丰田	丰田通商（广州）有限公司	100%	1997
		丰田汽车技术研究交流（广州）有限公司	100%	2004
		广州市丰田通商汽车服务有限公司	49%	2007
		广州太田普若斯贸易有限公司	100%	2010
	本田	本田贸易（中国）有限公司	100%	2006
	日产	广州日产贸易有限公司	100%	2006
销售企业（3 家）	日产	东风日产销售有限公司	50%	2012
	丰田	广汽丰田销售有限公司	50%	2015
	本田	广汽本田销售有限公司	50%	2015
金融企业（1 家）	日产	优尼冲压（中国）投资公司	100%	2011
其他（1 家）	丰田	广汽丰通绿色资源回收有限公司	60%	2005

资料来源：作者根据广州市统计局和国家企业信用信息公示系统整理获得，2018 年 3 月 26 日。

4.4　小　　结

总之，本章全面追溯了 20 世纪 90 年代以来日本汽车产业从东盟国家到中国广州投资的时间过程，并解释了这一特定模式背后的潜在动力。基于“市场需求”的动力机制，日本三大汽车龙头企业在广州投资并重组了日本汽车的生产网络。此外，本章还研究了龙头企业的内部协调战略、龙头企业与供应商之间以及不同层级供应商之间的伙伴战略、龙头企业和地方政府之间的商讨战略在日本汽车产业到中国广州投资时间过程的作用。

通过对企业层面数据的详细分析发现日本汽车在广州投资的时间过程有三个特点。第一，日本汽车在广州投资的时间过程是从供应商到龙头企业，然后是供应商和研发企业，最后是中间商。这一现象与在泰国（Lecler，2002；Poapongsakorn & Techakanont，2008）和美国（Mair et al.，1998）等其他国家的日本汽车投资的时间过程略有不同。第二，日本汽车在广州的投资的时间过程可分为两个阶段：制造业增长阶段和服务业增长阶段。第三，日本汽车在广州投资的时间过程中有快有慢，快速投资时期仅在2003年至2004年，日产和丰田带领它们的跟随供应商和中间商到广州投资。

日本汽车龙头企业在广州投资的动力主要是“市场需求”。本田注意到广东这个中国改革开放最前沿拥有巨大市场，很多私人业主都能买得起车。由于风神汽车的扩张，日产也注意到了华南的巨大市场。丰田在完成了在北方市场的计划后，对广汽本田的成功感到震惊，于是来到广州扩大其在中国南方的市场。

企业与政府之间的商讨战略是日本汽车在广州投资的主要因素，因为它对龙头企业的进入起着决定性的作用。无论是在与法国标致和台湾裕隆汽车解耦的过程中，还是在与本田、日产、丰田的成功耦合过程中，中央政府、广东省、广州市等各级政府，发挥了“第一要素”的作用，并认识到龙头企业在协调全球汽车生产网络的空间转移和组织变换方面的作用。地方政府和龙头企业都在寻找最好的合作伙伴关系。在地方政府与日本龙头企业的关系中，地方政府由于拥有了中国南方巨大的市场占主导地位，同时为龙头企业提供许多激励政策，如低价土地和免税政策等。然而，供应商没有像龙头企业一样受到中国各级政府的重视，只有区政府或工业园区管理部门为关键供应商在早期提供吸引它们到广州的激励措施。龙头企业和供应商之间的企业之间伙伴战略发挥了更重要的作用，这导致供应商的时间过程略有不同。不同龙头企业的企业内部协调影响着在广州的发动机厂、研发中心乃至中间商的投资时间和数量，也形成了不同的时间过程。

第 5 章将进一步探讨日资汽车龙头企业与供应商、不同层级供应商之间空间组织的特点，解释这种模式背后的潜在原因，并讨论这种模式对广州当地供应商行业的影响。

5

日本汽车产业在广州投资的空间组织

5.1 引 言

本章将探讨日本汽车产业在广州投资的空间格局和组织特点，分别从定量和定性的角度探讨在第3章建立的分析框架中在广州重组的生产网络，由日本三大汽车龙头企业——本田、丰田和日产（包括整车、发动机厂和研发中心）、供应商和中介结构组成（见图3-1）。本章内容由四部分组成。第一部分将重新审视1991年至2018年期间在广州的日本汽车投资的空间演变模式。第二部分将比较三大日本汽车龙头企业主导的生产网络在日本和广州空间分布组织上的差异性和相似性。在分析封装式网格对广州汽车零部件的影响之后，总结本章的主要发现和理论含义。

5.2 日本汽车产业在广州投资的空间格局

5.2.1 日本汽车产业投资的地理分布

与第4章的时间演化类似，本章的地域演化过程根据集群程度可分为两个阶段。第一阶段从1991年到2000年，本田和它的少数供应商在广州东部地区鱼珠街道和永和街道形成了一个小的汽车产业集群（见图5－1、图5－2）。第二阶段为2005年至2018年。日本汽车投资各自位于三大汽车龙头企业的周围。这一阶段的地理分布格局与第一阶段大不相同，即分别在东部、北部和南部的广汽本田、东风日产和广汽丰田周围形成了三个汽车产业集群。随着在三大日本汽车龙头企业周围供应商和服务业企业数量和注册资本数量的增加，2010年和2017年的地理格局与2005年略有不同。根据注册资金的来源和地址信息，发现大部分零部件供应商位于其下游供应商的周围以运营准时（JIT）传输系统，只有少数零部件供应商接近其他客户，但距离它们的主要下游供应商不到两个小时的车程。

5.2.2 日本汽车产业投资的集聚程度

根据第3章提出的地理集中指数（LQ）和地理信息系统（GIS）技术对日本汽车投资在广州的集聚程度进行测试，图5－3呈现了运用地理集中指数计算的结果：2018年日本汽车产业相关活动仅仅集中在广州164条街道中的26条，尤其是花都区的新华街道、南沙的黄阁镇和黄埔区永和解道（LQ >1）。

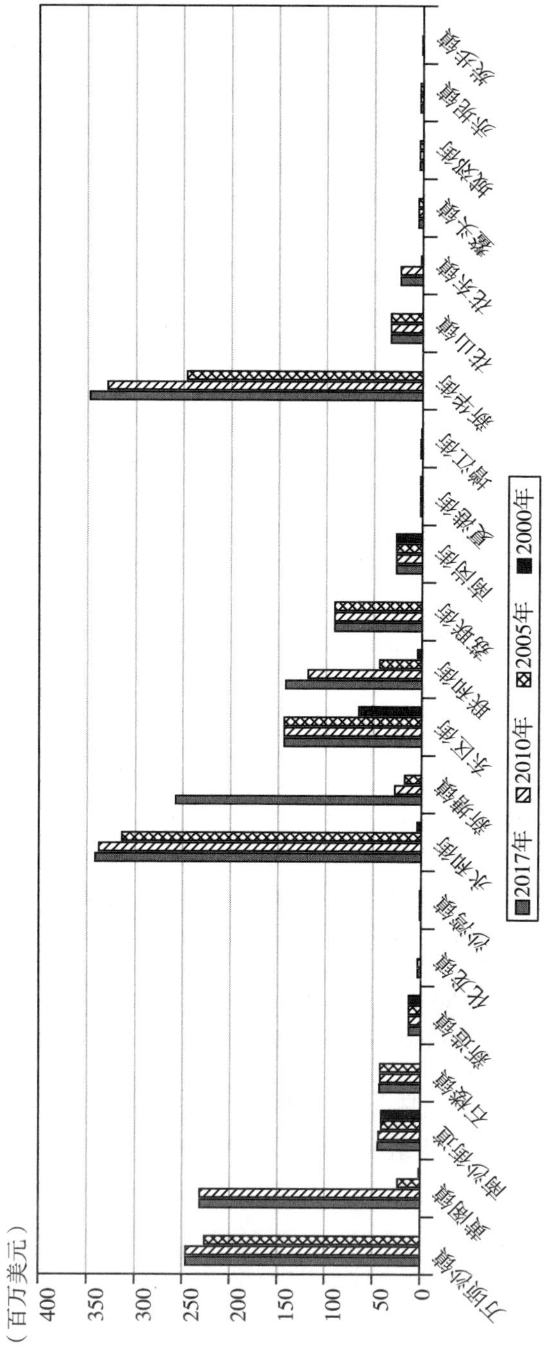

a. 日资供应商注册资金空间分布图（2000—2017年）

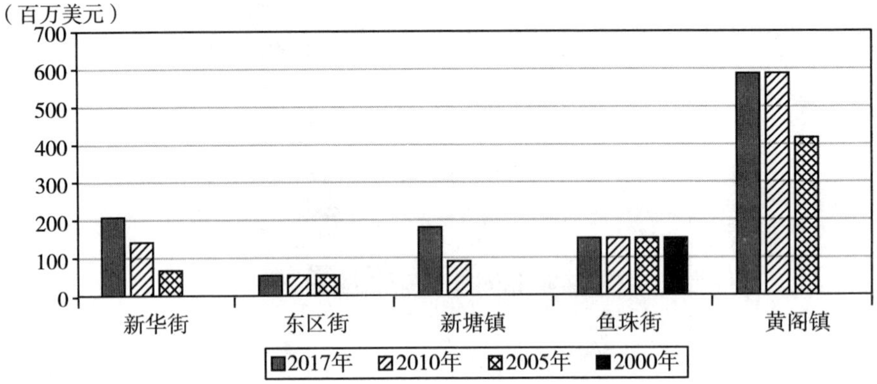

b.日资整车厂和发动机厂注册资金空间分布图（2000—2017年）

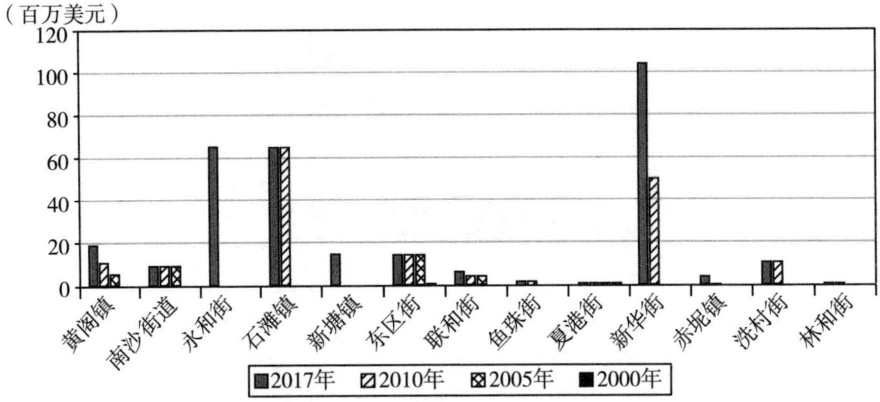

c.日资中间商注册资金空间分布图（2000—2017年）

图 5－1 日本汽车投资注册资本在广州的结构组成变化，2000—2017 年

资料来源：作者自绘。

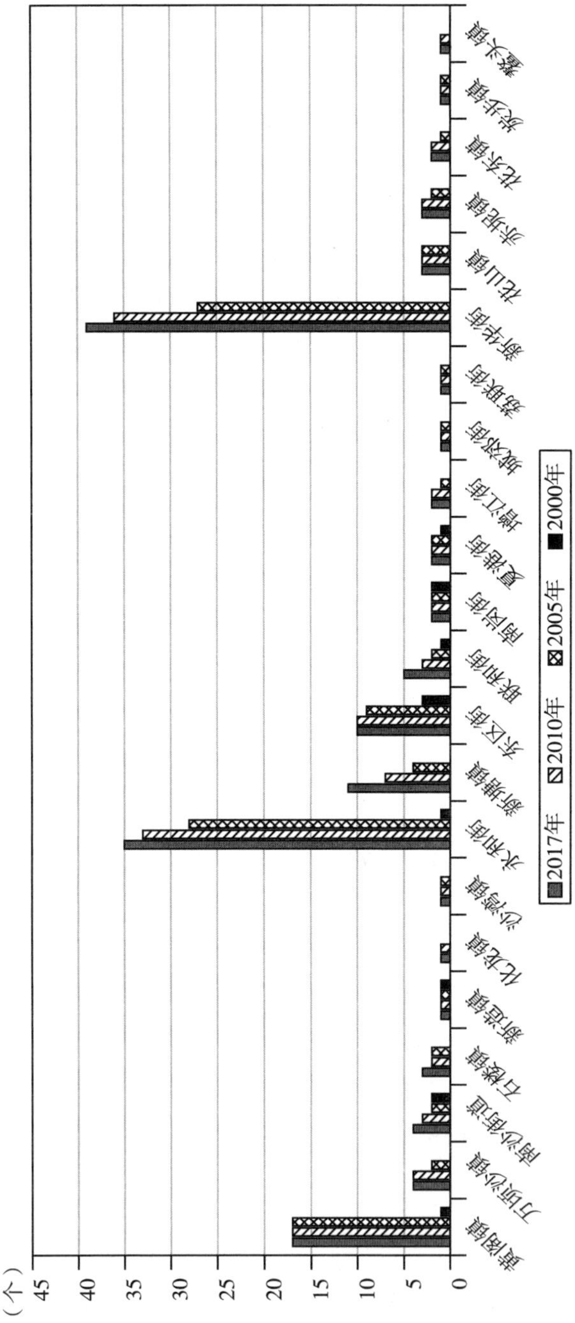

a.日资供应商数量空间分布图（2000—2017年）

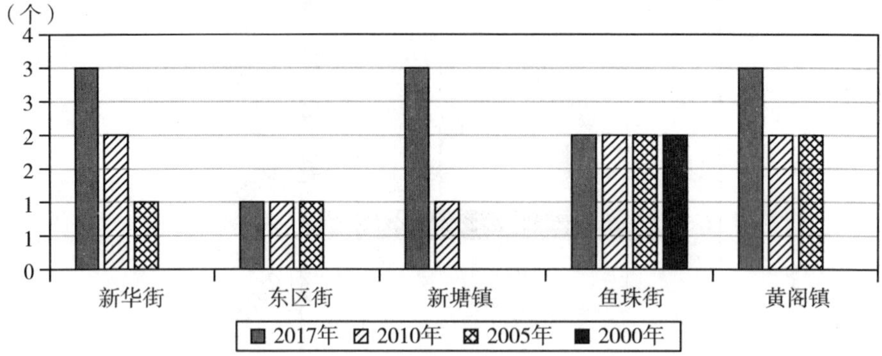

b.日资整车厂和发动机厂数量空间分布图（2000—2017年）

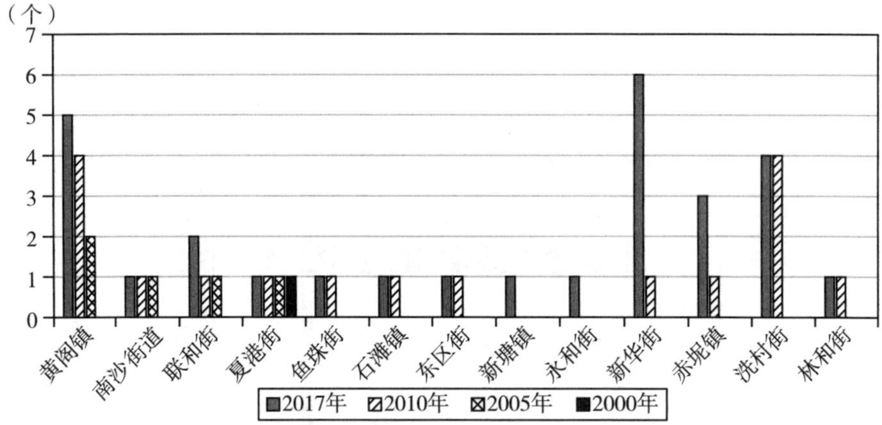

c.日资中间商数量空间分布图（2000—2017年）

图 5－2　日本汽车投资注册个数在广州的结构组成变化，2000—2017 年

资料来源：作者自绘。

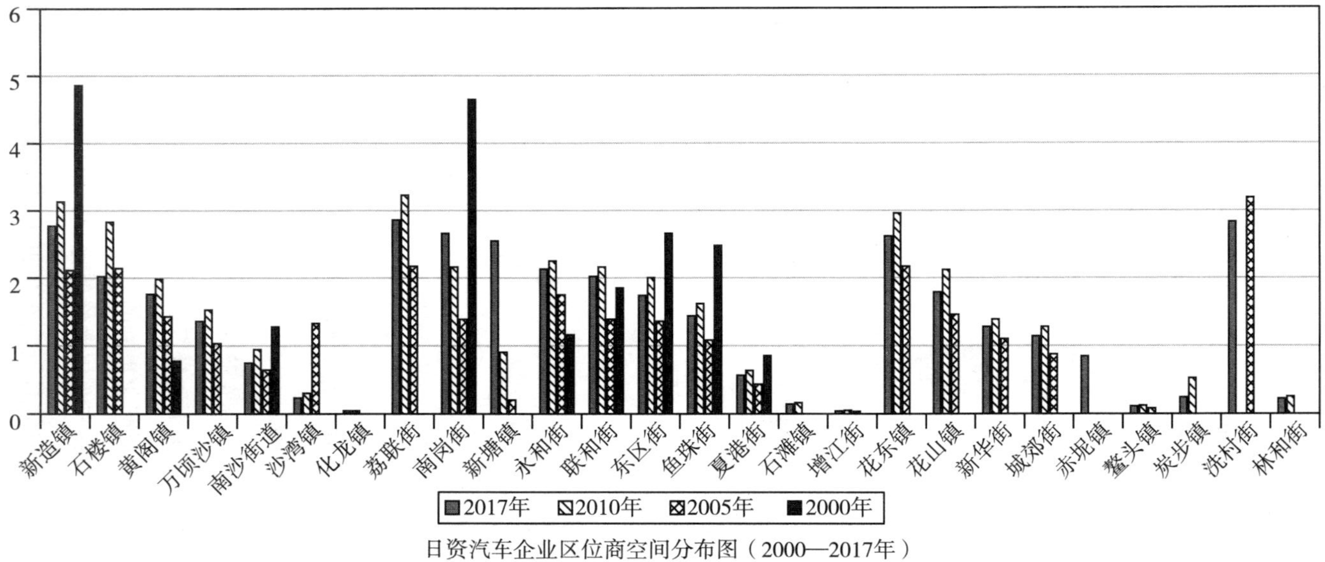

图5-3 日本汽车企业区位商在广州的变化，2000—2017年

资料来源：作者自绘。

2000 年，本田及其跟随供应商来到广州，日本汽车产业投资的企业仅仅集中在 9 条街道。到 2005 年，在本田、日产和丰田三大日本龙头汽车企业、广州相关各区政府和工业园区管理委员会的努力下，日本汽车产业投资的企业所在街道的数量上升到 21 个，都围绕在三大日本龙头汽车企业的整车厂附近。到 2010 年，日本汽车产业投资所在的街道数目增加到 25 个。

图 5－4 生动地演示了这三个汽车产业集群空间分布的差异演变。2000 年东部只有一个汽车产业集群，那就是广汽本田的产业集群。2005 年，三个汽车产业集群分别在东部（广汽本田）、北部（东风日产）和南部（广汽丰田）形成，之后不断扩张，如图 5－4 中 2010 年和 2017 年所示。

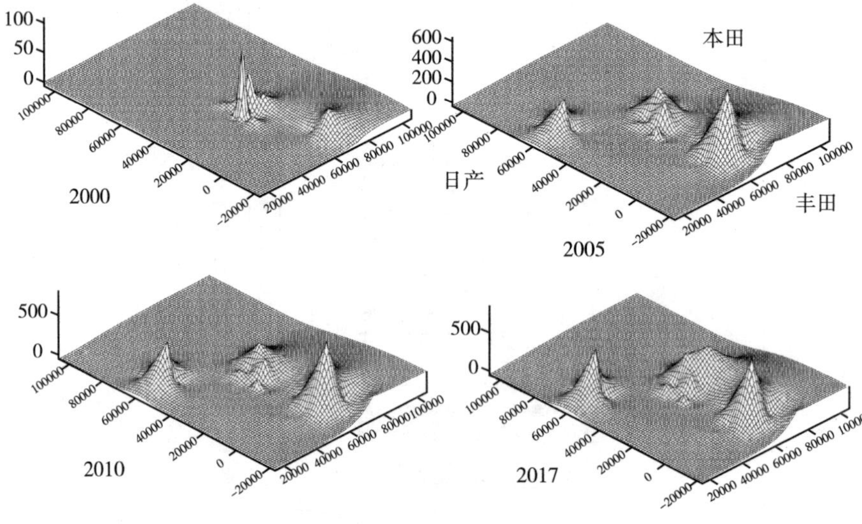

图 5－4　日本汽车投资在广州的趋势面分析变化（2000—2017 年）

资料来源：作者自绘。

图 5－4 还显示了这三个汽车产业集群的集聚程度是不同的。在 2005 年，很明显，南部以丰田为龙头的日资汽车产业集群的峰值是最高的，尽管东部以本田为龙头企业的日资产业集群的底面积是最大的。到 2010 年，北部以日产为龙头企业的日资汽车产业集群峰值崛起，但仍低于南部的日资汽车产业集群。此外，以本田企业的日资汽车集群的底面积在 2017 年比 2010 年和 2005 年变大了，这也表明本田的日资产业集群比日产和丰田分散得多。

地方政府对三家日本汽车龙头企业在广州生产网络的形成和巩固起到了至关重要的作用。首先，广州标致位于黄埔区，在广州东部，当本田取代标致后，广汽本田仍然位于东部。然而，这一地区不属于广州开发区。广州开发区位于黄埔区的东边，是一个国家级开发区，可为企业提供优惠政策。为了吸引日本汽车供应商的投资，广州开发区管理委员会在广州开发区的永和街道为供应商规划了一个专门的区域。随着汽车产量的增加，生产线需要扩大，然而，广汽本田第一生产线和永和街道周边均没有多余的工业用地发展。在这种情况下，广汽本田的第二条生产线和第三条生产线继续向东迁移至增城开发区——广州另一个国家级开发区，相应地，更多的汽车供应商也在增城开发区集聚。因此，广汽本田在广州重组的生产网络分布在东部的三个区域——黄埔区、广州开发区和增城开发区，导致图 5 - 4 的东部汽车产业集群的底部比南部和北部的要大，也是广州三个日资产业集群最分散的。

第二，云豹汽车位于广州北部的花都区，当台湾裕隆汽车 2001 年取代云豹后，东风与日产 2003 年合资取代台湾裕隆的整车厂后仍然建立在广州北部花都区。广东省为东风日产专门设立了省级汽车产业园，使东风日产的供应商可以方便地分布在整车厂的周围。因此，日产重组的生产网络于广州北部形成，主要集中在花都汽车工业园区，花都区也因此成为广州市甚至中国著名的汽车产业生产基地。

第三，当丰田来到广州时，它不需要取代任何其他汽车企业，而是准备直接建立新的工厂。为了平衡广州东部、北部和南部的城市发展，广州市政府把广汽丰田汽车公司布局在广州南部南沙开发区的黄阁镇，并专门规划了黄阁汽车工业园安置广汽丰田整车厂及其分布在整车厂的周围跟随供应商和中间商运作及时运输生产系统（JIT）。因此，在广州南部黄阁的汽车工业园形成了丰田重组生产网络。

5.2.3 日资整车厂和供应商或研发中心和中间商分布相关性分析

(1) 日资整车厂与供应商相分布相关性分析

基于日本汽车产业在广州投资的企业层面的数据和广州街道层面的电

子地图，采用地理信息系统（GIS）技术分析发现，整车厂和供应商的分布从不相关发展到更相关（见图5-5）。2000年以前，只有本田在广州东部黄埔区鱼珠街道建立了整车厂和发动机工厂，有8个供应商临近本田，

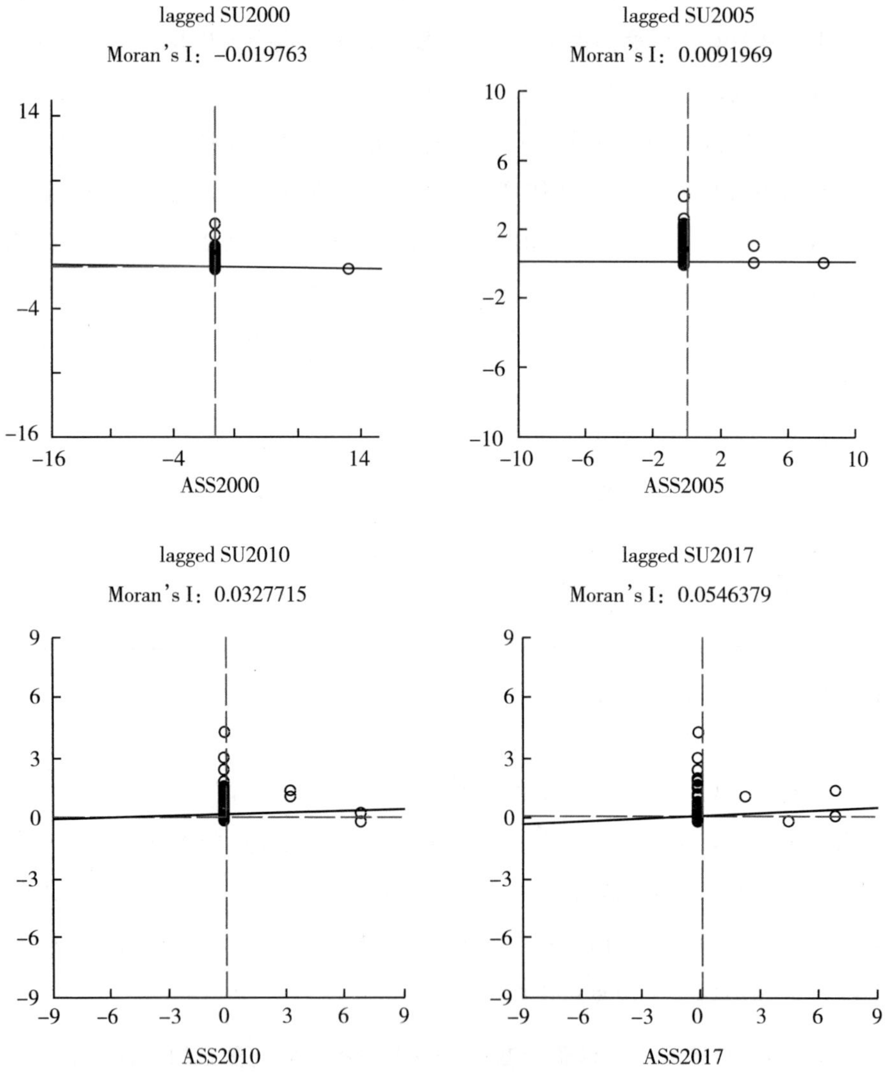

图5-5　日本汽车转配厂和供应商在广州的散点变化（2000—2017年）

资料来源：作者自绘。

但有 4 个供应商分布在南部地区的南沙区和番禺区，远离本田。因此，装配工厂和供应商之间的 Global Moran's I 的值都是负数。到 2005 年，日产和丰田分别在北部地区的花都国际汽车产业城和南部地区的黄阁汽车产业园建立了它们的整车厂和发动机厂，它们的大部分跟随供应商和中间商聚集在周围。本田的跟随供应商也不断地向广州东部地区的本田整车厂周边集聚。因此，到 2005 年，Global Moran's I 的正值越来越大，这表明整车厂和供应商的空间共存更加紧密。到 2010 年至 2017 年 Moran'I 的正值变得更大，这意味着整车厂和供应商的空间分布越来越紧密。

（2）日资整车厂与研发中心或中间商分布相关性分析

日资整车厂与研发中心或中间商分布的相关性与供应商不同，它们的 Moran's I 的值从 2000 年到 2017 年是变化的（见图 5－6）。2000 年以前，广州开发区的夏岗街道只有一家日资中间商。虽然此中间商位于东部地区，但是仍然与本田整车厂保持了一定的距离。因此，2000 年 Global Moran's I 的值是负相关。在 2001 年至 2005 年期间，在丰田整车厂的周边，丰田通商公司设立了 4 个中间商，此外，丰田本身也设立了一家中间商。本田在整车厂附近建设了一家研发中心。因此，这个期间 Global Moran's I 的值转向了正相关。

然而，从 2006 年到 2010 年，虽然本田、日产和丰田在它们的整车厂附近分别建立了物流供应商和两家研发中心，然而这期间建立的 4 家贸易企业和一家金融企业设立在远离整车厂的天河区。因此，这段时间 Global Moran's I 的值又变成了负相关。

2011 年至 2018 年，本田、日产和丰田的销售企业围绕着它们的整车厂相继成立。此外，还有 6 个研发中心设立在它们的整车厂周边，优尼冲压投资公司也在日产附近布局。因此，这段时间 Global Moran's I 的值又变成了正相关。

5.2.4 广州日本汽车龙头企业和跟随供应商的组织

随着日本汽车龙头企业及其跟随供应商到广州投资，多层企业联盟（Keiretsu）供应系统也被转移到广州。然而，广州的日系汽车供应网络

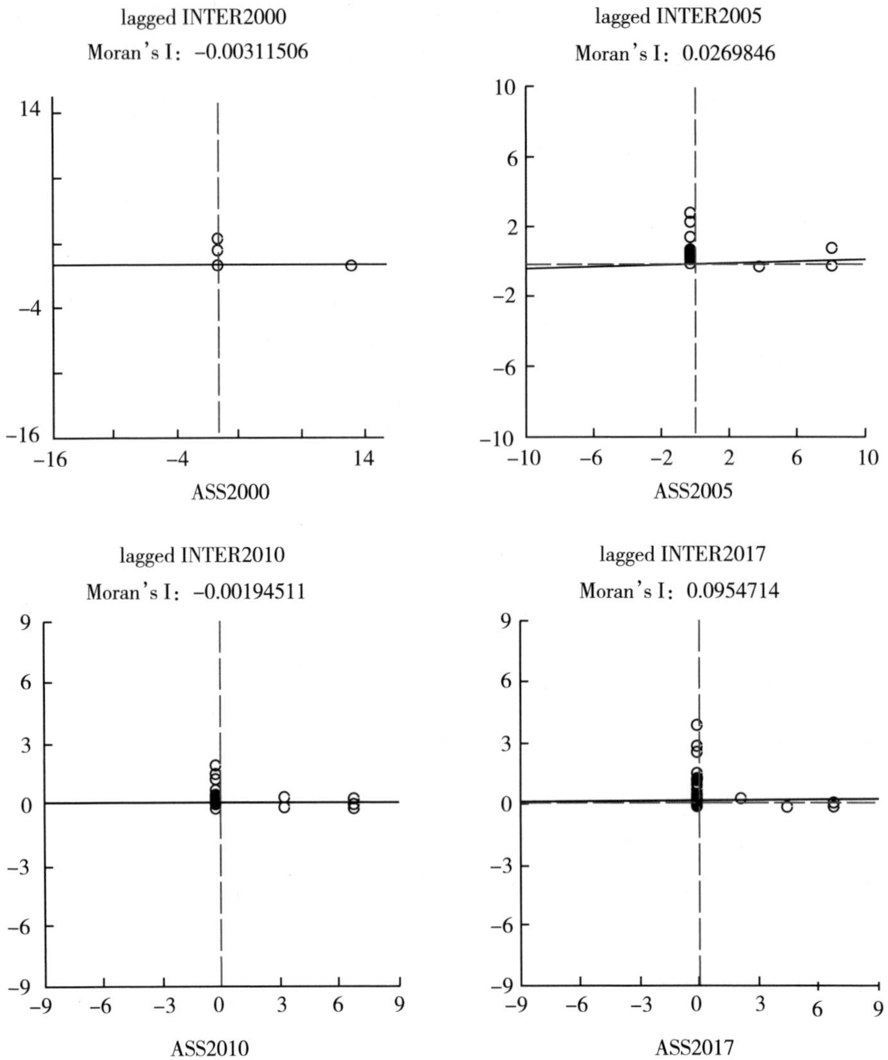

图 5-6　日本汽车装配厂和中间商（研发中心）在广州的散点变化（2000—2017 年）

资料来源：作者自绘。

与日本的不同，它比日本的供应网络要弱而且复杂，但比在泰国的日系汽车供应网络要强得多。广州的日系汽车供应网络分为三级，与日本相似。然而，广州的日系一级供应商有 85 家，这比拥有 55 家二级供应商的数量还要多。同样地，二级供应商的数量比三级供应商要多，三级供应商只有 10 家，比泰国的数量多。广州的日系汽车供应网络结构呈倒“金字塔”形（见图 5－7）与日本的“金字塔”供应系统刚好相反。其主要原因是一级供应商要与整车厂运作及时操作系统（JIT），所以基本上都跟随整车厂到广州。

此外，日本一级供应商和整车厂之间的关系是多重的，即一级供应商向不同的日本整车厂提供零部件或机器。一级供应商与二级供应商之间的关系也是多重的，即二级供应商向多个一级供应商提供零部件或材料（见图 5－7）。这一现象在广州是很常见的，也与泰国的情况相同（Maruhashi, 1995）（见第 2 章），主要原因是整车厂和一级供应商的需求不足。

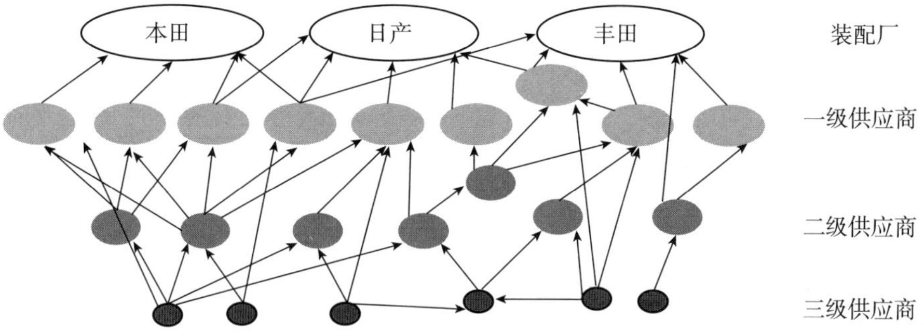

图 5－7　广州日本汽车龙头企业与跟随供应商的组织形式

资料来源：作者自绘。

5.3　三大龙头企业主导生产网络不同的空间组织

5.3.1　东部地区本田主导生产网络的空间组织

（1）东部地区本田主导生产网络的空间布局

广汽本田第一整车厂及其发动机厂（东风本田）位于广州东部地区。

具体而言，它们位于黄埔区鱼珠街道，原来是广州标致整车厂所在地。然而，由于黄埔区土地不足，广汽本田的第二和第三整车厂都位于增城开发区，第四整车厂原来是本田（中国）的工厂。它的两个发动机厂也分别为临近第一整车厂和位于第三整车厂内部。虽然这四个整车厂位于不同的地方，但它们都属于广州东部地区。

因此，广汽本田的供应商、研发中心和中间商主要集中在整车厂的周围——工业园区内，尤其是在广州开发区和增城开发区的汽车工业园区。2017 年，东部地区有 70 家供应商、3 家中间商和 2 个研发中心，永和街道有 35 家供应商（见图 5 - 8）。广州开发区的一名官员指出：

“2016 年，日本供应商占广州开发区供应商的 51%。”（访谈于 2016 年 11 月，广州）

本田供应商集聚在本田整车厂的周围，其原因除了本田和它的跟随供应商之间的伙伴关系外，工业园区管理部门和区政府与日本供应商之间的商讨也起到了决定性的作用。本田的供应商应该位于东部地区，如广州开发区，然而也有少数部分位于广州北部的花都国际汽车城，因为花都国际汽车城给它们提供了更多的优惠政策。广州爱机汽车配件有限公司的一个经理解释说：

“我们公司是本田的一级核心零部件供应商。本田在日本持有我们公司 25.4% 的股份，所以本田在哪里，哪里就有我们的公司。然而，在广州，我们公司并没有选择位于本田的周边，主要原因是我们公司可以与广汽本田整车厂之间保持一个半小时的车距。因此，当花都国际汽车城的管理委员给我们提供相当的优惠政策，主要是充足的土地和优质的服务时，我们公司选择在花都国际汽车城。然而，由于生产量增长如此之快，我们公司在四年后需要再建立一个新的工厂。当时，花都国际汽车城没有能力为我们提供更多的土地，但清远市政府愿意为我们的新工厂提供足够的土地，因此我们的第二座工厂于 2005 年建在清远，距离广汽本田有两个小时的车程。”（访谈于 2016 年 11 月，广州）

广汽本田的两个研发中心都在增城开发区，但这两个研发中心的功能不同。广汽本田公司的经理解释说：

“第一个广汽本田汽车研发中心是根据国家颁布的《汽车产业发展政策（2004）》在2007年建立的。该政策规定，每一个合资装配汽车企业都需要建立研发中心，以创建自己的品牌产品。它是由广汽本田投资的。第二个本田技研科技（中国）有限公司是由本田独资在2013年建立的，因为本田意识到汽车型号需要满足中国汽车市场的需求，希望通过此研究中心收集中国汽车市场的信息，开发适用于中国市场的车型。”（访谈于2016年11月，广州）

本田的3家中间商的位置各不相同。本田贸易（中国）在广州金融中心的天河区，广汽本田物流公司和广汽本田销售公司都是接近其整车厂来运作及时配送系统（JIT）。然而，由于广汽本田物流公司不属于广汽本田，其物流系统不能很好地运行。广汽本田公司只能实现部分的及时配送系统（JIT）。广汽本田的一位经理解释说：

“我们公司没有自己的物流公司，只有使用第三方物流。广汽本田物流公司并不是由广汽本田投资的，而是由广汽商贸有限公司和本田物流株式会社共同投资的。然而，这家物流公司也只向广汽本田整车厂运输零部件。它有采购物流、生产物流、主机厂委托的取货物流、供应商委托的P2P物流等多种方式。我们公司也有其他的物流公司服务，但是很难管理这些物流公司，因为它们都是层层分包。”（访谈于2016年11月，广州）

（2）东部地区本田和跟随供应商组织

尽管在采购活动中，日本供应商占采购的金额和数量分别约为70%和50%。广汽本田及其供应商之间的采购关系是中等的跟随。它们之间的组织关系是包容性的，因为广汽本田只是为其供应商提供了技术指南且并不严格限于材料类型。此外，广汽本田的国产化率超过了90%，但是关键零部件仍来自日本（见摘录5－1）。因此，在2011年日本地震发生的时候，广汽本田及其供应商都停止了生产。这也说明了本田在广州重组的生产网络的脆弱性。

摘录 5－1　　　广汽本田公司采购活动叙述

广汽本田	采购活动
采购战略	2016 年，广汽本田在中国有近 200 家日本供应商。同年，从采购供应商的数量比例来看，广汽本田 50% 的采购来自日本供应商，40% 来自其他供应商，10% 来自广州本地供应商。从采购零部件的金额比例来看，广汽本田 70%—80% 的采购量来自日本供应商，核心零部件基本上来自日本，如变速箱。日本有 10 多个零部件公司与广汽零部件公司合作，包括灯具、座椅和空调等。发动机通常被认为是汽车整车的一部分，如果计算发动机采购供应商和零部件数量的百分比中日本供应商的比例将更高。广州本地供应商的百分比较低，主要是由于质量不佳所致。事实上，广汽本田的采购战略是相对开放的，采用 QCDDME 选择供应商的方式：质量（Quality），成本（Cost），交货（Delivery），开发（Development），管理（Management），设备（Equipment）。通过对每个项目的评分，将总分分为 A、B、C、D 四个级别，这是广汽本田选择供应商的标准。
对供应商的需求	我们没有为它们指定上游供应商，但我们对如何选择二级供应商提出了一些条件，如二级供应商的资格、供应能力和生产规模。这是由于二级供应商的质量曾导致广汽本田暂停生产。我们也没有具体说明我们的供应商必须使用日本材料，我们只详细说明了成为我们的一级供应商需提供的钢的种类。
脆弱性	2008 年全球金融危机期间，我们没有停止生产，但是在 2011 年地震和 2012 年钓鱼岛事件中，我们停止了生产。至今，需要进口的零部件和供应商不多，但是一些基本通用（标准）零部件在中国并没有集中生产。在这种情况下，如果类似 2011 年一样严重的地震再次发生，我们将停止生产，因为一些基本通用（标准）零件仍需从日本进口。
帮助供应商	我们只向供应商提出我们的要求，如降低成本、质量保证、材料要求和提高效率，但我们与供应商之间并没有像广汽丰田与供应商那么密切的关系，例如，广汽丰田有时将供应商视为其一个工作部门。
供应商管理	我们每年都有供应商会议，其目的是感谢供应商并给予供应商奖励。此外，我们还提出了该年度的要求、政策、研发和采购数量。

摘录 5 –2　　　　供应商采购活动叙述

供应商	采购活动
核心零部件一级供应商	我们公司大约有 100 个上游供应商。每年年底或年初，我们都会召开一次会议来管理这些上游供应商。近年来，我们一直在推动本土化工作，因此我们公司的许多原材料比如钢铁等都是国产材料制造的。然而，一些特殊模具的钢材料仍然使用日本的原材料，如钢板和钢管，因为核心部件的材料要求应从日本进口。本田还为我们指定了中间贸易商，即要从这些贸易公司进口日本原材料，如本田贸易株式会社、丰田通商株式会社。
核心零部件一级供应商	广汽本田汽车公司没有给我们任何规定。我们使用的材料是本地制造的以节省成本，但这些本地材料也来自日本投资企业，而不是国内企业。例如，宝钢是我们的主要供应商，这是一家由日本钢铁公司与上海宝钢的合资企业。
核心零部件二级供应商	我们只做东风本田发动机的单一零件。我们的 LCR 仅占 50%。一些原材料供应商来自日本，因为它们拥有许多专利。东风本田发动机厂为其供应商规定了要使用某些材料，例如，指定了材料的等级程度。

本田的供应商在中国开发了新的销售渠道。这意味着这些供应商不仅为广汽本田或其他日本整车厂如广汽丰田、东风日产提供零部件，而且也为其他合资企业和国内整车厂提供零部件，尽管本田仍然是它们最大的客户，尤其是广汽本田。然而，一些供应商在打算为其他整车厂供货时，需要得到本田的许可（见摘录 5 –3）。

摘录 5 –3　　　　广汽本田供应商的销售活动叙述

广汽本田	销售活动
核心零部件一级供应商	我们公司在广州的产品与在日本的母公司相似。在日本，我们公司最大的客户是本田。在中国，我们 70% 的产品供应给广汽本田。然而，我们的客户在中国的数量比在日本的母公司更多。在日本，母公司只有五大客户，而在中国，我们不仅为这五个客户提供产品，而且还为其他客户提供产品。在中国，我们总共为 10 家整车厂和 14 家零部件供应商供应产品来扩展我们的业务。因此，我们在广州的公司成为整个集团最大的公司。然而，我们仍然需要本田允许我们为其他整车厂或零部件供应商提供服务。

续表

广汽本田	销售活动
核心零部件一级供应商	我们主要给广汽本田供货，但也供应给其他日本整车厂，如东风日产和广汽丰田。此外，我们的产品也出口，每年我们出口日本和美国的产品销售额为1亿美元。而且，我们还为由于泰国洪水导致日本零部件供应商停止生产的本田整车厂提供过零部件。
核心零部件二级供应商	广汽本田的发动机厂是我们的主要客户，但我们还给其他7个发动机厂提供产品，例如武汉的东风本田、重庆的福特和现代、南京的马自达、杭州的东风裕隆、沧州的现代和盐城的起亚。我们为其他顾客提供产品不需要本田的许可。

广汽本田与其供应商之间采购关系类似于它们在日本汽车企业之间伙伴关系。在日本的本田母公司没有强调企业联盟的重要性，也没有像丰田和日产那样组织自己的供应商协会（Sako，1996）。然而，自20世纪60年代以来，该公司与其供应商的关系不断加强（Aoki & Lennerfors，2013）。虽然本田没有使用“企业联盟（keiretsu）”这个词，但它也开展了与丰田的供应商协会类似的活动，如新年会议和采购政策演示会。此外，采购活动是封闭性的，因为本田对其企业联盟内的供应商的销售依存度在1999年达到了80.8%，甚至超过了丰田的79.0%。即使在20世纪90年代本田提出了全球规模的竞争采购战略后，这种销售依存度到2009年也下降到了78.1%，只略低于同年的丰田的79.0%。本田的分包系统比日产的要强大。广汽本田的一位经理解释说：

“本田已经建立了自己的供应商系统。然而，这个系统是混合的，不仅包括本田自己的供应商系统，也包括了欧洲、日本（丰田）和美国供应商系统。其核心系统不如丰田的强大，因为它没有丰田的电装、欧洲的博世和美国的天合那样强大的供应商。”（访谈于2017年2月，广州）

5.3.2 北部地区日产主导生产网络的空间组织

(1) 日产主导生产网络的空间布局

日产位于广州北部——花都区新华街道的花都国际汽车产业园，因为原来的风神工厂坐落于此。2017年，广州北部地区有50家供应商、2家中间商、3个研发中心和1所大学（见图5-8）。除了11家供应商外，其他的供应商都位于新华街道，围绕着东风日产的两家工厂分布。此外，花都国际汽车产业园官员声称：

“到2016年底，有30家日本一级供应商位于我们的园区内。”（访谈于2017年2月，广州）

与本田的供应商类似，在日产供应商的区位选择上，工业园区管理部门与地区政府和供应商之间的商讨也发挥了重要作用。日产的供应商应位于广州北部——花都国际汽车产业园附近的两个整车厂，但是少部分却选择了广州东部的广州开发区，如加特可。一位加特可的经理解释说：

“我们公司之所以选择在广州开发区，是因为它是国家级开发区，可以为我们提供更好的服务环境和更优惠的政策，如土地和税收政策。即便如此，日本母公司还是花了4年时间才决定设置在广州开发区，这是一个艰难的决定。”（访谈于2017年11月，广州）

日产的三个研发中心和一所大学都坐落于花都国际汽车园内，距离东风日产整车厂很近。

与本田类似，广州日产贸易公司也位于天河区，东风日产销售公司则在花都区附近。日产没有自己的物流供应商，而是使用风神物流有限公司、东风捷富凯物流有限公司、广州丰深物流有限公司等第三方物流公司，物流运作顺利。东风日产的一位经理解释说：

“我们使用第三方物流。主要使用风神物流有限公司、东风捷富凯物流有限公司分别负责零部件物流和汽车物流。风神物流是东风和裕隆汽车在2002年成立的，东风捷富凯是一家由东风集团与法国合资的公司。它们都属于东风汽车，因此能够有效地运行JIT配送系统，但零库存的程度仍比丰田差。”（访谈于2017年2月，广州）

（2）北部地区日产和跟随供应商组织

在2005年《东风日产共同行动纲领》实施之后，以供应商的质量、价格、交货和研发（QCDD）为标准，打破了原有东风和日产供应商的封闭系统，在采购系统中引入了外部供应商系统。经过多年的供应商竞争，目前在东风日产采购系统内，东风和日产母公司的供应商不到50%。东风日产也被称为“最开放的采购系统合资企业”。

因此，东风日产与其供应商之间的采购关系与广汽本田和广汽丰田相比显得较弱，日本供应商采购的数量在三家日本汽车龙头企业中所占比例最低（见摘录5-4）。类似于广汽本田，电子元件等关键零部件仍然来源于日本。因此，当2011年日本地震发生时，东风日产也如广汽本田和广汽丰田一样停产了。然而，东风日产是第一家恢复生产的日本汽车龙头企业。此外，其供应商的要求并不仅限于材料类型。而且，东风日产与其供应商之间的组织关系与广汽本田一样具有包容性（见摘录5-4；摘录5-5）。

摘录5-4　　东风日产采购活动叙述

东风日产	采购活动
采购战略	东风日产的采购战略相对开放。对于一辆车的一个零部件，采购委员会一般会选择两个供应商。选择后，5年内都不会更换供应商。也就是说，汽车车型5年内都不会发生变化。以合同的形式，我们主要考虑成本、技术和质量三个因素。由于车的型号较多，我们的一级供应商数量达到500家，花都汽车城有33家，广东有247家，约占50%，还有30%来自江苏和浙江。采购额的50%来自日本供应商，40%来自其他来源供应商，10%来自当地供应商。本地供应商的百分比较低，是因为本地供应商的质量仍然偏低。
对供应商的要求	日本供应商的采购标准没有明确规定，但日产持有一些关键部件供应商的份额，因此这些零部件会被优先选择。

摘录5-5　　供应商采购活动叙述

供应商	采购活动
一级一般供应商	东风日产给我们提供了一些品牌和质量的润滑油标准。关于材料，它什么也没说。为了节省成本，我们的主要材料新型铝来自国内公司，OEM也是国内公司。
一级核心供应商	东风日产没有给我们任何规定。我们使用的材料也是当地制造的，以节省成本，但是当地的材料也是来自日本的投资企业，而不是国内的企业。宝钢是我们的主要供应商，也是上海宝钢与日本新日铁合作的合资企业。

续表

供应商	采购活动
二级一般供应商	广州优尼冲压没有给我们公司规定。相反，东风日产指定了我公司的主要材料供应商。它们是宝钢、武钢和鞍钢等本地供应商，但是这些钢铁公司都与日本钢铁公司合资。

与本田的供应商类似，日产的供应商不仅为日产供货，也为其他合资企业和国内组装商供货，尽管日产仍然是最大的客户，尤其是东风日产（见摘录5-6）。然而，日产并没有限制供应商的销售战略，这样它们就可以向任何其他汽车制造商销售。

摘录5-6　　东风日产供应商销售活动叙述

供应商	销售活动
一级一般供应商	我们的母公司在日本为日产、本田和马自达供货。我公司来华后，东风日产是我公司的首要客户，同时我们也为广汽本田、本田（中国）、广汽乘用车和广汽三菱汽车供货，但我们不供应马自达。此外，我们作为二级供应商为丰田提供小饰件。
一级一般供应商	我们有24个客户，包括日本、欧洲、美国客户，以及国内的整车厂和少量一级供应商，因为我们也生产零部件供货给一级供应商。如果我们想为其他客户供货，我们不需要日产的同意。

东风日产及其在广州的跟随供应商之间的企业间采购伙伴关系的这一特点，与日产及其供货商在日本的采购关系具有相似之处。在日产与雷诺结盟之前，日产如丰田一样高度控制着一级供应商。因此，部分供应商已成为丰田或日产“家族”的成员（Hill，1989）。这些供应商被丰田或日产的母公司采用，以确保稳定的市场和获得投资资金的益处（Cusumano，1985）。日产于1954年成立了名为Takarakai的供应商协会，并于1991年更名为NishoKay（Aoki & Lennerfors，2013）。

然而，在1999年雷诺—日产联盟成立后，雷诺成为日产汽车的最大股东。雷诺—日产联盟整合不同企业文化的日产企业联盟体系，成为第一家打破日本封闭零部件供应系统并引入更具竞争力的动力的汽车制造商（Shimokawa，2010）。由于日产长期在供应商中过度嵌入（Wichelim & Sydow，2018），当时有1400家附属供应商。1999年出售了几乎所有供应商和股份，只剩下4家。然后，它实施了“全球单一采购”，这意味着最好的供应商有机会为日产交付零件，如此一来，原来的日产供应商与日产之间的关系变得不稳定。企业联盟公司的主要OEM销售比例从1999年的63.3%下降到2007年的51.4%。为了解决这个问题，日产自20世纪中期以来组织了供应商系统发展活动，例如“感谢活动”，2010年约有200多家供应商在日本参加了该活动（Aoki & Lennerfors，2013）。因此，可以得出，与丰田和本田相比，日产的供应系统在日本更为开放。

5.3.3 南部地区丰田主导生产网络的空间组织

（1）广州南部丰田主导生产网络的空间布局

广汽丰田位于广州南部南沙区黄阁镇黄阁汽车工业园，它是由广州市政府在一片空地上精心规划的，这与本田和日产不同。广汽丰田公司的负责人回忆道：

“我们与广州市市长聚集在一起观看放在地上的南沙区地图。广州市市长介绍了南沙区拥有充足的土地资源和优良的港口优势，展望了未来的发展前景。丰田副总裁相信市长所说的，同意将工厂布局在南沙区。”

南沙区是珠三角的中心，拥有完善的深水港，有可能成为广州新的增长极。此外，它还要求龙头企业如广汽丰田刺激经济增长。于是，广州市市长说服丰田副总把公司设在南沙区（Yao & Han，2008）。2017年，南沙区共有31家供应商、6家中间商和1个研发中心。除14家供应商外，其他企业都位于黄阁镇的黄阁汽车工业园。丰田的核心供应商就在广汽丰田周围。这些供应商由一个特殊的隧道连接，使零部件能够在10分钟内交付给整车厂，因此JIT交付系统在南沙区成功运行。

摘录 5－7 关于广汽丰田公司采购活动叙述

广汽丰田	采购活动
采购战略	选择供应商的原则是具有竞争力。在选择过程中，广汽丰田公司采用了一种名为“与三位候选商比较来选择一家供应商”的方法。之后，该公司与其供应商实施了可持续发展。在过去 10 年中，零部件的利润继续下降。这主要是因为按照中国政府的政策，中小车型的数量增加了，零部件附加值低，环保成本和人力成本增加。广汽丰田与供应商一起积极面对这一过程，并向其一级供应商提供了技术指导，例如，与福耀玻璃共同改进玻璃薄膜。相应地，供应商也为其整车厂提供了更优质的产品和更低的价格。
对供应商的要求	日本供应商的采购标准没有明文规定，但丰田持有一些关键部件供应商的股份，它们可以被优先选择，国产化率在 90% 以上。超过 70% 的采购金额来自日本供应商，约 20% 来自其他来源供应商，约 10% 来自当地供应商。当地供应商的百分比较低，因为当地供应商的产品质量仍然很低。广汽丰田的一级供应商的数量和名称与丰田相似。广汽丰田的一级供应商有 355 家，其中 199 家位于中国南方，所占比例为 56%。供应商在华南地区占 76%，在广州占 66%。然而，电子元件仍需进口。
帮助供应商	丰田帮助在广州的供应商改善“环境、安全和社会责任”。例如，广汽丰田要求所有供应商遵守环境法规并取得相关认证。因此，广州中精投资 20 万元，用管道蒸汽代替锅炉蒸汽。此外，广汽丰田坚持“安全第一”的理念，认为“只有能够保证安全的供应商”才能成为长期合作伙伴。在广州丰田的帮助下，广州堀硝子汽车玻璃有限公司投资 25 万元进行内巷和人行道改造。

摘录 5－8 供应商采购活动叙述

供应商	采购活动
发动机厂	我们在广州有 65 家供应商，我们的国产化率在 80%—90%，但是在 2011 年的地震中我们并没有停止生产，因为我们没有从日本进口关键零部件。我们遵循丰田的标准选择供应商和材料。广汽丰田没有给我们任何特别的规定。我们使用的材料也是当地制造的，以节省成本，但当地的材料也来自日本投资企业，而不是国内企业。
一级一般供应商	我们在中国大约有 200 家供应商，我们的国产化率在 80%—90%。在 2011 年的地震中，我们并没有停止生产，因为在那段时间，我们在其他国家发现了所有的零部件。广汽丰田没有给我们任何特别的规定。我们使用的材料也是当地制造的，以节省成本。

续表

供应商	采购活动
二级一般供应商	广州双叶没有给我们公司使用哪种材料的规定。然而，我公司仍然使用宝钢等日本投资企业的（钢）材料，除了顾客指定我们使用国内企业的（钢）材料以节约成本。

丰田的供应商一直在中国开发新的销售渠道，因为丰田鼓励供应商为其他整车厂供货。这一战略增加了供应商的生产，提高供应商的技能，促进了丰田的发展（见摘录5－9）。

摘录5－9　　关于广汽丰田供应商销售活动叙述

广汽本田	销售活动
发动机厂	我们不仅供应给广汽丰田，还供应给一汽丰田，并出口到日本、泰国和中国台湾。地震期间，我们没有停止生产，因为有其他客户。
一级一般供应商	我们的客户除了广汽丰田还有其他在日本、欧洲和国内的整车厂。因此，我们并没有在广汽丰田由于地震停止生产期间停止生产。丰田鼓励它们的供应商为其他厂商供应。
二级一般供应商	我们有4个客户都是中日合资企业：广州双叶（我们的主要客户）、广州艾帕克、广州爱机和清远爱机。

广汽丰田与其在广州的跟随供应商之间的公司间合作伙伴关系的这一特点，与丰田在日本与其供应商之间的特征相似：丰田和它的层级供应商是典型的严格控制的多层分包系统（垂直企业联盟）。这是促使日本成为20世纪60年代以来汽车产量最大的前三国家的主要因素（Sheard，1983；Hill，1989）。丰田喜欢依靠“与有限数量供应商的长期信任关系来混合市场和等级体系元素”（Terdudomtham，Techakanont & Charoenporn，2013），可能是因为这种长期的供应关系会分担风险（Okamuro，1995）。在这些系统中，一级供应商是与整车厂直接交易的分包商和二级供应商的下游企业。同样，二级供应商也是三级供应商的下游企业（Sheard，1983）。在这种情况下，一个汽车生产链形成了分层管理。上一级供应商有责任检查质量，协调来自下一级供应商的零部件、材料和服务的流入，就像延伸的家

族树一样（Hill，1989）。家族树就像一座金字塔，金字塔越上层数目越少。在多层分包制度方面，丰田与供应商之间的关系过去是紧密而稳定的（Sato，1982）。分包商部分地融入了母生产系统，并承担了一种分支工厂的角色（Itami，1985）。丰田供应商联盟名称为 kyohokai，1943 年在日本成立（Asanuma，1988），有 200 多家成员企业。

5.4　封闭式网络对广州汽车零部件行业的影响

5.4.1　与当地供应商的薄弱联系

虽然日本三家汽车龙头企业的采购封闭程度不同，日本供应商的采购率仍然达到 50%—70%，当地供应商的采购率保持在 10%。这意味着当地供应商几乎没有机会进入供应系统。这是因为广州原有的工业基础薄弱，可以进入日本供应系统的供应商都有自己的专利和历史悠久的企业，在它们的领域有公认的地位和一些专利（见摘录 5－10）。例如，广州有几家具有专利、规模和历史的传统供应商，如华德弹簧和珠江轮胎。一些供应商来自中国其他地区，如福耀玻璃、凌云工业、浙江亚太机械机电等。大多数当地供应商的质量很低，即使日本汽车龙头企业采用了“QCDD”采购系统。

一家没有进入日本供应系统的当地零部件企业的经理抱怨：

“我们公司有专利，我们也向日本出口货物。然而，日本汽车制造商基本上是在寻找日本的供应商。目前无国产空调进入日本供应系统。如果电装购买了我们公司，我们就有可能进入供应系统。”（访谈于广州，2017 年 9 月）

因此，即使日本汽车龙头企业如日产等采用了开放式的采购制度，但大多数当地供应商仍然由于质量低而无法进入其采购系统。然而，广州比较具竞争力的电子产品供应商，如飞歌被列入日本供应系统。而且，那些进入日本汽车供应系统的地方供应商也只是一般的供应商和组装工厂。东风日产的一家一般地方一级供应商声称：

“我们只在零部件生产上扮演装配角色，遵循日本投资装配厂的要求，甚至装配厂明确规定原材料应该来自日本公司。”（访谈于广州，2017 年 9 月）

摘录 5-10　关于当地供应商采购活动的叙述

当地供应商	采购活动
日产一级一般供应商	我公司于 2003 年初进入市场，拥有核心技术专利。而且，在这个产品上它只有一个竞争对手。我们公司有一个研发部门。我们每年的研发投入大约为年收入的 4%—5%。
广汽本田和东风日产一级一般供应商	我们的两家母公司中，有一家拥有 51% 的股权和专利等核心技术的上市公司。这家公司在 2010 年来自河北。
广汽本田和广汽丰田一级一般供应商	我们的母公司已经成为世界上最大的汽车玻璃专业供应商，其产品被世界顶级汽车制造商认证和选择。这家公司在 2003 年来自福建。
一级一般供应商	我们公司拥有专利和核心技术。我们公司于 2003 年建立，在我们的产品领域属于比较知名的厂家。
一级一般供应商	我们目前拥有十多项专利。我们有研发中心和 300 名研发人员，占总数的 20% 以上。公司投入年营业额的 12% 用于研发活动。

5.4.2　对广州市零部件产业的影响

由于日资整车企业封闭式的采购方式，导致广州零部件配套企业发展缓慢。一是广州汽车零部件企业数量少。广州规模以上零部件企业到 2017 年底只有 277 家，其中日本投资的约 140 家，日本之外的国外零部件企业到 2017 年底只有 40 家左右（包括投资和合资），其他国家的零部件企业由于没有供货市场而不愿意来广州投资。世界排名第 3 的麦格纳在中国已经拥有 30 多家工厂、10 个研发中心和销售企业，2015 年才来到广州，世界排名前列的博世、采埃孚、大陆等德国零部件配套企业都没有到广州甚至珠三角投资设厂。广汽集团研发中心的一位负责人解释说：

“日本汽车生产网络中的整车厂和供应商之间的关系是封闭的。大多数当地供应商不能参与日本龙头汽车企业在广州重组的生产网络。因此，广州零部件产业不能发展起来。然而，上海的零部件产业却在德国或美国汽车龙头企业在上海重组开放的生产网络中发展得很好。在世界100强中，还出现了一家在2017年全球汽车零部件企业百强榜排名16的延峰集团(2017)。”（访谈于2017年9月，广州）

此外，由于汽车零部件企业产生的环境污染和广州周边城市低廉的土地价格，许多供应商更倾向于选择在广州周边城市建厂，如佛山、清远、中山、肇庆、东莞甚至江门。这些城市设置有专门的工业园集中处理零部件企业所产生的环境污染。广汽本田的一级核心供应商的一位经理解释说：

“我们公司在清远建立了第二家工厂，因为这里的土地比花都区更充足、更便宜。”（访谈于2017年9月，广州）

东风日产的一级一般零部件供应商的一位经理也同意这个观点：

“有几家从事电镀有污染的供应商将从花都汽车工业园迁往肇庆或江门，当地政府在那里建立了相应的工业园区，布置了集中统一处理污染的系统。”（访谈于2017年9月，广州）

二是广州汽车零部件企业规模偏低。尽管从2004年到2017年广州汽车零部件企业工业生产总值虽然持续上升（除2012年之外），整车与零部件产值比也由2004年的1∶0.07上升到2017年的1∶0.27，但远远低于国际上成熟汽车市场整零比的1∶1.7。虽然部分原因是很多的汽车零部件企业位于广州周边的地区，如佛山、中山、肇庆等地，为位于广州的下游企业配套，但主要原因还是在于广州自身的汽车零部件企业规模不大。2017年粤港澳大湾区没有一家入围全球百强汽车零部件企业（中国共有6家零部件企业入围），广州只有6家入围2017年中国汽车零部件销售收入前100名企业，且都在40名之后，这6家企业分别是：广州电装有限公司（第40名）、广州樱泰汽车饰件有限公司（第61名）、万力轮胎股份有限公司（第62名）、广州提爱思汽车内饰系统有限公司（第70名）、广州斯坦雷电气有限公司（第76名）和广州昭和汽车零部件有限公司（第95名）。这主要由于在广州日资零部件企业由于内资企业的低价格优势，很难进入内资和其他外资汽车整车配套体系，无法进一步发展壮大。广汽本田的一级核心零部件供应商的一位经理解释说：

"国内零部件企业具有价格优势。因此，我们很难接到国内整车厂的订单。"（访谈于 2017 年 9 月，广州）

摘录 5－11　关于日本零部件供应商研发活动叙述

供应商		叙述
本田	一级一般供应商	广州公司设有技术部，有 10 名全职员工，着重模具的测试和设计图的绘制。然而，我公司主要还是采用日本母公司的专利技术。同时，广州公司为日本母公司的研发活动提供了大量资金。去年我们花费了 2000 多万元，但大部分是专利使用费，这意味着我们的研发活动主要是外包。我们的研发资金主要支付给日本母公司，帮助我们开展研发活动。我们也计划缓慢地将研发活动转移到中国，毕竟每年的产值超过 100 亿元。作为中国人，我们当然希望提高我国的科技实力。然而，就像我们的业务一样，从零开始的研发周期太长了，母公司无意派遣研发人员来支持广州公司的研发活动。我们几次派人去日本学习，但是我听说他们什么也学不到。许多在华投资的日资零部件公司倾向于直接租用专利，因为要成功地实现研发活动相对困难。中国想通过市场换技术，但是最终失败了，因为不能从日本公司那里学到关键的技术。
	一级一般供应商	本公司自 2010 年起从事汽车轻量化研发活动。现在，我们的研发部门有大约 200 名员工。轻钢技术是用高强度薄钢代替高强度钢制成车架，达到减轻车身重量的目的。我们与日本母公司及日本整车厂共同研发，因此目前还没有专利技术。在这一领域，我们很难获得专利技术。因此，我们只能给日本的母公司支付专利费用。
	二级核心供应商	我们没有在广州公司开展任何研发活动。广州的产品跟日本的一样。我们只使用在日本母公司的专利，并支付了专利费用。
日产	一级一般供应商	我们公司为日本母公司的专利技术支付了一大笔资金。2012 年以前，我们没有研发功能，只有 OEM，但我们公司计划加强研发力量。目前，我们在广州的研发部门拥有实验部、设计管理部，有 80 多名专业人员，但是我们只进行设计和技术交流。在广州，东风日产也为我们提供了一些资金，因为我们一起合作研发。例如，我们两年前与东风日产在一辆新型汽车上进行智能钥匙合作研发。
	一级核心供应商	我们的研发部门有 8 名员工，专注于传动轴连接器，但我们只使用日本母公司的专利和技术许可。

续表

供应商		叙述
日产	一级核心供应商	我们公司现有员工 210 人，研发人员占员工总数的 10%，但是只有一个技术部门来指导装配和加工。
	二级一般供应商	我们公司在广州没有进行任何研发活动。由于我们的业务技术含量低，我们给日本母公司支付的是一般管理费，而不是专利费。
丰田	一级核心供应商	我们公司在广州不进行研发，只有生产管理部门来管理技术和设备。我们使用日本母公司和上海研发中心的专利，所以我们为它们支付了一些资金。日本母公司在上海设有一个研发中心，拥有 700 名员工，该中心主要转移日本的技术，以便与国内市场同步发展。
	二级一般供应商	我公司在广州有 10 多名技术人员，有研发部门，约占总员工人数的 1/3。模具的生产属于高科技产业，从而使 R & D 员工的比例很高。

三是研发能力弱。广州规模以上的汽车零部件企业基本上都是在 2000 年之后随着日本整车企业的投资而成立的，而且一半是日本投资的零部件企业，这些零部件企业的研发功能基本上都在日本，在日本整车企业的新车型开发阶段就参与了，在中国的合资或者独资企业的研发功能很少，大部分只有参与测试功能，没有核心技术，只是加工生产供货给日本投资的整车企业，很难与其他汽车整车企业竞争，因此很难发展壮大。零部件企业自从来到广州后，就向它们的母公司支付了专利费，因为它们是从母公司那里获得专利的。以广州市科技创新委员会 2017 年的“广州市企业研发经费投入后补助拟补助情况汇总表”的企业名录为例，只有 60 家左右零部件企业投入研发，只占规模以上总数的 21.67%。广州由于原来的工业基础薄弱，掌握重要核心技术的零部件企业也不多，因此不会出现如机械汽车的华域汽车、海纳川、均胜电子和新能源汽车关键零部件企业的宁德时代等世界百强零部件企业，也不会出现如新能源汽车关键零部件企业如宁德时代。

花都国际汽车城的管理人员也担心：

“日本零部件企业基本上是简单的制造企业，即使是那些著名的日本零部件企业也是加工制造工厂，其大的核心技术大都依靠母国的零部件企业。日本零部件企业只有几家在黄埔的研发中心。因此它们的创新动力不足，对

广州的零部件产业发展没有多大贡献。”（访谈于 2017 年 9 月，广州）

5.5 小　　结

本章运用区位商（LQ）和地理信息系统（GIS）方法对企业层面的统计数据进行了分析，用编码方法分析深度访谈数据，综合分析了日本汽车投资空间组织的演变过程，研究发现日本汽车投资的空间格局是非常集聚的；日本汽车龙头企业与跟随供应商之间的协同定位是正相关的，而日本汽车龙头企业与研发中心、中间商之间的合作则是变化的，取决于它们的布局。这一发现丰富了日本汽车龙头企业及其跟随供应商、中间商和研发中心之间地理分布的内容。

与日本汽车龙头企业进入广州的模式类似，企业外部商讨战略也决定了日本汽车龙头企业在东部、北部和南部的位置，地方政府还为它们的整车厂、研发中心、发动机厂和跟随供应商、中间商建立了工业园。这些战略在形成日系汽车“三足鼎立”的集聚中起着至关重要的作用。日本汽车龙头企业的内部协调战略决定了其研发中心和发动机厂的位置。

企业之间伙伴战略解释了日本汽车龙头企业及其在广州的跟随供应商的“封闭式网络”的形成是由于它们传统的严格控制的多层分包系统（垂直企业联盟）和长期供应关系。

本章还探讨了三家日本汽车龙头企业及其跟随供应商的“封闭式网络”对广州汽车零部件产业的发展并没有太多的促进作用，本地供应商在由日本汽车龙头企业虽然以明确的本地采购形式建立的重组生产网络中相当弱小。虽然由三家日本汽车龙头企业主导重组的生产网络封闭性程度不一，但是对广州汽车零部件产生的发展影响程度相似。因此，由日本汽车龙头企业在广州主导的重组生产网络的组织，特别是与跟随供应商的伙伴关系，可以被看作是一个“封闭式网络”，指在重组生产网络中日本汽车龙头企业与日本供应商之间的紧密联系以及与当地供应商的薄弱联系。

6 结　论

本书试图揭示不同的日本汽车龙头企业如何建立它们重组的生产网络，重点通过地方采购形式探讨了与当地和跟随供应商的组织，并运用全球生产网络（GPN）2.0 理论的“战略”概念解释了日本重组汽车生产网络在发展中国家的形成和发展，还探讨了其对发展中国家当地零部件产业发展的影响。日本汽车在广州投资的经验为这一研究目的提供了一个实证。本章首先总结了主要研究成果，第 2 节和第 3 节阐述了理论、实证和政策含义，最后一节讨论了本书的局限性，并提出了进一步的研究内容。

6.1　研究结果

本书研究了日本汽车龙头企业主导的重组生产网络，特别是日本汽车龙头企业与跟随供应商之间的组织活动。对在广州的日本汽车龙头企业重组的生产网络用更详细和全面的企业级别数据和半结构深度访谈数据进行了实证研究。应用全球生产网络（GPN）2.0 理论，尤其是“企业外部商讨、企业内部协调和企业之间伙伴”战略概念，解释了日本汽车龙头企业主导重组的生产网络的形成和组织以及广州地方汽车零部件产业发展的原因。

首先，本书描述了三个日本汽车龙头企业在广州建立其重组生产网络的时间过程。研究发现，一是“市场需求”的动力促使本田、日产和丰田及其跟随供应商和中间商在亚洲金融危机后从东盟国家转移到中国广州建立起重组生产网络。二是一些日本供应商来广州的时间早于它们的龙头企业，这与泰国和美国等其他国家的情况不同。三是日本汽车投资可以称为“集团投资”或“基于网络的投资”，这使 2003 年至 2004 年成为了日本汽车企业在广州的快速投资期，当三大日本汽车龙头企业都来到广州，尽管投资周期持续了 20 多年。四是在广州这三家日本汽车龙头企业重组的生产网络形成的时间过程是不同的：本田花的时间最长，其次是日产，最后是丰田。五是三家日本汽车龙头企业进入的时间和方式也是不同的。本田进入的时间最早，是替代标致在改造原有的生产线与广汽战略重耦的；其次是日产，是替代裕隆在改造原有的生产线与东风汽车战略重耦的；丰田最晚，是与广汽新建工厂战略耦合的。

其次，本书对三家日本汽车龙头企业重组的生产网络的空间组织进行了研究。研究发现，一是广州日本汽车投资的空间格局是非常集聚的，这与泰国和美国等其他国家的空间格局相似。自 2005 年以来，在广州的东部、北部和南部郊区，三个汽车重组生产网络已经在三家日本汽车龙头企业周围形成了。日本汽车龙头企业及其跟随供应商之间的协同定位是正向的，而日本汽车龙头企业与研发中心和中间商之间的合作则是变化的。二是日本汽车龙头企业及其跟随供应商之间的采购联系是相当紧密的。相比之下，日本汽车龙头企业与当地供应商之间的采购联系相对薄弱。因此，由日本汽车龙头企业在广州主导的重组生产网络的组织特征强调日本供应商的采购模式，可以被看作是一个“封闭式网络”，指日本汽车龙头企业与日本供应商之间的紧密关系以及与当地供应商的薄弱联系。此外，三家日本汽车龙头企业主导的“封闭式网络”是不同的。丰田最强，本田次之，日产最弱。

最后，本书探讨了日本汽车龙头企业主导的重组生产网络的时间过程和空间组织的形成过程的潜在动力。它强调日本汽车龙头企业及其在广州的跟随企业和当地供应商之间的组织关系与特定角色的战略密切相关，如企业外部商讨战略、企业之间伙伴战略、企业内部协调战略。企业外部商讨战略关系到日本汽车龙头企业与地方政府战略耦合，以及关键供应商的时间过程和空间分布。不同的日本汽车主导企业与供应商之间的伙伴关系起着更为重要的作用，这导致了跟随供应商和中间商时间过程和空间组织方式的差异。不同的日本汽车龙头企业的企业内部协调战略影响着发动机厂和研发中心在广州设立的时间和数量，这也导致这些企业到广州投资不同的时间过程和空间分布特征。

6.2 理论含义

本书通过考察中国汽车生产网络重组中汽车龙头企业的重要作用，首先更进一步理解了“企业外部商讨战略、企业之间伙伴战略和企业内部协调战略”的概念，丰富了全球生产网络（GPN）2.0 理论的“战略”概念，解释了由汽车龙头企业领导的重组生产网络，特别是汽车龙头企业与其跟随供应商和当地供应商之间的组织活动。这意味着汽车龙头企业在重组生产网络中的作用变得更加重要。其次，它还评估了全球生产网络（GPN）2.0 理论对由各汽车龙头企业主导重组生产网络的适用性，并特别强调了“企业外部商讨战略、企业之间伙伴战略和企业内部协调战略”概念对重组生产网络的影响。第三，通过对广州地区日本汽车龙头企业重组生产网络的案例研究，有助于我们理解日本汽车龙头企业的决定因素，并对研究广州地区汽车零部件行业发展有所启示。

本书的实证研究拓展了沿海地区地方政府与各汽车龙头企业的战略耦合，增加了案例丰富了汽车龙头企业主导重组生产网络和战略耦合的文献，提供了由三家日本汽车龙头企业主导不同重组生产网络在拥有巨大潜在市场发展中国家的比较研究的案例。

6.3 经验和政策影响

本书为促进地方汽车供应商产业发展中的政策制定提供了一些启示。首先，本书验证了汽车龙头企业的背景，如生产网络和企业集团，即汽车龙头企业与其供应商之间的“公司间伙伴战略”的重要性，是决定重组生产网络对当地汽车零部件产业的影响。这就意味着，当地政策制定者想要引进汽车龙头企业时，他们应该了解其背景和特点，并采取相应的对策来应对产生的负面影响。例如，日本汽车龙头企业与其跟随供应商有着紧密的联系，而与当地供应商的联系薄弱，这就限制了广州零部件产业20多年的发展。然而，广州市政府直到最近几年才注意到这一点，之后才成立了自主品牌整车厂，与其他汽车龙头企业和全球供应商合作，吸引国内汽车制造商和供应商来提升当地的零部件汽车产业。如果广州市政府能够更早地了解日本汽车产业的生产网络和企业集团的特点，就能调整驱动重组生产网络，提升地方汽车产业。

其次，本书发现地方政府与龙头企业之间的“企业外部商讨战略”，不仅有利于地方经济的发展，而且有利于汽车龙头企业的发展。例如，与标致合作失败的主要原因是标致份额偏低和车型滞后。此外，丰田在天津汽车集团也有失败的教训。因此，选择合适的合作伙伴和制定有利发展的商讨条件是地方政府和汽车龙头企业都需要慎重考量的因素。

最后，本书探讨了龙头企业的“企业内部协调战略”能够决定其重要设施如研发中心的选址，这是影响产业功能升级的重要因素。本田把所有的研发中心都设在了广州，日产也将其主要的研发设施建立在了广州。然而，丰田认为中国的华北和东部是它的基地，甚至都没有在广州建立一个独立的研发中心。广州市政府应重视这一问题，并尝试与丰田进行商讨，使其在广州建立研发中心。此外，地方政府还可以吸引更多的汽车龙头企业和全球供应商在广州建立更多的研发中心，以实现汽车产业的功能升级。

6.4 本书的有限性和对未来研究的建议

虽然本书基于全球生产网络（GPN）2.0 理论的“战略”概念解释了由三家日本汽车龙头企业主导的重组生产网络的时间过程和空间模式的特点和它们与在广州的跟随供应商之间的组织方式，但仍然存在若干限制，需要进一步研究。

首先，本书强调日本汽车投资，特别是由三家日本汽车龙头企业主导的重组生产网络的时间过程和空间模式的特点及其对东道地区汽车产业的影响。正如 Liu and Dicken（2006）所指出的，所有汽车龙头企业都在中国投资，在中国有由通用、福特、大众、标致雪铁龙、克莱斯勒、现代、雷诺和菲亚特等其他国家汽车龙头企业主导的重组生产网络，如果将它们分别进行系统互相分析和比较，可以探讨其重组生产网络的时间过程和空间模式的不同特征以及它们对当地汽车工业的影响。这项研究可以让地方政府了解它们应该合作的汽车龙头企业的类型，并制定有效的政策来应对重组的生产网络以提升当地汽车工业水平。

其次，本书的研究重点是日本汽车投资企业在广州重组的生产网络。事实上，三家日本汽车龙头企业在中国 10 多个城市都有投资，如北京、上海、武汉、长春、天津。甚至有数以百计的跟随供应商和中间商分布在广州周边城市，如佛山、肇庆和中山。因此，日本汽车重组生产网络的时间过程特征和空间格局的研究范围还可以扩大到珠三角或广东省，甚至整个中国。

再次，本书只是简单地分析了日本龙头企业与供应商之间的采购组织及其对当地汽车供应行业的影响。然而，由日本重组生产网络所产生的汽车产业升级或价值创造，如研发机构和中间商，还有物流组织，都应该进一步探索，因为它们也是当地的汽车工业的一部分（Coe & Yeung，2015；Henderson et al.，2002；Gereffi et al.，2005）。

最后，由于去日本时间和经费的限制，作者无法访问在日本的母公司。日本汽车龙头企业的信息都来自以前的研究或企业简介。由于这些都是二手资料，也可能影响对在广州的子公司与在日本的总部的关系的理解。因此，如果可能的话，研究人员有必要去日本采访日本的母公司，特别是本田、日产和丰田在日本的母公司。

附录

附录一：地方政府半结构化访谈大纲

1. 广州汽车工业发展的作用

2. 地方政府与龙头企业之间的商讨战略，特别是在土地和税收优惠、基础设施和公共服务建设方面

3. 工业园区内日本汽车企业的名单

4. 日本汽车企业在工业园区内的活动

5. 日本汽车企业在工业园区的区位

6. 工业园区中日本汽车企业的供应商级别

7. 工业园区存在的问题

8. 汽车工业的优惠政策

附录二：汽车企业半结构化访谈大纲

1. 汽车企业简介

1.1 汽车企业在广州的成立日期

1.2 汽车企业在广州的位置

1.3 汽车企业主要产品的发展

1.4 汽车企业的从业人员

2. 汽车企业在广州投资的原因

3. 汽车企业在广州选址的原因

4. 汽车企业在广州投资的过程

5. 汽车企业龙头企业的战略

5.1 汽车龙头企业的内部战略，如在广州的研发中心和发动机厂的活动和地点

5.2 在广州和日本汽车龙头企业和“跟踪源”供应商和当地供应商之间的公司间采购战略

5.3 日本汽车龙头企业与地方政府之间的额外战略，特别是在土地和税收激励、基础设施和公共服务方面

6. 供应商与地方政府之间的额外战略，特别是在土地和税收激励、基础设施和公共服务方面

7. 跟随供应商与汽车产业龙头企业和其他客户的采购战略和研发战略

8. 当地供应商的采购战略和研发战略以及它们在参与生产网络时遇到的困难

参考文献 References

Anselin, L. (1995). Local indicators of spatial association—LISA. *Geographical analysis*, 27 (2), 93 - 115.

Asanuma, B. (1988). Japanese manufacturer - supplier relationships in international perspective: the automobile case.

Aswicahyono, H. (2000). How not to industrialise? Indonesia's automotive industry. *Bulletin of Indonesian Economic Studies*, 36 (1), 209 - 241.

Aoki, K., & Lennerfors, T. T. (2013). Whither Japanese keiretsu? The transformation of vertical keiretsu in Toyota, Nissan and Honda 1991 - 2011. *Asia Pacific Business Review*, 19 (1), 70 - 84.

Barnes, J., & Kaplinsky, R. (2000). Globalization and the death of the local firm? The automobile components sector in South Africa. *Regional studies*, 34 (9), 797 - 812.

Bazeley, P., & Jackson, K. (Eds.). (2013). *Qualitative data analysis with NVivo*. Sage Publications Limited.

Blair, J. P. (1995). *Local economic development: Analysis and practice.*

Sage, London.

Busser, R. (2008). 'Detroit of the east'? Industrial upgrading, Japanese car producers and the developmentof the automotive industry in Thailand. *Asia Pacific Business Review*, 14 (1), 29 – 45.

Carroll, M. C., Reid, N., & Smith, B. W. (2008). Location quotients versus spatial autocorrelation in identifying potential cluster regions. *The Annals of Regional Science*, 42 (2), 449 – 463.

China Automotive Technology Research Center & China Association of Auto Manufacturers, (2006 – 2015). China's Automotive Industry Yearbook 2005 – 2016. Beijing: China Statistical Press.

Chu, W. (2011). How the China's government promoted a global automotive industry. *Industrial and Corporate Change*, 20 (5), 1235 – 1276.

Coe, N. M., & Yeung, C. H. W. (2015). *Global production networks: Theorizing economic development in an interconnected world*. Oxford: Oxford University Press.

Cusumano, M. A. (1985). *The Japanese automotive industry*. Cambridge: MA: Harvard University Press.

Cusumano, M. A., & Takeishi, A. (1991). Supplier relations and management: A survey of Japanese, Japanese – transplant, and US auto plants. *Strategic Management Journal*, 12 (8), 563 – 588.

Debrand, J. M. P. (2014). The Role of Public Policies on the Development Path of the Auto Industry in Mexico and Thailand. *International Journal of Engineering and Industries*, 5 (4): 24 – 36.

Depner, H. 2003. Globale Produktionsnetze und Entwicklungsländer: Die Automobilindustrie in China [Global production networks and development countries: The case of the automotive industry in China]. *Praxis Geographie*, 33 (2): 22 – 25.

Depner, H., & Bathelt, H. (2005). Exporting the German model:

The establishment of a new automotive industry cluster in Shanghai. *Economic Geography*, 81 (1), 53 - 81.

Dicken, P. (1987). Japanese penetration of the European automotive industry: The arrival of Nissan in the United Kingdom. *Tijidschfift voor Economische en Sociale Geografie*, 78 (2), 94 - 107.

Dicken, P. (2003). *Global shift: Reshaping the global economic map in the 21st century*. Sage.

Dicken, P. (2007). *Global shift: Mapping the changing contours of the world economy*. SAGE Publications Ltd.

Dicken, P., Kelly, P. F., Olds, K., & Yeung, H. W. C. (2001). Chains and networks, territories and scales: Towards a relational framework for analysing the global economy. *Global Networks*, 1 (2), 89 - 112.

Doner, R. F., & Doner, R. F. (1991). *Driving a bargain: Automobile industrialization and Japanese firms in Southeast Asia* (Vol. 23). Univ of California Press.

Estall, R. C. (1985). Stock control in manufacturing: The Just - in - time system and its locational implications. *Area*, 17 (2), 129 - 133.

Frigant, V., & Lung, Y. (2002). Geographical proximityand supplying relationships in modular production. *International Journal of Urban and Regional Research*, 26 (4), 742 - 755.

Fujita, K. & Hill, R. C. (1995). Global Toyotaism and local development. *International Journal of Urban and Regional*, 19 (1), 7 - 22.

Gereffi, G. (2005). The global economy: Organization, governance, and development. In N. J. Smelser, & R. Swedborg (Eds.), *The handbook of economic sociology*, (*2nd ed.*) (pp. 160 - 182). Princeton: Princeton University Press.

Gereffi, G., Humphrey, J., &Sturgeon, T. (2005). The governance of global value chains. *Review of International Political Economy*, 12 (1): 78 - 104.

Gereffi, G. & Lee, J. (2016). Economic and social upgrading in global value chains and industrial clusters: Why governance Matters. *Journal of Business Ethics*, 133 (1), 25 -38.

Gereffi, G. & Korzeniewicz, M. (1994). *Commodity chains and global capitalism*. Westport, Conn.: Greenwood Press.

Guangzhou Statistical Bureau. (2006 -2017). *Guangzhou Statistical Yearbook* 2007 -2018. Beijing: China Statistical Press.

Hatani, F. (2010). Pre - clusterization in emerging markets: The Toyota group's entry process in China. In S. A. Horn, & A. R. Cross (Eds.), *Japanese multinationals in China* (pp. 83 - 101). London and New York: Routledge Taylor & Francis Group.

Harwit, E. (1995). *China's automotive industry: Policies, problems, and prospects*. M. E. Sharpe: Armonk, New York, London, England.

Hassler, M. (2009). Variations of value creation: Automobile manufacturing in Thailand. *Environment and Planning A*, 41 (9), 2232 -2247.

He, X. Y. (2011). Interaction between transnational corporations and local government on industry clusters in China: The case of the automotive industry. In A. Kuchiki, & M, Tsuji (Eds.), *Industrial clusters, upgrading and innovation in East Asia*. London: Palgrave Macmillan, 182 -218.

Henderson, J., Dicken, P., Hess, M., Coe, N., & Yeung, H. W. C. (2002). Global production networks and the analysis of economic development. *Review of international political economy*, 9 (3), 436 -464.

Hess, M. (2004). 'Spatial relationships?' Towards a reconceptualization of embeddedness. *Progress in Human Geography*, 28 (2), 1171 -1193.

Hill, R. C. (1989). Comparing transnational production systems: The automotive industry in the USA and Japan. *International Journal of Urban and Regional Research*, 13 (3), 462 -480.

Hinata, H. (2002). Guangzhou Honda Automobile Co., Ltd: Honda's

Entry into the China Car Market'. *INSEAD Case Study.*

Hoffman, K., & Kaplinsky, R. (1988). *Driving force: The global restructuring of technology, labour, and investment in the automobile and components industries.* Boulder, CO: Westview Press.

Humphrey, J. (2000). Assembler – supplier relations in the auto industry: Globalisation and national development. *Competition and Change*, 4 (3), 245 – 271.

Humphrey, J. (2003). Globalization and supply chain networks: The auto industry in Brazil and India. *Global Networks*, 3 (2), 121 – 141.

Humphrey, J., & Memodovic, O. (2003). The global automotive industry value chain: What prospects for upgrading by developing countries? *Sectoral Studies Series.* Vienna: United Nations Industrial Development Organization.

Humphrey, J., & Salerno, M. S. (2000). Globalisation and assembler – supplier relations: Brazil and India. In J. Humphrey, Y. Lecler, M. S. Slenerno (Eds), *Global strategies and local realities: The auto industry in emerging markets* (pp. 149 – 175). New York; Houndmills, Basingstoke.

Humphrey, J., & Schmitz, H. (2000). *Governance and upgrading: Linking industrial cluster and global value chain research.* IDS Working Paper 120. Brighton: Institute of Development Studies, University of Sussex.

Humphrey, J., & Schmitz, H. (2002). How does insertion in global value chains affect upgrading in industrial clusters? *Regional Studies*, 36 (9), 1017 – 1027.

Humphrey, J., & Schmitz, H. (2004). Chain governance and upgrading: Taking stock. In H. Schmitz (Ed.), *Local Enterprises in the Global Economy: Issues of Governance and Upgrading, Cheltenham* (pp. 349 – 381). UK: Edward Elgar.

Huang, H. (2014). *Constructing the global production networks: Devel-*

opment of the automotive industry in Changchun and Shenyang, China. Unpolished PhD thesis, Syracuse University.

Irawati, D. (2011). *Knowledge transfer in the automotive industry: Global – local production networks.* London and New York: Routledge.

Itami, H. (1985). The firm and the market in Japan. In L. Thurow (Ed.), *The management challenge: Japanese views* (pp. 69 – 81). Boston: The MIT Press.

Isaksen, A., & Kalsaas, B. T. (2009). Suppliers and strategies for upgrading in global productionnetworks: The case of a supplier to the global automotive industry in a high – cost location. *European Planning Studies*, 17 (4): 569 – 585.

Ivarsson, I., and Alvstam, C. G. (2005a). The effect of spatial proximity on technology transfer from TNCs to local suppliers in developing countries: The case of AB Volvo in Asia and Latin America. *Economic Geography*, 81 (1), 83 – 111.

Technology transfer from TNCs to local suppliers in developing countries: A study of AB Volvo's truck and bus plants in Brazil, China, India, and Mexico. *World Development*, 33 (8), 1325 – 1344.

Jing, N., & Cai, W. (2010). Analysis on the spatial distribution of logistics industry in the developed East Coast Area in China. *The Annals of Regional Science*, 45 (2), 331 – 350.

Johnson, R. B. (1997). Examining the validity structure of qualitative research. *Education*, 118 (2), 282.

Jones, P. N. & North J. (1991). Japanese motor industry transplants: The West European dimension. *Economic Geography*, 67 (2), 105 – 123.

Lecler, Y. (2002). The cluster role in the development of the Thai Car Industry. *International Journal of Urban and Regional Research*. 26 (4), 799 – 814.

Liao, H. (2007). Industrial cluster of Taiwanese electronics firms in Dongguan, China. *Hong Kong University Dissertation*.

Liu, W. D, & Dicken, P. (2006). Transnational corporations and 'obligated embeddedness': Foreign direct investment in China's automotive industry. *Environment and Planning A*, 38 (7), 1229 - 1247.

Liu, Y. (2017). The dynamics of local upgrading in globalizing latecomer regions: a geographical analysis. *Regional Studies*, 51 (6), 880 - 893.

JAMA (Japan Automobile Manufacturers Association) (2015). *Overview of Japanese Automobile Manufacturers' Operations in China*. (Tokyo: JAMA).

JAMA (Japan Automobile Manufacturers Association) (2017). *Driving Growth towards the Future*. (Tokyo: JAMA).

Kaneko, J. & Nojiri, W. (2008). The logistics of Just - in - Time between parts suppliers and car assemblers in Japan. *Journal of Transport Geography*, 16 (3), 155 - 173.

Kuchiki, A. (2005). A Flowchart Approach. In A. Kuchiki, & M. Tsuji (Eds.). *Industrial clusters in Asia: Analyses of their competition and cooperation* (pp. 169 - 199). New York; Basingstoke [England]; Palgrave Macmillan.

Kuchiki, A., & Tsukada, H. (2008). Flowchat approach to industrial cluster policy: Guangzhou's automotive industry cluster. In A. Kuchiki, & T. Masatsugu (Eds.), *The flowchart approach to industrial cluster policy* (pp. 41 - 70). New York; Basingstoke [England]: Palgrave Macmillan/Ide - Jetro.

MacKinnon, D. (2011). Beyond strategic coupling: reassessing the firm - region nexus in global production networks. *Journal of Economic Geography*, 12 (1), 227 - 245.

Mair, A., Florida, R., & Kenney, M. (1988). The new geography of automobile production. *Economic Geography*. 64 (4), 352 - 373.

Maruhashi, H. (1995) "Japanese Subcontracting System in Thailand: A Case Study of the Thai Automotive industry", Unpublished Master's Thesis, Faculty of Economics, Thammasat University, Bangkok: Thailand.

Memedovic, O. (2007). Presentation Prepared for the UNCTAD Expert Group Meeting on Enhancing the Participation of Small and Medium - Sized Enterprises into Global Value Chins.

National Bureau of Statistics. (2009). China's Statistical Yearbook 2009. Beijing: China Statistical Press.

Nemoto, T., Hayashi, K. & Hashimoto, M. (2010). Milk - Run logistics by Japanese automobile manufacturers in Thailand. *Procedia Social and Behavioral Sciences*, 2 (3), 5980 - 5989.

Okada, A., & Siddharthan, N. S. (2008). Industrial Clusters in India: Evidence from Automobile Clusters in. Chennai and the National Capital Region. In A. Kuchiki, & T. Masatsugu (Eds.), *The flowchart approach to industrial cluster policy* (pp. 109 - 144). New York; Basingstoke [England]; Palgrave Macmillan/Ide - Jetro.

Okamuro, H. (1995). Changing subcontracting relations and risk - sharing in Japan: an econometric analysis of the automotive industry. *Hitotsubashi journal of economics*, 207 - 218.

OICA (International Organization of Motor Vehicle Manufacturers). (2010 ~ 2014). *Production statistics*. Accessed Jan 20, 2017, from http: //www.oica.net/category/production - statistics/.

Özatağan, G. (2011). Dynamics of value chain governance: Increasing supplier competence and changing power relations in the periphery of automotive production - evidence from Bursa, Turkey. *European Planning Studies*, 19 (1), 77 - 95.

Pallares - Barbera, M. (1998). Changing production systems: The automotive industry in Spain. *Economic Geography*, 74 (4), 344 - 359.

Pavlínek, P. (2015). Foreign direct investment and the development of the automotive industry in Central and Eastern Europe. In B., Galgóczi, J., Drahokoupil, & M., Bernaciak (Eds.). *Foreign investment in Eastern and*

Southern Europe after 2008: *Still a lever of growth* (pp. 209 – 255)? Brussels: ETUI.

Pavlínek, P. (2018). Global production networks, foreign direct investment, and supplier linkages in the integrated peripheries of the automotive industry. *Economic Geography*, 94 (2), 141 – 165.

Pavlínek, P., Domański, B., & Guzik, R. (2009). Industrial upgrading through foreign direct investment in Central European automotive manufacturing. *European Urban and Regional Studies*, 16 (1), 43 – 63.

Pavlínek, P., & Janák, L. (2007). Regional restructuring of the Škoda auto supplier network in the Czech Republic. *European urban and regional studies*, 14 (2), 133 – 155.

Pavlínek, P. & Zénka, J. (2011). Upgrading in the automotive industry: Firm – level evidence from Central Europe. *Journal of Economic Geography*, 11 (3), 559 – 586.

Pavlínek, P. & Žížalová, P. (2014). Linkages andspill – overs in global production networks: Firm – level analysis of the Czech automotive industry. *Journal of Economic Geography*, 16 (2), 331 – 363.

Patel, P. & Vega, M. (1999). Patterns of internationalization of corporate technology: location vs. home country advantages. *Res Policy*, 28 (2 – 3): 145 – 155.

Poapongsakorn, N. & Techakanont, K. (2008). The development of automotive industry clusters and production networks in Thailand. In I. Kuroiwa, & T. M. Heng (Eds.), *Production networks and industrial clusters: Integrating economies in Southeast Asia* (pp. 196 – 256). ISEAS / IDE – JETRO.

Porter, M. E. (1998). Clusters and the new economics of competition. *Harvard Business Review*, 76 (6), 77 – 90.

Reid, N. (1995). Just – in – time inventory control and the economic integration of Japanese – owned manufacturing plants with county, state and national economies of the United States. *Regional Studies*, 29 (4), 345 - 355.

Reid, N. (1990). Spatial patterns of Japanese investment in the US automotive industry. *Industrial Relations Journal*, 21 (1), 49 - 59.

Rugraff, E. (2010). Foreign direct investment (FDI) and supplier - oriented upgrading in the Czech motor vehicle industry. *Regional Studies*, 44 (5), 627 - 638.

Rutherford, T. D. (2000). Re - embedding, Japanese investment and the restructuring buyer - supplier relations in the Canadian automotive components industry during the 1990s. *Regional Studies*, 34 (8): 739 - 751.

Rutherford, T., & Holmes, J. (2008). The flea on the tail of the dog': Power in global production networks and the restructuring of Canadian automotive clusters. *Journal of Economic Geography*, 8 (4), 519 - 544.

Sako, M. (2004). Supplier development at Honda, Nissan and Toyota: comparative case studies of organizational capability enhancement. *Industrial and corporate change*, 13 (2), 281 - 308.

Sato, Y. (1982). *Small business in Japanese economy*. Tokyo: The Japan Foundation.

Schmid, S., & Grosche, P. (2008). Managing the International Value Chain in the Automotive Industry. *Bertelsmann Stiftung*.

Sheard, P. (1983). Auto - production systems in Japan: Organizational and locational features. *Australian Geographical Studies*, 21 (1), 49 - 68.

Shimokawa, K. (2010). *Japan and the global automotive industry*. Cambridge University Press.

Smika, M. J. (1991). Competitive Ties: Subcontracting in Japanese Automotive industry. *New York: Columbia*.

Stimson, R. J., Stough, R. R., & Roberts, B. H. (2006). *Regional economic development: analysis and planning strategy*. Springer Science & Business Media.

Sit, V. F. S., & Liu, W. (2000). Restructuring and spatial change of China's auto industry under institutional reform and globalization. *Annals of the Association of American Geographers*, 90 (4), 653 – 673.

Sturgeon, T. J., Biesebroeck, V. J., & Gereffi, G. (2008). Value chains, networks and clusters: Reframing the global automotive industry. *Journal of Economic Geography*, 8 (4), 297 – 321.

Sturgeon, T. J., Memedovic, O., Biesebroeck, J. V., & Gereffi, G. (2009). Globalisation of the automotive industry: Main features and trends. *International Journal of Technological Learning, Innovation and Development*, 2 (1/2), 7 – 24.

Sturgeon, T. J. & Lester, R. K. (2004). The new global supply – base: New challenges for local suppliers in East Asia. In Y., Shahid, A., Anjum, & K., Nabeshima. (Eds.), *Global production networking and technological change in East Asia* (pp. 35 – 89). The World Bank and Oxford University Press, Washington, DC.

Sturgeon, T. J. & Van Biesebroeck, J. (2010). *Effects of the crisis on the automotive industry in developing countries: a global value chain perspective*. The World Bank.

Sturgeon, T., Daly, J., Frederick, S., Bamber, P., & Gereffi, G. (2016). The Philippines in the Automotive Global Value Chain.

Sun, P., Mellahi, K., & Thun, E. (2010). The dynamic value of MNE political embeddedness: The case of the China's automotive industry. *Journal of International Business Studies*, 41 (7), 1161 – 1182.

Sung Chun Jung (2008), 'Korean Automotive industry's Production Network in China', in Ariff, M. (ed.), *Analyses of Industrial Agglomeration, Production Networks and FDI Promotion*, ERIA Research Project Report 2007 – 3, Chiba: IDE – JETRO, pp. 331 – 367.

Techakanont, K. (2008). *The evolution of automotive clusters and global production network in Thailand*. Disussion Paper No. 0006. Faculty of economic, Tammasat University, Bangkok.

Terdudomtham, T., Techakanont, K., & Charoenporn, P. (2002). The changes in the automotive industry in Thailand. In H., Horaguchi, & K., Shimokawa (Eds.), *Japanese foreign direct investment and the East Asian industrial system* (pp. 203 – 224). Springer.

The State Council (1994), *Automotive Industry Development Policy*. The State Council.

Thun, E. (2004). Industrial policy, China's – style: FDI, regulation, and dreams of national champions in the auto sector. *Journal of East Asian Studies*, 4 (3), 453 – 489.

Thun, E. (2006a). *Changing lanes in China: Foreign direct investment, local governments, and auto sector development*. Cambridge; New York: Cambridge University Press.

Thun, E. (2006b). Going local: Foreign investment, local development, and the China's Auto sector. In J., Carrillo, Y. Lung, & R. V., Tulder (Eds.), *Cars, carriers of regionalism* (pp. 233 – 246). GERPISA.

UNCTAD. (2001). *World investment report: Promoting linkages*. New York and Geneva: United Nations.

UNCTAD. (2005). *World Investment Report: Transnational Corporations and the Internationalization of R&D*. New York: United Nations Conference on Trade and Development).

Van Tulder, R., & Ruigrok, W. (1998). *European cross – national production networks in the auto industry: Eastern Europe as the low end of European car complex*.

Wad, P., & Govindaraju, V. C. (2011). Automotive industry in Malaysia: an assessment of its development. International Journal of Automotive Technology and Management, 11 (2), 152 – 171.

Wang, H. (2014). *Constructing the global production networks: Development of the automotive industry in Changchun and Shenyang, China.* Unpublished PhD thesis, Syracuse University, America.

Welsh, E. (2002). *Dealing with data: Using NVivo in the qualitative data analysis process.* In Forum Qualitative Sozialforschung/Forum: Qualitative Social Research (Vol. 3, No. 2).

Wilhelm, M., & Sydow, J. (2018). Managing Coopetition in Supplier Networks – A Paradox Perspective. *Journal of Supply Chain Management.*

Womack, J. P., Jones, D. T., & Roos, D. (1990). *The machine that changed the world.* New York: Rawson Associates.

Yang, C. (2017). The rise of strategic partner firms and reconfigured personal computer production networks in China: Insights from theemerging laptop cluster in Chongqing. *Geoforum*, 84, 21 – 31.

Yang, C., & Liao, H. (2010). Industrial agglomeration of Hong Kong and Taiwanese manufacturing investment in China: a town – level analysis in Dongguan. *The Annals of Regional Science*, 45 (3), 487 – 517.

Yao, B. H. & Han, J. Q. (2008). *Witness the Guangzhou Auto Decade.* Guangdong People's Publishing House. (In China).

Yeung, H. W. C. (2005). The firm as social networks: An organizational perspective. *Growth and Change*, 36 (3), 307 – 328.

Zysman, J., Doherty, E., & Schwartz, A. (1996). Tales from the 'Global' Economy: Cross National Production Networks and the Re – organization of the European Economy.

后记

本书是在香港浸会大学攻读研究型硕士学位的硕士论文基础上完成的，我要向帮助过我的人们致以诚挚的感谢，感谢我的老师、同学、同事和朋友们！

首先，深深地感激杨春教授，我的硕士导师。她指导了我的整个研究过程，她严肃、勤奋而认真的学术态度和严谨的学术思维，给我的本次研究提供了无尽的帮助。

其次，感谢李思明教授对本论文的评论和建议。

第三，感谢新加坡国立大学的 Neil COE 教授和 Henry YANG 教授，他们非常认真地回答了我研究过程中遇到的许多问题，开拓了我的思路，使我对全球生产网络（GPN）2.0 理论有了深刻的理解，并将全球生产网络（GPN）2.0 理论应用于本书的理论指导。

第四，感谢那些为本书提供数据的人们，因为原始数据的收集是研究中非常重要和艰难的过程。尤其要感谢那些不厌其烦地回答我无尽问题的人，特别是广东省汽车行业协会的罗忠宁秘书长，没有他们的帮助，我无法进行此项研究工作。

第五，感谢我的领导和同事，没有他们的支持，我无法正常完成学业。特别感谢巫细波副研究员，他为我提供了宝贵的数据并给了我很大鼓励。

最后，感谢所有对本书撰写和出版过程中提供过建议和帮助的人，尤其是广州国家中心城市研究基地的资金资助和孙琛编辑的辛苦工作。

1 INTRODUCTION

1.1 Background

Since the late 1980s, Foreign Direct Investment (FDI) from the Multinational Corporations (MNCs) has been considered as a crucial factor for economic development in less developed countries (LDCs) (Pavlínek, 2015). At the forefront of an FDI-driven industry strategy, the MNCs of the automotive industry have experienced global reorganization in LDCs with large market potential such as China (Liu & Dicken, 2006), India (Okada & Siddharthan, 2008), Brazil (Humphrey, 2003), or areas with integrated peripheries such as Spain (Pallares-Barbera, 1998), Mexico (Debrand, 2014), and Central Europe (CE, including The Czech Republic, Hungary, Poland, and Slovakia) (Pavlínek, 2015), or export production bases such as ASEAN countries. In 2017, China, India, Mexico, Spain, and Brazil ranked numbers one, five, seven, eight, and nine, respectively in vehicle production (www. OICA. net). The automotive industry has become one of the most globalized industries in the world (Dicken, 2007).

A "build where they sell" strategy of automotive lead firms[①] has encouraged

① Lead firms in the automotive industry, known as "automakers or original equipment manufacturers, carry out most aspects of product design, the production of most engines and transmissions and nearly all vehicle assembly within their own facilities. They are large employers, traders and innovators. They have substantial coordination and buying power in the chain." (Sturgeon et al., 2009, p. 17).

the wide dispersion of final assembly, from Global North to Global South in light of market saturation in Global North, high levels of motorization, low production cost and political pressure in Global South (Sturgeon, Memedovic, Biesebroeck & Gereffi, 2009). In 2006, there were only 11 automotive lead firms in the world: General Motors (G. M.), Toyota, Ford, Volkswagen (VW), Honda, Peugeot Société Anonyme (PSA), Nissan, Chrysler, Hyundai, Renault and Fiat (Sturgeon et al., 2009). Following the merger of Fiat and Chrysler in 2014, the number of automotive lead firms was reduced to 10. When these lead firms invested in host regions, they continuously reconfigured their production networks through establishing production facilities involving assemblers, engines, and R&D centres with their follow-source suppliers and intermediaries (Humphrey, 2003; Ivarsson & Alvstam, 2005b).

This phenomenon has garnered great attention from many academics because the reconfigured production networks can directly create possibilities to enhance value for economic development (Henderson, Dicken, Hess, Coe, & Yeung, 2002; Gereffi, Humphrey & Sturgeon, 2005). However, the different characteristics of the temporal process and spatial organization of the various automotive lead firms-led reconfigured production networks were overlooked, which dynamically illustrates the diverse local economic development. Moreover, the recent efforts on the entry mode of automotive lead firms has transformed from static strategic coupling to evolutionary strategic coupling; from "decoupling", "coupling" to "recoupling" due to low cost, such as in integrated periphery markets (Pavlínek, 2015) or export production base (Poapongsakorn & Techakanont, 2008). However, little attention has been paid to the evolutionary strategic coupling of various automotive lead firms in imperative markets such as China, which can explore the different characteristics of the entry mode of various automotive lead firms.

Additionally, the underlying dynamics behind the formation and organization of these reconfigured production networks led by various lead firms have emphasised the role of the automotive lead firms or local government and their organization with follow-source suppliers. However, the literature tends to underplay the power of lead firms and is primarily focused on the firm-centred level of analysis while ignoring extra-firm dynamics such as different lead firms interplaying with governments at various levels in host regions and intra-firm dynamics such as assemblers, R&D centres, and engines of lead firms.

The contemporary "strategies" concept of GPN2.0 theory has been a useful tool in understanding (reconfigured) global production networks because it emphasizes the power of lead firms and extra-firm in reconfigured production networks (Coe & Yeung, 2015). Additionally, the GPN 2.0 theory emphasizes the power of lead firms and lead firm-centric patterns of global production networks (ibid). To date, this innovative concept has not been applied to the explanation of the underlying dynamics of the evolutionary strategic coupling between various lead firms and local assets and the different levels of state and the intra-firm coordination of various lead firms in host regions. Accordingly, the effects of which on the reconfigured, global production networks remain in the "black box".

This book attempts to explore the differentformations and organization of reconfiguration production networks led by various lead firms, particularly the organization with their suppliers and their underlying dynamics, by employing the "strategies" concept of GPN 2.0 theory in China. The strategic coupling of global automotive lead-firms with local assets as led by joint venture regulations between such firms and the state help establish production facilities involving assemblers, engines, and R&D centres with their follow-source suppliers and intermediaries (Liu & Dicken, 2006). Some academics observed this phenomenon and examined the strategic coupling of lead firms and local assets such as VW in Shanghai (Depner & Bathelt, 2005), Hyundai in Beijing (Sung, 2008), and Honda in Guangzhou (Liu, 2017) and the governance between lead firms and their follow-source suppliers. However, their literature downplays: (1) the evolutionary strategic coupling of lead firms and local assets in the reconfigured production networks led by various Japanese automotive lead firms such as Honda, Nissan, and Toyota; (2) the different characteristics of the formation and organization of the three Japanese automotive lead firms, particularly their relationship with their suppliers and their underlying dynamics in China.

Japanese automotive production networks led by lead firms are the most competitive in the world in terms of the "Just-in-time" (JIT) delivery system and vertical *keiretsu* organization (Sato, 1982; Sheard, 1983). First, when Japanese automotive lead firms invested overseas, they tended to reconfigure their organization of production networks in host regions with their follow-source suppliers (Cusumano & Takeishi, 1991). Second, the Japanese automotive industry is one of the largest in the world with rich investment experience overseas-beginning with overseas investment since the 1960s in ASEAN countries and (since the 1980s) in Western Europe and North America (JAMA, 2017). Third, Japanese reconfigured production networks have been formed in China involving three lead firms (assemblers, engines factories, and R&D centres), suppliers and intermediaries (JAMA, 2015), and triggering local automotive industry development (Liu, 2017).

Guangzhou is the only city that has three Japanese reconfigured production networks led by Toyota, Honda, and Nissan in the eastern, northern and southern Guangzhou with approximately 190 follow-source suppliers and intermediaries comprising of three auto industry agglomeration areas. It has become the biggest Japanese automotive production base in China. The number of Japanese cars produced in Guangzhou has exceeded 50% of China's production since 2011. Therefore, three Japanese reconfigured, global production networks have raised a series of questions. Why did the three Japanese automotive lead firms all couple with Guangzhou's assets in different districts? What are the similarities and differences of the characteristics of the dynamic temporal process and spatial organization of these three Japanese reconfigured production networks by Toyota, Honda and Nissan? How did the similarities and differences of these three Japanese organizations transform? What are the implications of the gathering of Japanese reconfigured, global production networks held for the upgrading of the local automotive industry in Guangzhou? All of these questions have to be answered in order to achieve a comprehensive understanding of Japanese reconfigured production networks in Guangzhou and Guangzhou's automotive sustainable development.

With this in mind, this book will take Guangzhou as the case study area, and examine the characteristics of the temporal process and spatial organization of automotive reconfigured production networks led by Japanese automotive lead firms, and will also to observe the different characteristics led by Toyota, Honda, and Nissan through the "strategies" concept, particularly "extra-firm bargaining strategy and "inter-firm" partnership strategy" of GPN 2.0 theory in Guangzhou, China.

1.2 Research Scope

The main objective of this book is to explore the temporal process and spatial organization of reconfigured automotive production networks led by Japanese automotive lead firms, particularly the organization with suppliers and their underlying dynamics in Guangzhou, China. To this end, the time period is confined to the period from 1991 to the present, based on the list of auto components and parts enterprises in Guangzhou. The earliest Japanese firms registered there in 1991. Additionally, the earliest Japanese lead firm, Honda, arrived in Guangzhou in 1997. Therefore, the period from 1991 to the present can represent the overall development trajectory of Japanese automotive reconfigured production networks in Guangzhou.

This book focuses on Guangzhou, the only city in China with automotive reconfigured production networks led by three Japanese automotive lead firms such as Honda, Toyota, and Nissan. Their follow-source suppliers and intermediaries also distribute in other cities of China such as Beijing, Shanghai, Wuhan and even the surrounding areas such as Foshan, Zhaoqing and Zhongshan (JAMA, 2015). However, This book focuses primarily on the follow-source suppliers in Guangzhou. Some important follow-source suppliers and intermediaries in other cities will be mentioned when relevant to.

1.3 Research Significance

Based on the case study of the temporal process and spatial organization of Japanese automotive investment, this book sseeks to acquire present evidence regarding the characteristics of lead firm-led, reconfigured production networks and aims to contribute to our understanding of the determinants of such in LDCs. This case study also aims to add the current body of work on the distinctive temporal process and spatial organization of Japanese automotive investment in China.

Further, the book saims to advance our academic understanding of the characteristics of LCDs' participation in the reconfigured automotive global production networks and to provide some policy suggestions concerning lead firms' FDI and reconfigured production networks. Additionally, it evaluates the applicability of GPN 2.0 theory to elucidate the temporal process and spatial organization of reconfigured automotive production networks led by various lead firms with a particular focus on the concept of "extra-firm bargaining strategy, inter-firm partnership strategy and intra-firm coordination strategy".

1.4 Research Structure

This book is organized into six chapters. This chapter introduces the background, scope, significance and structure of the book. This is followed by a review of existing literature relating to automotive FDI and global automotive production networks, dynamics, reconfiguration, and organization in the field. This is followed by a critical review of recent theoretical insights into the determinants of global automotive production networks, dynamics, reconfiguration and organization. This will be followed by a discussion of the limitations of a global value chains (GVCs) approach and the "embeddedness" concept of the GPN 1.0 approach. The more applicable "strategies" concept of GPN 2.0 theory will also be pursued. The final sectionof chaptertwo presents an empirical analysis of the transition of reconfigured production networks led by Japanese automotive lead firms in Guangzhou, China.

The third chapter presents the data andmethodology. It begins with a workable analytical framework built upon the "strategies" concept of GPN2.0 theory that will guide the empirical analysis in the following chapters. Such a conceptualization aids a comprehensive understanding of the reconfigured production networks led by Japanese automotive lead firms beyond previous empirical studies, with their singular focus on local government. The chapter then continues by justifying the subject-choice of the Japanese automotive industry in Guangzhou. This book primarily utilizes firm-level data and semi-structured, in-depth interviews to examine the temporal process and spatial organization of reconfigured production networks led by the three Japanese automotive lead firms in Guangzhou. Accordingly, quantitative and qualitative methods are employed to analysethe subject-data. With respect to the quantitative analysis, a variety of techniques are utilized, including: the Location Quotient (LQ) index, Global Moran's index, and Geographic Information System (GIS) analysis. Such will enhance our understanding of the temporal process and spatial organization of Japanese automotive firms within Guangzhou pertaining to the specific firm-level data of Japanese automotive firms. Qualitative analysis helps us to codify semi-structured, in-depth interviews focusing on the underlying dynamics of the temporal process and spatial organization of Japanese automotive investment in Guangzhou.

Chapter Four elaborates in detail the temporal process of reconfigured production networks formation led by Japanese automotive lead firms, with their intra-firm assemblies, engines, and R&D centres, and their inter-firmsuppliers and intermediaries, with particular emphasis on the linkages with their follow-source suppliers in Guangzhou. It firstly associates the temporal process of Japanese automotive firms' investment. This is followed by an interpretation of the temporal process employed using the "strategies" concept of GPN 2.0 theory, particularly intra-firm coordination strategy, extra-firm bargaining strategy and inter-firm partnership strategy. In the third section, the characteristics of the temporal process of reconfigured production networks formation led by the three Japanese automotive lead firms are examined respectively for their similarities and differences.

Chapter Five explores the spatial organization of Japanese automotive investment and the organization of production networks in Guangzhou. It firstly explores the pattern of organization between Japanese automotive lead firms and their suppliers in Guangzhou relating to "exclusive networks" of organization with Japanese suppliers and the weaker ties with local suppliers. Here the most exclusive network is identified as Toyota, followed by Honda and Nissan. The close inter-firm supply linkages between Japanese automotive firms has manifested this spatially and helped to shape a tripartite confrontation of investment in Guangzhou in terms of firm-size distribution, co-location attributes, spatial autocorrelation, and agglomeration characteristics. The third section of this chapter utilizes the threefold "strategies" concept of GPN2.0 theory to explore the underlying forces and factors behind the Japanese "exclusive network" relating to Guangzhou and explores its effects on local suppliers.

The final chapter presents a summary of the main findings of the book and provides an overview of the major theoretical and practical contributions to the field. It will also report any limitations of the book. It is hoped that the information provided will help direct future research into automotive investment by lead firms in terms of the reconfigured production networks.

2 LITERAURE REVIEW

2.1 Introduction

Automotive FDI is used to rebuild their production networks as a result of government intervention in host regions. The temporal process and special organization of the reconfigured production networks directly affect the development of the local automotive industry. Therefore, that of reconfiguration characteristics and dynamics have received great attention from many scholars and local governments. In China, since the 1990s, an amount of automotive FDI has promoted the reconfigured automotive production networks. Some research on the temporal process and spacial organization of reconfigured production networks led by the automotive lead firms has emerged. However, there are few comparative studies on that led by different leading enterprises both at home and abroad. Moreover, the limitations of the adopted theory lead to incomplete analysis of dynamics.

Against this backdrop, this chapter begins with a literature review pertaining to automotive FDI due to market imperative dynamics and the reconfigured automotive production networks. This is followed by a discussion on the existing theoretical perspectives on the formation and determinants of the organizational structure between lead firms and follow-source suppliers in reconfigured production networks. Special attention is here paid to the recent "governance" concept of GVCs approach that examines the organizational structure between lead firms and suppliers, and the "embeddedness" of the GPN 1.0 approach that focuses on the local governments, as well as their limitations. After introducing a more applicable "strategies" concept of GPN 2.0 theory, the chapter moves on to assess the previous empirical studies of this research object——the reconfigured production networks led by Japanese automotive lead firms in China to find what needs to study.

2.2 Automotive FDI and Global Automotive Production Networks: Dynamics, Reconfiguration and Organization

2.2.1 Automotive FDI and Market Imperative Dynamics

Automotive FDI is different from other industrial FDI because the automotive industry has four distinctive characteristics. First, it is a concentrated space with an "…extremely concentrated firm structure: a small number of giant companies exerting an extraordinary amount of power over smaller firms. Eleven lead firms from three countries, Japan, Germany and the USA, dominate production in the main markets" (Sturgeon et al., 2009, p. 9). Second, there are geographic considerations with "final vehicle assembly, and by extension, parts production … largely been kept close to end markets because of political sensitivities" (ibid). Third, it has a "strong regional structure. Although the automotive industry has become more integrated globally since the mid-1980s, it has also developed strong regional-scale patterns of integration" (ibid). Four, it is specialized with "few fully generic parts or subsystems that can be used in a wide variety of end products without extensive customization" (ibid). Generally speaking, automotive investment is a kind of foreign direct investment in the establishment of production networks in host regions, which is led and driven by lead firms.

The major dynamics of automotive FDI can be considered as "market imperatives" and "low cost" of host regions (Sturgeon et al., 2009; Pavlínek, 2015). Among these two factors, the market imperative is more important because it determines the automotive FDI. According to the size and distance of the destination market, the LDCs can be classified into two types. One is the LDCs with large market potential such as Brazil, Russia, India and China (Pavlínek, 2015), often referred to as "BRIC program" by firms such as Toyota (Shimokawa, 2010). Liu and Dicken (2007) found that all the lead firms in the world invested and establishedreconfigured production networks in China because they noticed the huge car market demand in China. The other is those LDCs near to integrated periphery markets such as Mexico, Spain and Central Europe with low cost (Pavlínek, 2015). Additionally, smaller developing countries are mainly excluded from the market, unless their role in regional production is important due to low cost, such as South Africa and Thailand (Sturgeon et al., 2009).

2.2.2 Reconfigured, Global Automotive Production Networks

(1) Automotive Lead Firm-led Configuration of Production Networks in home countries

The automotive industry has been the focus of GVCs for decades as it is a typical producer-driven chain (Sturgeon et al., 2009). Memedovic (2007) conceptualized a simple automotive value chain that placed emphasis on the organization between lead firms and suppliers with the design, distribution, sales, and even after sales service activities (Figure 2 – 1). However, the work ignored the role of extra-firms, such as local state who have an active role in the designating the policies of automotive industry. Additionally, the role of lead firms was also downplayed by the work.

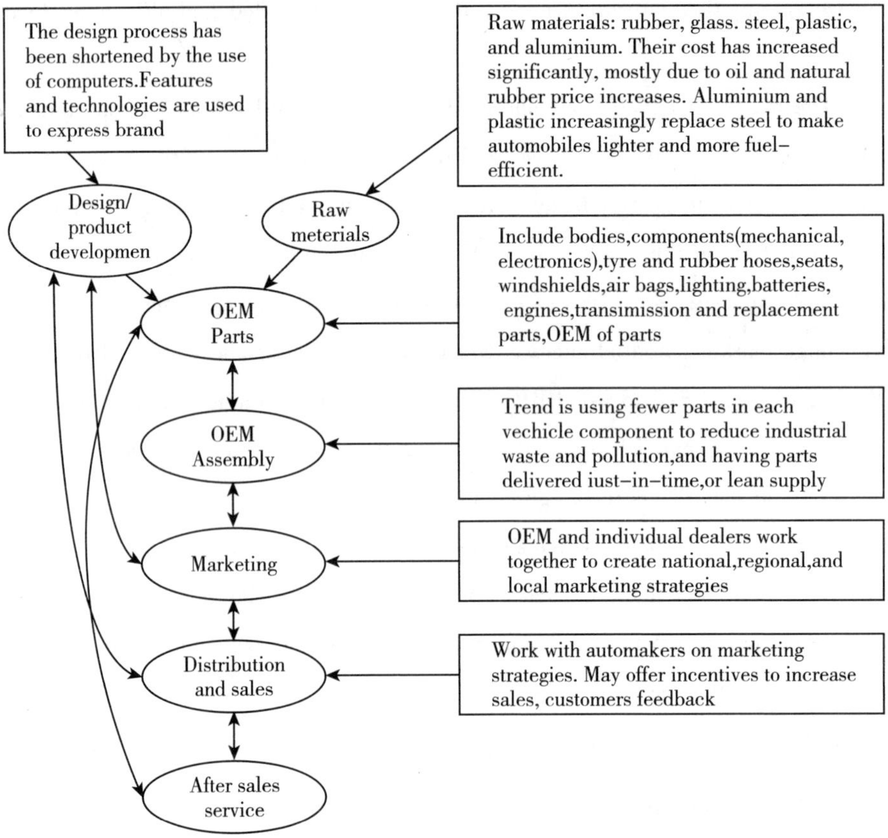

Figure 2 - 1 A simple automotive value chain

Source: Memedovic (2007).

Focusing on the geographical aspects of global integration and the design, assembly and supply-chain organization in the automotive industry, Sturgeon et al. (2009) proposed a classic "nested" model in his conceptualization (Figure 2 - 2). As with Memedovic (2007), the roles of local state and lead firms have been ignored.

However, in GPN2.0 theory, Coe and Yeung (2015) proposed two models of configuration of production networks involving extra-firms dynamics. One was a "strategic partnership model" and the other was a "lead firm-centric model".

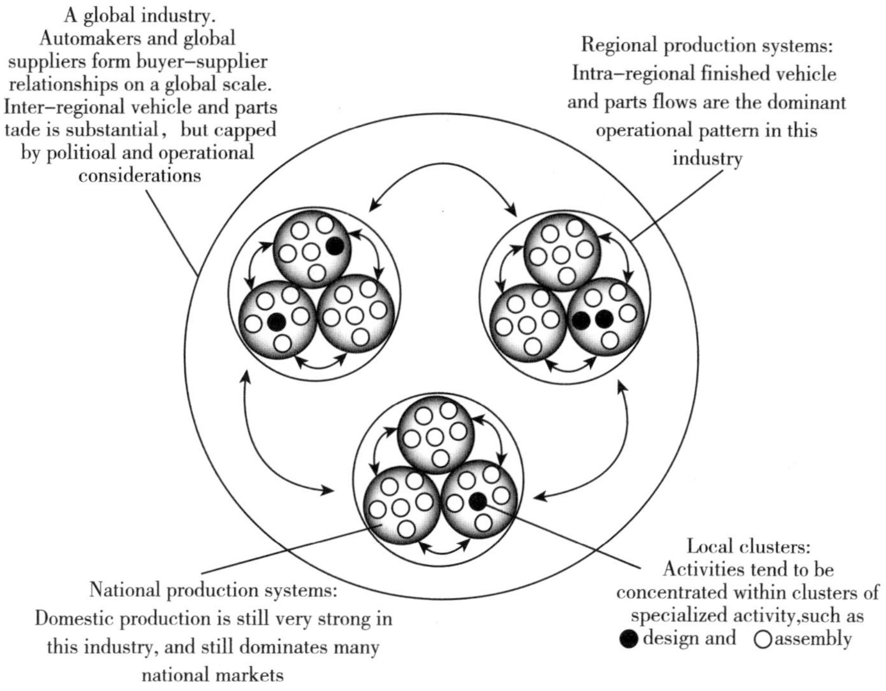

Figure 2 – 2 Nested geographic and organizational structure of the automotive industry

Source: Sturgeon et al. (2009)

The configuration of automotive production networks was a typical "lead firm-centric" model conveying the organization of global production networks. In this configura-tion, lead firms are seen to dominate and hold influence within production networks (Figure 2 – 3). They were subject to lobbying and other interventions from state and non-state actors. The lead firm-centric model prioritizes the role of specialized suppliers and key customers.

Coe and Yeung (2015) contended that in automotive lead firm-centric model, "a specialized supplier of core components or services possibly take up the role of a strategic partner through firm-specific initiatives or industry-wide transformations. This dynamic evolution can lead to a reconfigured, global production

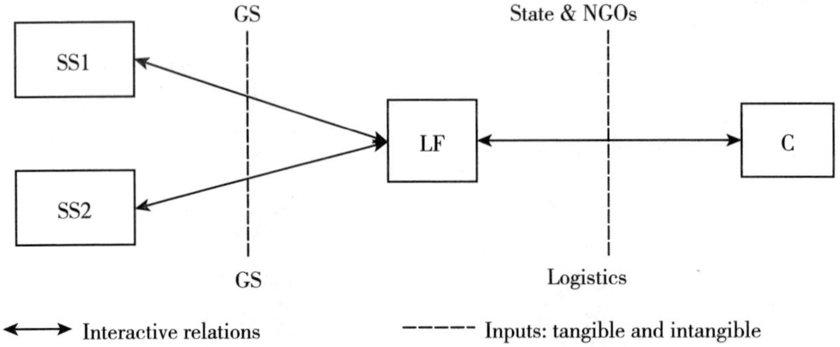

Figure 2 – 3 lead firm-centric model of organizational configurations

Note: LF: lead firm; C = customer; SS = specialized suppliers; GS = generic supplier

Source: Coe and Yeung (2015, p. 60).

network form a lead firm- centric model to a strategic partner-centric model (p. 61)." Moreover, Yang (2017) argued that in the laptop computer industry, the power dynamics of global production networks had changed from lead fims to strategic partner firms such as Foxconn. However, in automotive industry, it is nearly impossible for such a transformation to happen (from the lead firm-centric model into strategic partnership model).

Actually, automotive global suppliers have emerged (Sturgeon & Lester, 2004) or the role of automotive large suppliers have increased (Sturgeon et al., 2011). Eleven automotive components and parts suppliers grew up into World Top 500 such as Bosch, Continental, Denso, ZF Friedrichshafen, Johnson Controls, Magna, Mobis, Aisin Seiki, Bridgestone and Michelin although their ranking lagged behind their lead firms. However, these giant automotive suppliers only can supply some core components and parts for their lead firms, while they cannot be a total solution provider similar to Foxconn or Li & Fung. That is because they only can play the role as a specialized supplier. Their lead firms or other suppliers will not follow these component and part giants investing in host regions. Therefore, the configuration of automotive industry should always be lead firm-centric model.

Coe and Yeung (2015) further theorised that multiple lead firms and other firms involved in GPN 2.0 theory could form an entire industry composed of multiple global production networks and localized firms (see Figure 2-4a). Within the same industry, specialized suppliers often provided manufacturing to multiple lead firms, which could be conceptualized as intra-industry intersection of multiple global production networks (see Figure 2-4b). "Denson", for example, provided products for both Toyota and Honda.

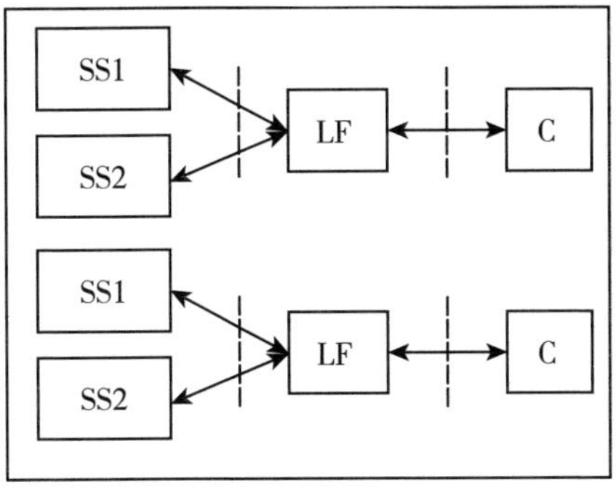

(a) Formation of an industry

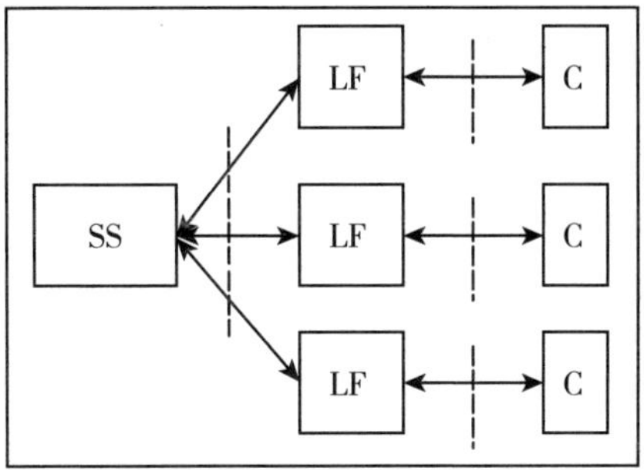

(b) A common specialized supplier

Figure 2-4 Multiple global production networks: industry and intra-industry intersection

Note: LF: lead firm; C = customer; SS = specialized suppliers; GS = generic supplier

Source: Coe and Yeung (2015, p. 63).

It is reasonable to consider the lead firm-centric model involving extra-firms formulated by Coe and Yeung (2015) as a suitable model to explore the underlying dynamics of the formation and organiation of automotive reconfigured production networks due to the leading role of automotive lead firms and the crucial role of extra-firms, such as local governments.

(2) Automotive Lead Firm-led Reconfigured Production Networks in Host Regions

Even as automotive lead firms invested in LDCs, their final vehicle assembly centres were generally geographically close to their host markets owing to political sensitivities. Similarly, suppliers also followed this trend adjacent to their assembly plants in host regions (Sturgeon et al., 2011; Liu & Dicken, 2006). Recently, R&D centres have been built in the large market potential of LDCs according to the regulations of local states, such as China or the intra-firm strategy of automotive lead firms, although R&D activity is one of the least internationalized organizations of MNCs (Patel & Vega, 1991; UNCTAD, 2005). In doing so, the automotive lead firm-led production networks in home countries largely reconfigured in host regions as Figure 2 – 3. Sometimes, several automotive lead firms have invested and formed their reconfigured production network respectively in some host regions. Accordingly, the automotive industry has been formed (See Figure 2.4). For example, three Japanese automotive lead firms have invested in Guangzhou, where they have formed their reconfigured production network respectively. The automotive industry has been the first pillar industry in Guangzhou for 10 years.

More specifically, the follow-source suppliers showed a strong tendency to co-locate or cluster around assembly plants due to the agglomeration benefits of such (Frigant & Lung, 2002; Pavlínek & Ženka, 2010; Sturgeon, Biesebroeck & Gereffi, 2008). Such spatial proximity played an important role in modular production and the JIT delivery system of pre-assembled modules and crucial components (Frigant & Lung 2002; Mair, Florida & Kenney, 1998; Pavlínek & Janák, 2007). Additionally, local government facilitated the establishment of industrial parks for the development of the automotive industry, catering for automotive lead firms' investment assembly plants, engines factories, and R&D centres of lead firms, and their follow-source suppliers and intermediaries to efficiently operate reconfigured production networks (Lecler, 2002).

There is strong evidenceto indicate that automotive FDI prefers agglomeration-composition (Depner & Bathelt, 2005; Irawati, 2011; Poapongsakorn &

Techakanont, 2008). Such a tendency can be seen in Shanghai by the organization between VW with their follow-source suppliers (Depner & Bathelt, 2005), as well as in industrial estates in Bangkok and the eastern region of Thailand by that between Japanese automotive lead firms and their follow-source suppliers (Poapongsakorn and Techakanont, 2008; Busser, 2008).

However, previous studies on automotive lead firm-led reconfigured production networks played emphasis on the role and relationship of every lead firm, the state and follow-source suppliers, but overlooked those of different levels of local government, different lead firms and intermediaries—especially logistics. The role of the state is essential in the formation of reconfigured production networks. However, the local governments such as provincial, municipal and even district government or administration committee of industrial park also played crucial roles in attracting investment of lead firms, follow-source suppliers, and intermediaries. To study on the effect of every automotive lead firm is significant, while the comparison with different effect of lead firms are also interesting, which can find the varied characteristics of reconfigured production networks. Follow-source suppliers are essential parts for the formation of reconfigured production networks. However, the follow-source intermediaries also serve for lead firms and follow-source suppliers and follow them to host regions, especially in logistics. For instance, when Japanese automotive lead firms invested in China, followed by many intermediaries providing services for them (JAMA, 2015), especially logistics and traders. Therefore, comparative studies on the differences and similarities of this various automotive lead-firms reconfigured production networks with follow-source suppliers and intermediaries under different levels of local governments, can fully reveal the characteristics of different production networks.

(3) Evolutionary Strategic Coupling of Automotive Lead Firms

As Sturgeon et al. (2009) concluded, lead firms were relatively powerful in the automotive industry. Therefore, when automotive investment took place in host regions, the investment strategies of lead firms in the global market-place had a significant impact. Automotive investment can also be considered "political sensitivities" because such activity is somewhat guided by the local state. Therefore, the strategic coupling of automotive lead firms with local automotive auto groups and institutions has become the foremost issue for automotive industry investment. The strict regulatory framework in states such as China exacerbate this issue, where automotive lead firms could not establish more than two Joint Ventures (JVs) and the share of domestic automotive enterprise should be above 50% (The State Council, 1994).

Contemporary GPN 2.0 theory focuses on the concept of "evolutionary strategic coupling" in terms of "coupling", "decoupling" and "recoupling" -emphasising the differing coupling strategies adopted by lead firms, local firms, and institutions (Mackinnon, 2011; Coe & Yeung, 2015). It can be considered useful for establishing the connection between firm-specific strategies and extra-regional dynamics. Such can be seen to facilitate a better understanding of the investment process of lead firms in the host area (Yang, 2017).

Automotive lead firms' evolutionary strategic coupling with local automotive firms and institutions has occurred in LDCs. For instance, when Toyota invested in China, it firstly coupled with "one Small" -Tianjin Auto but failed due to the lack of experience of Tianjin Auto. Toyota then successfully recoupled with "one Big" -First Automotive Works (FAW) (Shimokawa, 2010). The most famous successful case of evolutionary strategic coupling was that the GAC coupling and decoupling with Peugeot in 1985 and 1997 owing to huge debt of Guangzhou Peugeot, then decoupling with Honda. Such can be considered as a classic case of MBA (Yao & Han, 2008). Additionally, Nissan coupled Dongfeng also on the basis of the decoupling of Taiwan Yulong MotorCo., Ltd with Dongfeng also primarily due to the potential market of PRD (ibid).

Previous studies on evolutionary strategic coupling of lead firms have often overlooked the connection between firm-specific strategies and extra-regional dynamics and have thereby failed to focus on external factors for automotive investment in host regions (Yang, 2017). Additionally, such studies have neglected the evolutionary strategic coupling of different lead firms, as well as such firms' strategies pertaining to extra-regional dynamics. Incorporating such factors contributes to an understanding of the success and failure experiences of lead firms' strategic coupling in terms of their relationship with government actors and local firms.

2.2.3 Organization between Lead Firms and Suppliers

(1) Organization between Lead Firms and Suppliers in Home Countries

The automotive industry is comprised of strong linkages between lead firms and thousands of suppliers that are structurally organized in hierarchically production networks (Humphrey & Memedovic, 2003). Therefore in GVCs and GPN studies, the organization between lead firms and suppliers is of the upmost importance (Sturgeon et al., 2009; Coe & Yeung, 2015), because such organization directly affects the local sourcing and local automotive supplier industry development. Previous studies on the organizational form between the various lead firms and suppliers have proposed a dichotomy between 'horizontal/vertical' networks and 'closed (exclusive) /open (inclusive)' networks (Zysman, Doherty, Schwartz, 1996).

In the automotive industry, "horizontal" and "vertical" network-relationships can exist simultaneously. In the Japanese context, supplier networks are mostly considered "vertical" (Van & Ruigrok, 1998), and are also referred to as vertical *keiretsu* (Hill, 1989; Sato, 1982; Sheard, 1983) (see Figures 2.5; 2.6). Additionally 'horizontal/vertical' networks exist at various levels at lead firms. For example, VW, Ford, and Honda can be considered as exhibiting 'medium vertical networks', while Toyota and Nissan exhibit 'strong vertical' networks (ibid). Nissan could be seen to exhibit 'medium vertical' networks after it was acquired by Renault in 1998.

In "closed (exclusive)" networks, tight and long-term relationships tend to exist. Such are generally not accessible tooutsiders, whereas "open (inclusive)" networks are considered to be more easily accessible with shifting interactions of exchange relations (ibid, p. 8). In practice however, many firms operate in the relative "grey area" of semi-closed and semi-open networks. A sharp distinction is thereby less useful. For example, VW, Ford, and Hyundai demonstrate a "medium exclusive" network-composition, while Toyota can be seen as a rather "closed network". Honda is comprised of a "medium inclusive" network and Nissan an "exclusive" network (ibid). Network-configuration changes over time, with previously "exclusive" Japanese networks such as Nissan becoming more "inclusive" (Shimokawa, 2010). Such changes affected traditional subsidiary business (ibid).

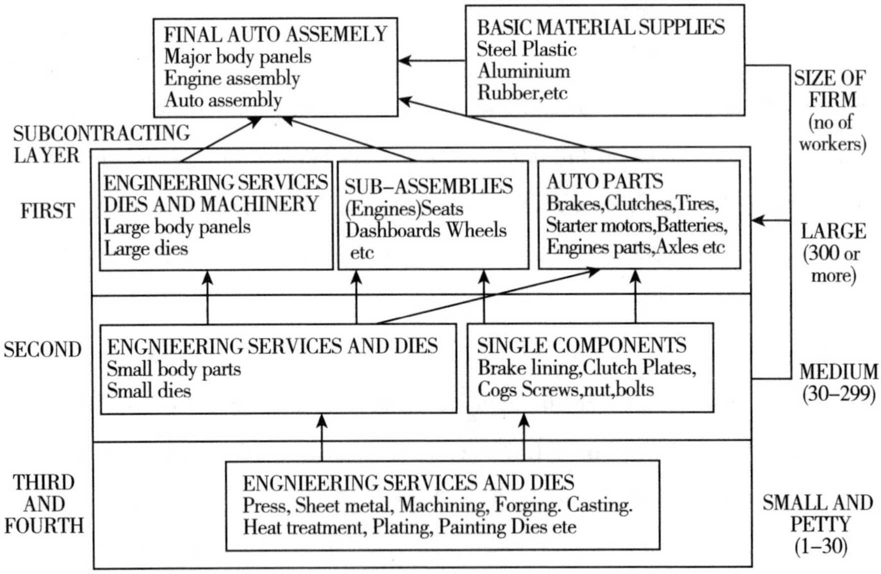

Figure 2 – 5 Tier suppliers of Honda, Toyota and Nissan

Source: Hill (1989).

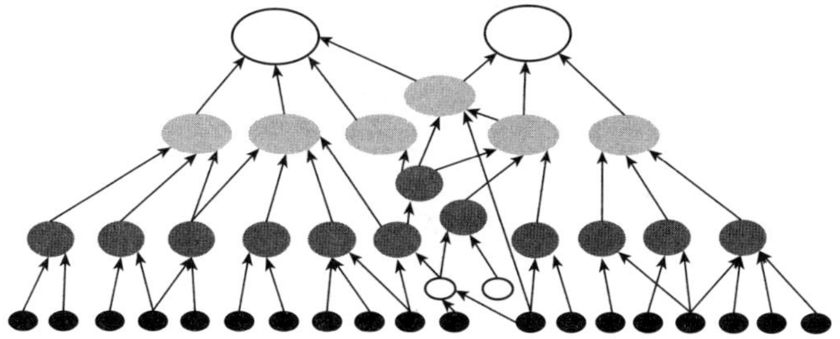

Figure 2 - 6 Strong linkages with suppliers in Japan

Sources: Smika (1991).

(2) Organization between Lead Firms and follow-source Suppliers in Host Regions

When automotive lead firms invested in LCDs, theirfollow-source suppliers largely followed them to host regions to operate reconfigured production networks, with some change in the context of local assets. In the analysis of the organization between Japanese automotive lead firms and follow-source suppliers in Thailand, Maruhashi (1995) found there are only two layers of subcontracting. The Japanese vertical *keiretsu* system of supplier networks had been initiated in Thailand (see Figure 2 - 7). Compared with the original subcontracting activities in Japan (see Figure 2 - 6), such can be considered "weaker". Similarly, the analysis of the Tier suppliers of VW in Shanghai found that Tier 2 suppliers were "weaker" than in Germany, because only a few Tier 2 suppliers followed VW to Shanghai (see Figure 2 - 8) (Depner & Bathelt, 2005).

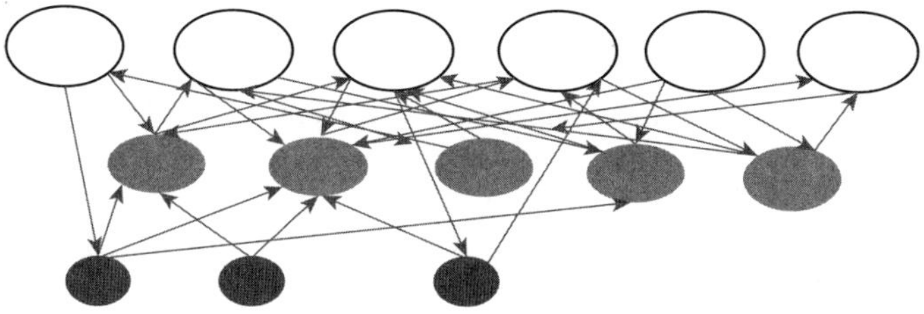

Figure 2 - 7 Weak linkages between Japanese automotive lead firms and their follow-source suppliers in Thailand

Sources: Maruhashi (1995).

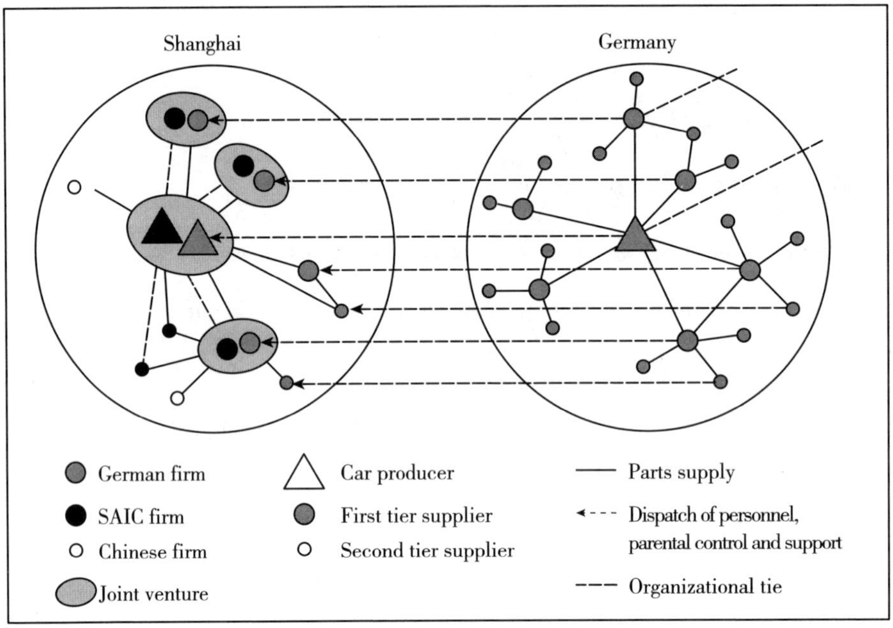

Figure 2 - 8 Weak linkages between VW and their follow-source suppliers in Shanghai

Sources: Depner and Bathelt (2005).

These figures conveyed how the linkages between lead firm and their Tier suppliers in home countries became weaker in host regions. However, other formations still required to be further discussed, particularly the strongest Japanese automotive lead firms linkage with their suppliers in China. If it was weak in China, it implied that more opportunities for the development of local suppliers. Sometimes, this situation could be changed due to the growth of production volume of each Japanese engine for the car export strategy. In the analysis of Japanese automotive lead firms' procurement strategies in Thailand, Busser (2008) contended that the 90 per cent locally purchased parts and components of Toyota delivered by Japanese firms in Thailand in 2008, which was higher than ten years ago. This implied that more Japanese suppliers came to Thailand after the Asian crisis and more Thai suppliers went back from Tier 1 suppliers to Tier 2 suppliers (ibid).

Local suppliers emerged because they were involved in the reconfigured production networks, although the status of them was still in the low position and the number of them was only a few (Depner & Bathelt, 2005; Poapongsakorn & Techakanont, 2008; Busser, 2008). Figure 2 – 8 illustrated that the local suppliers had emerged in the Germany automotive industry production networks in Shanghai, although the number of local suppliers was very small (Depner & Bathelt, 2005). Studying on the local content in the different models of VW, Depner (2003) found that the local content requirement (LCR) of the Polo of Shanghai Auto Industry Corporation (SAIC) -GM ranged from 40% to 93% for the Santana. Additionally, GM decided to cooperate with establish assembly plants in Shanghai in 1997 to the supplier networks of SVW (Depner & Bathelt, 2005).

(3) Supply Strategies of follow-source Suppliers

In addition, the supply strategies of follow-source suppliers have been more complex in host regions than home countries. In Thailand, Japanese suppliers provided more assemblers than in Japan (see Figures 2 – 6; Figures 2 – 7) (Maruhashi, 1995). Similarly, on the basis of examining the local sourcing strategies of Hyundai suppliers' investment in Beijing, Sung (2008) found that the Korean suppliers had been trying to develop new sales channels in China, such as to Korean, foreign firms in China, local Chinese firms and overseas exports. Then, he concluded that the procurement of Korean automotive industry has changed from ' the vertical and closed structure in Korea into a more horizontal and open structure in China with the intensifying completion" (p. 331). This meant that the procurement "with strong exclusiveness would be changed into more open or western style with the expansion of component sourcing partners" (p. 365). In addition, Depner and Bathelt (2005) proposed that almost all the German suppliers they investigated sold parts to Shanghai General Motors (SGM) by 2002; although SVW was their major customer there-was the insufficient demand from their SVW.

Although the procurement organization between lead firms and suppliers was the major focus of the previous studies, some drop-backs had been ignored. First, previous studies indicated that the procurement organization between lead firms and their follow-source suppliers in host regions had been changeable in host regions. However, these studies only observed the change of procurement ratio between a lead firm and its follow-source suppliers but overlooked that of various lead firms and their follow-source suppliers. Such can directly affect different local supplier industry development. Moreover, the organization between lead firms and their suppliers was examined from the supply chain perspective of suppliers. However, the partnership between lead firms and their suppliers, which was also an important relationship, had been overlooked (Coe & Yeung, 2015).

The previous studies indicated that the procurement activities between lead firms and follow-source suppliers in host regions had become more complex and weaker than in home countries. However, this situation was analysed from the aspect of the insufficient domestic demand of lead firms in host regions butoverlooked the attraction of the massive potential market in LDCs, such as China. In these countries, the domestic market of lead firms was enough for their follow-source suppliers, but these suppliers still preferred to supply more customers for expanding their production to gain more profits. This strategy of follow-source suppliers should be an interesting topic in less developed countries with massive potential markets, such as China.

As mentioned above, each lead firm had its own distinctive horizontal/vertical or closed (exclusive) /open (inclusive) supplier network. Previous studies proved that when it invested LDCs, the supplier network changed. However, this situation all concerns one automotive lead firms' supplier networks. A comparative study of different lead firms' supplier networks should also be carried out because the relationship of supplier networks directly led to the economic development of host regions.

2.3 Theoretical Opinions on the Determinants of Global Automotive Production Networks Reconfiguration and Organization

2.3.1 "Governance" Concept of GVCs

GVCs are an important approach to study the dynamics of global value chains in a specific territory (Humphrey & Schimtz, 2002). In the original GVCs approach, there are four dimensions: an input-output structure, a territoriality, a governance structure, and an institution framework (Gereffi & Korzeniewicz, 1994). In addition, Gereffi and Korzeniewicz (1994) identified two distinct structures: the buyer-driven chain and producer-driven chain. The buyer-driven chain regarded the global value chain as being controlled by the largest retailer, brand-name merchandisers, and trading companies. In contrast, the producer-driven chain meant that large MNCs controlled a tightly integrated production system, particularly in capital and technology intensive industries (ibid). The automotive industry is a typical producer-driven chain (Sturgeon et al., 2009), and it can therefore be analysedby GVCs approach.

On the basis of analysis on inter-firm linkages, Humphrey and Schimtz (2002) further emphasized four types of governance: arm's length, network, quasi hierarchy, and hierarchy. In light of the three variables (the complexities of transitions, the ability to codify transactions and the capabilities in the supply-base) Gereffi et al. (2005) also recommended five new categories of structural governance, including market, modular, relational, captive, and hierarchy. These various categories of governance were useful heuristic tools for understanding automotive FDI investment and reconfigured production networks in a specific area by providing more delicate answers. This illustrates that suppliers may be impacted by the specific governance structure in various categories of GVCs (Gereffi et al., 2005). For instance, The type of governance between lead firms and suppliers in Japanese automotive production network is hierarchical, which composes a multi- tiered subcontracting hierarchy system (vertical *keiretsu*) (Pavlínek & Zénka, 2010; Sheard, 1983), indicating that the relationship between Japanese assemblers and Tier suppliers was*avertical hierarchy*. This was also one form of the GVCs' inter-firm linkages (Gereffi et al., 2005; Humphrey & Schimtz, 2002). In an empirical study, Sturgeon et al. (2008) applied these "governance" concepts of GVCs approach to analyse the trend in the global automotive industry. Although the GVCs approach significantly contributed to understanding the determinants of inter-firm linkages with production networks in light of the insights into the governance structure in various categories of GVCs, the concept of the inter-firm governance remained oversimplified and problematic (Hederson et al., 2002).

First, the GVCs approach only focused on the existing chains between lead firms and suppliers, while the history and nature of lead firms and suppliers in their homecountries was not studied (Hederson et al., 2002). This ignorance led to the lack of understanding of the social relations embodied in chains and the importance of "path-dependency" (ibid). In addition, studies of the "business system" in home and host national contexts were regarded as having an impact on the chain of lead firms and suppliers (Dicken, Kelly, Olds & Yeung, 2001).

Second, the GVCs approach only concerned the organization between lead firms and suppliers but to some extent ignored the importance of territory and the institutional function in specific locations (ibid). Some recent emerging studies concerned the role of institutions in the GVCs approach to analysing theglobal automotive industry (Sturgeon et al. , 2008). The institutions of host and home regions played a crucial role in the organization of GVCs (ibid) and shape the inter-firm linkages in the production network of lead firms.

Third, the existing GVCs framework offered little explanatory power to these extra-firm actors in shaping inter-firm governance; they were often seen as outside the analytical parameters of industry-specific value chains (Yang, 2017).

2.3.2 "Embeddedness" Concept of GPN1.0 approach

The "embeddedness" concept of the GPN1.0 approach supplied a pragmatic and useful framework to offer the reasons behind reconfigured production networks being formed and organized, by providing three important concepts to explore the formation and organization of reconfigured production networks: "societal embeddedness", "network embeddedness," and "territorial embeddedness" (Henderson et al. , 2002; Hess, 2004).

The concept of "societal embeddedness" argued that firms were not atomic entities, but existed in a social network (Yeung, 2005). This meant that the investment of lead firms came with their economic, cultural, social and political backgrounds. The historical backgrounds of lead firms may profoundly impact on their ways of organizing their suppliers when investing in the host regions. These phenomena were referred to as the effects of "path-dependency" (Hederson et al. , 2002). In addition, the cultural and social backgrounds of lead firms and domestic firms produced barriers in setting up the production networks of MNCs. Depner and Bathelt (2005) found that the cultural differences between Germany's automotive lead firms and domestic firms invoked some issues in their cooperation.

The concept of "network embeddedness" has been generally related to the distribution of "corporate power" on the network structure (Hederson et al. ,

2002). The network embeddedness concept ofthe GPN1.0 approach was different from the governance of GVCs. The governance concept of GVCs mainly explained the relationship between lead firms and Tier 1 suppliers. However, in the reconfigured production network, the relationship of Tier suppliers, such as Tier 1 and Tier 2 suppliers, is also important because many Tier 2 suppliers followed their parent companies (Tier 1 suppliers) to a host region. The network embeddedness concept can explain the relationship of Tier suppliers because it is involved in the network. However, the network embeddedness in the automotive industry remained during the examination of the governance of lead firms and their Tier 1 suppliers, which meant that the "network embeddedness" had only been partly employed. For example, Rutherford (2000) contended that Japanese automotive lead firms had "re-embedded" long-term trust relations with their follow-source suppliers in Canada.

The concept of "territorial embeddedness" argues that global production networks were embedded into the territorial-based, local institutional environments, particularly sources and local markets (Hess, 2004). In particular, national and local government policies might play crucial roles in embedding particular parts of global production networks in specific cities or regions, which support the formation of new nodes in the global production networks (ibid). In addition, the economic, social and cultural environments of host regions were necessary elements of territorial embeddedness; The social and cultural environment of host regions conflicted with that of home countries, and the economic environment, such as the original assets, might give some influences on the linkage of lead firms. The lead firms and suppliers were manipulated by local states and institutions. Poapongsakorn and Techakanont (2008) explained that Japanese automotive lead firms agreed with the regulation to increase the LCR in the 1980s. These lead firms invited their suppliers to distribute around their assembly plants in Thailand. In the research on the processes of Japanese suppliers clustering in

Thailand, Lecler (2002) described two stages. There were many issues in the first stage, due to the pertinent policies of government, land use, the availability and cost of labour, and the efficiency of transport systems. The second stage rode to great success on the back of the first stage, such as incentives and the availability of modern infrastructure from local government.

The three types of "embeddedness supplied an integrated and alternative conceptual tool to analyse the multi-faceted and interconnected determinants of the localized MNCs' production networks (Liao, 2007). The concept of "embeddedness" further interpreted the spatial-temporal outcome of such linkages and the associated industrial upgrading trajectories of the localized production networks. Yang (2007) used the territorial embeddedness, including institutions in host regions and corporate strategies and societal embeddedness (home-based advantages) to explain the different characteristics of formation of reconfigured production networks through Hong Kong and Taiwanese electronics investment. Yang and Liao (2010) employed this concept to examine the reconfigured production networks of Taiwanese PC investment in the PRD.

However, this concept was too comprehensive, as it involved nearly every dimension, which easily confused people and it lost focus when it was employed to analyse the specific industrial FDI. Therefore, the "network embeddedness" concept only appeared in GPN2.0 theory to highlight the importance of the "network" (Coe & Yeung, 2015). It seemed that the most important factor was the organization between lead firms and suppliers. However, in some national-designated automotive industries, the local government consistently played a significant role in the automotive industry (Dicken, 2003). Liu and Dicken (2006) proposed two concepts of "obligated embeddedness" and "active embeddedness" according to the role played by the state in the automotive FDI. They further argued that the character of the automotive FDI in China is "obligated embeddedness", meaning that automotive lead firms were required to obey without question, the regulations of local government; for example, the LCR in 1994 and the establishment of engines factories and R&D centres in 2004. The automotive lead firms were pressurized into inviting their suppliers follow them to China Under the same rules of "obligated embeddedness".

"Obligated embeddedness" was not unique in China. This regulation of LCR in automotive lead firms' investment in ASEAN countries emerged in 1980s. Lecler (2002) argued that the government policies, particularly in banning the regulations on completely built up (CBU) imports and LCR, played important roles in the agglomeration of Japanese suppliers in a specific area of Thailand. In Thailand, Japanese automotive lead firms agreed with the LCR regulation to increase the local content ratio in the 1980s, through inviting their suppliers to Thailand and distributing content around their assembly plants (Poapongsakorn & Techakanont, 2008). At the same time as Thailand, was acting, the Philippines state also required that the LCR of automotive lead firms should increase steadily, which also compelled more suppliers to follow their customers to the Philippines (Sturgeon et al., 2016). Although Indonesia did not launch their LCR until 1996, this still triggered more suppliers to move into Indonesia (Aswicahyono, 2000).

The "embeddedness" concept concerned the important role of local government but ignored the crucial role of lead firms. The role of local government was so important that it determined the formation of reconfigured production networks. However, lead firms not only promoted their formation, but also determined the formation and organization of reconfigured production networks in host regions, which could trigger local economic development (Coe & Yeung, 2015). Furthermore, in the automotive industry, there were only ten lead firms from six countries: Japan, Germany, the USA, South Korea, Italy, and France, dominating production in the world markets. The automotive lead firms were primary dynamics that drove the organization of their reconfigured production networks and spatial manifestations (Depner & Bathelt, 2005). In addition, due to the differences between of these several automotive lead firms, their features of reconfigured production networks also varied. Therefore, it is essential stress focus on the role of automotive lead firms, which is as important as the local government.

Additionally, similar to the "governance" concept, the "embeddedness" concept overlooked the bargaining process between firms and local government, particularly between lead firms when they invested in host regions. This bargaining determinedthe temporal process and spatial pattern of firms' investment.

2.3.3 "Strategies" Concept of GPN2.0 theory

In reviewing the weakness of the "governance" concept ofthe GVCs' approach and the "embeddedness" concept of the GPN1.0 approach, the "strategies" concept of GPN2.0 theory supplies a pragmatic and useful framework. This may explain the reconfigured production networks formed and composed of various actors involving firms (lead firms and suppliers), extra-firms (local governments), and intermediaries (logistics providers, traders, finical firms etc.), by providing three important concepts to explore the formation of reconfigured production networks: "extra-firm bargaining strategy, inter-firm partnership or control strategy and intra-firm coordination strategy" (Coe & Yeung, 2015).

The intra-firm coordination strategy of lead firms is crucial because it enables the lead firms to achieve profit maximization (ibid). Empirically, it was employed in explaining the FDI strategies of lead firms in hostregions. For instance, Dicken (1987) observed the evolutionary intra-firm coordination strategy of Nissan and Honda in UK. Lecler (2002) observed that Japanese automotive lead firms considered each market of the four ASEAN countries and structured their organization to produce their own models in each country. For instance, Toyota decided to produce pick-ups in Thailand. In addition, Dicken used the strategies of Toyota and Mitsubishi to explain the changing geography of the clusters of Japanese assemblers, engines, and R&D centres of automotive lead firms (ibid).

Control and partnership are two inter-firm strategy forms (Coe & Yeung, 2015) that are similar to the governance in GVC, control and cooperative. In Japanese automotive firms, the inter-firm strategy is a partnership between every Japanese lead firm and its supplier, because every lead firm invests in its strategic partner and specialized suppliers to develop closer interlocking relationship (ibid). The partnership strategy is so special that it has been broadly used since the 1980s to elucidate the relationship between Japanese automotive lead firms and their follow-sourcesuppliers.

In the analysis of the effect the partnership strategy between automotive lead firms and their follow-source suppliers in the investment process in Europe, Dicken (1987) observedthat when Japanese automotive lead firms invested in Europe, the suppliers followed their lead firms and located themselves in close proximity. In addition, in the study of such in Thailand, Poapongsakorn and Techakanont (2008) argued that Japanese automotive lead firms invited their suppliers from Japan to Thailand. Hatani (2010) observed that the specialized Tier 1 suppliers of the Toyota Group do not always take the form of conventional follow-up assemblers instead of pre-clustered assemblers, such as in Guangzhou, China. The previous studies all indicatedthat the partnership strategy between Japanese automotive lead firms and their suppliers was one of the major dynamics for shaping the process of the Japanese automotive investment cluster. However, the partnership strategies between various Tier suppliers had not been examined although they were one dynamic on the formation of Japanese reconfigured automotive production networks.

The extra-firm bargaining strategy between firms (lead firms and suppliers) and no-firms (local governments) was crucial because it provided "the crucial analytical nexus for understanding how economic processes, embodied in firms, intersect with non-economic issues (for example, political reforms, social justice and security, environmental sustainability, and so on)." (Coe & Yeung, p. 151). Similar to the two previous strategies, the extra-firm bargaining strategy has been employed to analyse the temporal process and spatial organization of firms' investment, particularly the lead firm.

In the study of the bargaining role of local governmen with automotive lead firms tin the ECE, Pavlínek (2012) proposed that the local government had been in a weak bargaining position to persuade lead firms to establish R&D facilities in the ECE due to the export-oriented strategies of automotive lead firms and small domestic markets. Therefore, automotive lead firms only played lower development roles in the ECE, such as technical support of production for local assemblers and modifications of products for ECE markets.

In ASEAN countries and China, the role of local government isrelatively strong. As discussed in the "obligated embeddedness", automotive lead firms only can be obedient to the regulations of the state (Liu & Dicken, 2006; Poapongsakorn & Techakanont, 2008). However, in the specific strategic coupling with local firms, automotive lead firms also had the power to strive for more incentives from local government, such as the low land price, tax-free or low tax-status, and better infrastructure and services. Sun et al. (2010) and Liu (2017) elaborated on how Honda and the local government bargained when Honda coupled with GAC in Guangzhou. The Guangzhou municipality required Honda to agree to some conditions, such as production of bestselling models and repaying the debt. It also helped Honda to rebuild assembly plants and infrastructure. In addition, He (2011) observed that the incentives provided from industrial parks and the Guangzhou municipality were important factors to attract Japanese suppliers to Guangzhou.

Generally speaking, the three "strategies" concept can be employed to systematically interpret the temporal process and spatial organization of complex automotive FDI. However, as per the analysis above, previous studies only focused on one strategy concept and did not systematically apply the three strategies concepts to explain the automotive investment. As a result, it is impossible to systematically reveal the underlying dynamics of the temporal process and spatial organization of automotive FDI. This book will use the three strategies concept to systematically elucidate the temporal process and spatial organization of Japanese automotive investment in China.

2.4 Empirical Studies on Japanese Automotive Investment in China

2.4.1 Japanese Automotive Investment in Transition

Japanese automotive lead firms and theirfollow-source suppliers consistently invested in ASEAN countries since the 1960s, where there had been overseas bases of Japanese reconfigured production networks (Shimokawa, 2010). After the 1997 financial crisis in the ASEAN countries, Japanese automotive investment shifted from the ASEAN countries (ibid). Some studies emerged to analyse the underlying dynamics of this transition from ASEAN countries to China due to the decline of the ASEAN countries'economies and the market imperative dynamics of China (Sit & Liu, 2000; Shimokawa, 2010). In particular, Shimokawa (2010) observed that the three Japanese automotive lead firms Honda, Nissan, and Toyota adjusted their production strategies in East Asia from ASEAN countries to China, according to the shanking market of south Asia and the booming market of China.

However, the previous studies ignored the temporal process and spatial organization of reconfigured production networks shaped by Japanese automotive investment, transformed from ASEAN countries to a specific area in China such as

Guangzhou. This can illustrate the differential industrial upgrading and value creation between ASEAN countries and China, which contributes to local economic development (Coe & Yeung, 2015). This issue should be concluded from further comparative research on the facilities of Japanese investment in China and ASEAN countries. Additionally, the market imperative dynamics of China should be further interpreted in specific areas, asbecause the Chinese market varies by region, For example, the coastal market was bigger in the PRD and YRD than the inner market in the 1990s. It can specifically explore the market in different economic growth areas of China and different investment results.

2.4.2 Emerging Temporal Process of Japanese Automotive Investment in China

The temporal process of Japanese automotive investment is asubject of broad and intense interest when discussing Japanese automotive investment in China, with the entry mode of Japanese automotive lead firms receiving the most sattention (Liu & Dicken, 2006; Liu, 2017; Shimokawa, 2010). Combined with analysing the investment of lead firms in China, Liu and Dicken (2006) listed the investment capital and entry mode of Japanese automotive lead firms in China, with particular focus on how the process was explicated by Toyota to China. They found much more Japanese automotive investment in parts than in assembly plants. In his observations of Honda's investment in Guangzhou, Liu (2012) explained that the reciprocal coupling process of Honda with the GAC Auto Group. In the context of analysing the precautions taken Japanese automotive investment in China, Shimokawa (2010) elaborated that the various processes of the three Japanese automotive lead firms, Toyota, Honda and Nissan's entry in China, strategically coupling with their respective partners.

Guangzhou become the focus area of study, where three Japanese automotive lead firms and their follow-source clustered. Kuchiki and Tsukada (2008) listed the entry time, name, and product of the follow-source suppliers of Honda, Nissan, and Toyota respectively and even a few intermediaries of Toyota before 2006. Additionally, Hatani (2010) also detailed the entry times and names of specialized Tier 1 suppliers of the Toyota group in Tianjin and Guangzhou.

All these studies focused on the temporal process of Japanese automotive lead firms and their suppliers'investment, but some gaps remained. First, all the previous studies focused on the entry time and investment of Japanese automotive lead firms and suppliers, but ignored Japanese R&D centres, engines factories, and intermediaries that were also actors in the organization of production networks (Coe & Yeung, 2015). Second, they did not analyse the similarities and differencesof the dynamic temporal process of the three Japanese automotive lead firms and their follow source investment, which could reveal the different formation characteristics of the three Japanese reconfiguration automotive production networks. Third, the strategic coupling between Toyota or Nissan and local governments also deserve to be analysed, as they are two successful Japanese automotive lead firms-led, reconfigured production networks in Guangzhou. They are essential parts of Guangzhou's three major Japanese automotive production networks.

2.4.3 Emerging Spatial Organization of Japanese Automotive Investment in China

Spatial organization of Japanese automotive investment was also observed by many academics. First, the geographic agglomeration of Japanese automotive firms was reported. Shimokawa (2010) stated that Changchun and Tianjin—FAW (Toyota), Wuhan and Xiangyang—Dongfeng Group (Honda and Nissan), and Guangzhou—GAC Group (Honda and Toyota), became three agglomeration areas of Japanese automotive firms due to the entry of Toyota, Honda, and Nissan. It also noted that many Japanese suppliers came to China after the mid-1990s, clustering around their lead firms. Moreover, He (2011) presented evidence that the automotive industry clustered in Guangzhou in light of the GAC Toyota, GAC Honda, and Dongfeng Nissan and their follow-source suppliers respectively. However, these studies did not explore the features of (various) cluster patterns and the extent of their agglomeration in the specific area of China, possibly due to a lack of firm-level data, which should be buyer-driven s (Shimokawa, 2010). Based on the study of delivery partners of two suppliers—Koito and Yazaki, Shimokawa (2010) proposed that due to their excellent technology, Japanese suppliers supplied both Japanese companies and foreign companies or exports for the production sites of ASEAN countries after they established production in China. However, he only explicated how the complex supply activities of Japanese suppliers increased in China, but did not explore the activities of the different group suppliers and tier suppliers of various Japanese automotive lead firms. In addition, little eresearch was conducted to analyse the changing supply chain between Japanese suppliers and their parent companies in China, when compared with the research conducted on that between Korean suppliers and their parent companies (Jung, 2008) or between German suppliers and their parent companies (Depner & Bathelt, 2005). Moreover, the research on the similarities and differences between organizations between suppliers and their parent companies in a specific area such as Guangzhou, has been ignored.

In sum, although Japanese automotive lead firms invested in China with their follow-source suppliers and intermediaries to successfully operate their reconfigured production networks (Shimokawa, 2010), they did not receive as much attentions as did Germany and South Korea (Depner & Bathelt, 2005; Jung, 2008). Additionally, all these previous studies focused on the organization between Japanese automotive lead firms and their suppliers. Some gaps still need to be examined. First, all the studies to date have focused on the organization activities of Japanese automotive lead firms and suppliers but have ignored the organization activities of Japanese R&D centres that directly trigger functional upgrading

(Pavlínek, 2012), in addition to engines and intermediaries that also belong to actors in the organization of automotive production networks (Coe & Yeung, 2015). Their activities also deserve attention. Secondly, they did not analyse the similarities and differences of organization activities of reconfigured production networks led by the three Japanese automotive lead firms, which is important for the explanation the various impacts of automotive lead firms on the development of the local automotive industry.

2.4.4 Determinants of Temporal Process and Spatial Organization of Japanese Automotive Investment in China

Studies on interpreting the determinants of the temporal process and spatial organization of Japanese automotive production networks in China mainly focus on the roles of local governments and lead firms. In the analysis of the precautions taken by Japanese automotive lead firms when they enter China, Shimokawa (2010) contended that these are necessary, due to China's unstable automotive industrial situation. Liu and Dicken (2006) proposed that the main characteristic of automotive FDI in China is that of "obligated embeddedness". China's government formulated "Automotive Devolepment Plan" policies for the automotive lead firms that required them to be obedient without bargaining, such as arriving at the LCR in 1994 and establishing engines factories and R&D centres in 2004. The automotive lead firms were pressurized to invite their suppliers to follow them to China and build engines factoriesand R&D centres to form cross-border production networks in the context of these regulations. Additionally, Sun et al. (2010) employed the "political embeddedness" concept to examine the role of local government in China's automotive FDI. Thun (2004) also emphasized the effect of the restrictive conditions of China's government in attracting automotive FDI.

The strategy of lead firms is another important factor to explain the time and organization of Japanese automotive investment in China. In the analysis of Japanese automotive lead firms investment in China, Shimokawa (2010) elaborated on the strategies of Toyota, Honda, and Nissan with regards to the entry time, release of the product and location within China. Additionally, Hatani (2010) focused on the different investment strategies of Toyota in Tianjin and Guangzhou in different periods.

As mentioned above, many studies observed the underlying dynamics of the temporal process and spatial organization of Japanese automotive investment. However, some more detailed factors need further study. First, there are four levels (central, provincial, municipal, and district) of government in China's hierarchy, which all have rights to afford benefits and set strict regulations for FDI firms. Therefore, this book should consider the roles of these four levels of government on the process of Japanese automotive investment in a specific area of China, such as Guangzhou. Second, the previous studies do not systematically interpret the formation and organization of Japanese automotive reconfigured production networks in China, and they ignore the similarities and differences of the three Japanese automotive lead firms. Third, these studies do not interpret the relations between every actor, such as extra-firm between firms and local government, inter-firm between lead firms and suppliers, and intra-firm of lead firms, which are basic elements in the (reconfigured) production networks (Coe & Yeung, 2015). This book will employ the "strategies" concept of actors in GPN2.0 theory, including intra-firm coordination strategy, inter-firm partnership strategy, and extra-firm bargaining strategy, to systematically analyse the roles of four levels of China's governments and lead firms or important suppliers on the temporal process and spatial organization reconfiguration production networks led different Japanese automotive lead firms in Guangzhou.

2.5 Summary

This chapter has reviewed the available literature on automotive FDI and market imperative dynamics and reconfigured automotive production networks, paying special attention to the organization between automotive lead firms and suppliers. The chapter also highlighted the contribution of the governance concept of GVCs 1.0 approach and the embeddedness concept of GPN1.0 approach on the explanation of underlying dynamics of reconfigured production networks by re-alizing the determinants of the organization between lead firms and suppliers. Following the discussion of the limitations of these two concepts, the chapter advocates the applicability of "strategies" concept of GPN2.0 theory to explore such underlying dynamics in the present study. Further, after identifying the explanatory deficiencies in the empirical studies of Japanese automotive reconfigured production networks, this chapter concludes that there is still a lack of detailed and explicit analysis of the distinct organization of Japanese automotive lead firms and their follow-source suppliers in China. This rising gap will be discussed further in the next chapter.

3 DATA AND METHODOLOGY

3. 1 Introduction

The previous chapter reviewed the characteristics of dynamics, reconfiguration and organization of automotive FDI and global automotive production networks, and empirical studies on Japanese automotive Investment in China. It was found that the characteristics of temporal process and spatial organization of reconfigured production networks led by automotive lead firms were differential and the dynamics of them were complicated. Empirically, even though increasing case studies were concerned with Japanese automotive investment in China, there was no a robust framework to analyze the characteristics and dynamics of temporal process and spatial organization of reconfigured production networks led by Japanese automotive lead firms. And such affected the development of local supplier industry.

In order to fill in this knowledge gap, this chapter firstly formulates an analytical framework to guide the subsequent empirical study. Then, it specifies the research objectives, questions, and hypotheses. This is accompanied by an introduction of the study area of Guangzhou, sector selection, and definition. Afterwards, the methods of data collection and analysis are presented.

3.2 Analytical Framework

In order to fill in this gap in the existing literature and achieve a better understanding of Japanese reconfigured production networks in China in general and in Guangzhou in particular, this book will develop an analytical framework (see Figure 3-1). The theory used in this framework is from the "strategies" concept of the GPNs, including "intra-firm coordination strategy, inter-firm partnership strategy, and extra-firm bargaining strategy". This framework primarily focuses on the power of Japanese automotive lead firms and their coordination role in

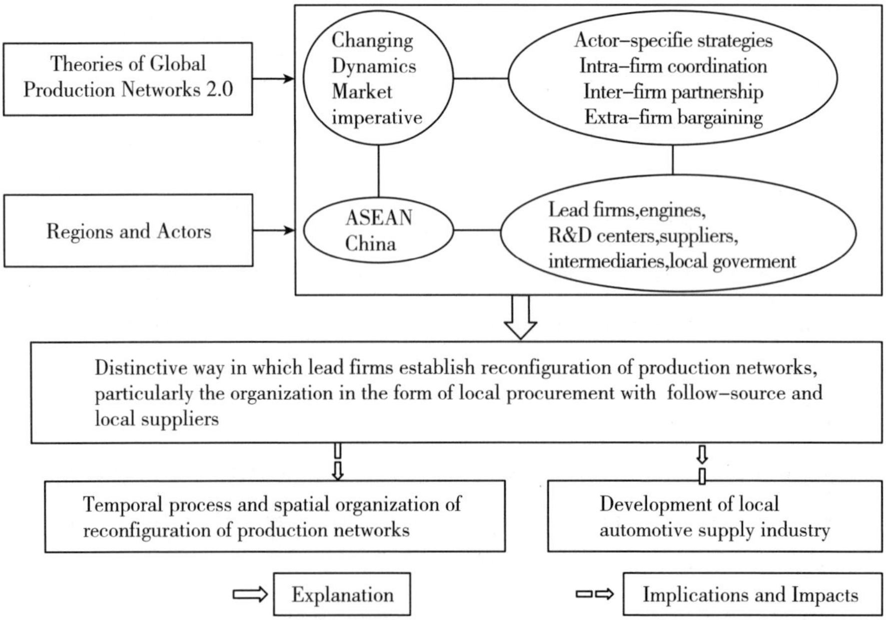

Figure 3-1 A framework for analysing the rising power of lead firms in the reconfigured automotive production networks in Guangzhou

Source: Adapted from Yang (2017).

the relocation of automotive production from ASEAN countries to China, and its organization with their suppliers in China. The impacts of the pattern of organization between lead firms and suppliers will be investigated in terms of the growth of local automotive suppliers in Guangzhou over the past three decades.

Specifically, This book will analyse that Japanese automotive lead firms following the changing dynamics of market imperatives from ASEAN countries to China from the global perspective, although these countries worried about the risk in terms of the political environment in China. Through extra-firm bargaining strategies between lead firms and local government in China, Japanese automotive lead firms joined with China's local Auto Group. Then, under the regulations of the Chinese government on the development of the automotive industry, Japanese automotive lead firms invited their follow-source suppliers and intermediaries through their inter-firm partnership strategy and allocated their intra-firm strategy such as engines factories and R&D centres in China through "intra-firm coordination strategy". In this case, reconfigured production networks were built up, which directly affected the development of the local automotive supply industry.

3.3 Research Questions, Objectives, and Hypotheses

3.3.1 Research Questions

This book primarily makes a modest contribution to our knowledge of the distinctive ways in which automotive lead firms establish their reconfigured production networks, particularly organization with their follow-source and local suppliers in the LDCs. Using three Japanese automotive lead firms in Guangzhou as an example, the multi-faceted determinants of the organization will be clarified using

GPN2.0 theory and its concept of "strategies". This book will investigate the following three questions:

Research Question One: How do Japanese automotive lead firms establish their reconfigured production networks, particularly the organization with their Japanese and follow-source suppliers in Guangzhou in the form of local sourcing?

Research Question Two: How to explain the different temporal process and spatial organization of different Japanese automotive lead firms-led reconfigured production networks, particularly organization with their Japanese and local suppliers in Guangzhou?

Research Question Three: What are the impacts on the local automotive industry in Guangzhou of the temporal process and spatial organization of Japanese automotive lead firms-led reconfigured production networks, particularly the organization with their Japanese and local suppliers within Guangzhou area and its implications for the development of the local automotive suppliers industry in Guangzhou?

3.3.2 Research Objectives

Based on these three research questions, This book is divided into the following three research objectives:

(1) The first objective is to establish an analytical framework to explain the temporal process and spatial organization of Japanese automotive lead firms-led reconfigured production networks.

(2) The second objective is to examine the organization of Japanesefollow-source suppliers in Guangzhou in the form of procurement linkages.

(3) The third objective is to elucidate theunderlying, multi-faceted forces behind the revealed temporal process and spatial organization of Japanese automotive lead firms-led, reconfigured production networks, particularly the pattern concerning the organization and local sourcing in Guangzhou, and to investigate

its associated spatial pattern and the implications for the development of Guangzhou's automotive supplier industry.

3.3.3 Research Hypotheses

To answer the above research questions and attain the aforementioned research objectives, three working hypotheses are designated:

Hypothesis I: There exists a significant relationship between Japanese automotive lead firms and their follow-source suppliers or intermediaries.

Hypothesis II: The ways in which different automotive lead firms establish their intra-firm, such as R&D centres and engines, differ from each other.

Hypothesis III: The ways in which different automotive lead firms establish an organization between Japanese and local suppliers or intermediaries differ from each other.

3.4 Sector Selection—Japanese Automotive Industry

Inthis book, the Japanese automotive industry is selected as the case on the basis of theoretical considerations. First, the automotive industry is the most globalized industry (Dicken, 2007). The automotive industry, and in particular, the Japanese automotive industry, has rich experience in investment overseas. It began to invest worldwide since in the 1950s, in America, Europe, Asia, and Africa and has built hundreds of facilities in China since the 1980s (JAMA, 2017).

Second, the Japanese automotive industry has the largest number of lead firms in the world, such as Toyota, Honda, and Nissan (www.OICA.net). Lead firms in the automotive industry, known as automakers or original equipment manufacturers, carried out most aspects of product design, the production of most engines and transmissions, and nearly all vehicle assembly plants within their own facilities (Sturgeon et al., 2009, p. 17). They contended that there were eleven automotive lead firms from three countries, Japan, Germany, and the USA in the world market, such as General Motors (G. M.), Toyota, Ford, VW, Honda, Peugeot Société Anonyme (PSA), Nissan, Chrysler, Hyundai, Renault and Fiat in 2006 on the basis of vehicle production by company (ibid). In early 2014, Fiat acquired 100% ownership in Chrysler. Since then, there are only ten automotive lead firms in the world except Chrysler, where three Japanese automotive lead firms: Toyota, Nissan and Honda (Table 3 – 1). From 2000 to 2017, the output of the three Japanese automotive lead firms has increased yearly, but the proportion of total global car production has fluctuated at around 20%. Toyota ranked first globally after 2010, with Nissan and Honda 6th or 7th and 7th and 8th, respectively.

Table 3 – 1　Top 10 lead firms in the world (2000 – 2017)

(Unit: production million vehicles)

	2000	2005	2010	2012	2015	2016	2017
Toyota	5.95 (3)	7.34 (2)	7.77 (1)	10.10 (1)	10.08 (1)	10.21 (1)	10.47 (1)
VW	5.11 (4)	5.21 (4)	8.48 (3)	9.25 (3)	9.87 (2)	10.13 (2)	10.38 (2)
G. M.	8.13 (1)	9.10 (1)	8.56 (2)	9.29 (2)	7.49 (4)	7.79 (4)	6.86 (4)
Hyundai	2.49 (11)	3.09 (9)	5.76 (4)	7.13 (4)	7.99 (3)	7.89 (3)	7.22 (3)
Ford	7.32 (2)	6.50 (3)	4.99 (5)	5.96 (5)	6.40 (5)	6.43 (5)	6.39 (5)

continued

	2000	2005	2010	2012	2015	2016	2017
Nissan	2. 63 (8)	3. 49 (6)	3. 98 (6)	4. 89 (6)	5. 17 (6)	5. 56 (6)	5. 77 (7)
Fiat	2. 64 (7)	2. 03 (12)	2. 41 (11)	2. 13 (13)	4. 87 (7)	4. 68 (8)	4. 60 (6)
Honda	2. 51 (10)	3. 44 (7)	3. 64 (7)	4. 11 (7)	4. 54 (8)	5. 00 (7)	5. 24 (8)
Renault	2. 51 (9)	2. 62 (10)	2. 72 (10)	2. 68 (10)	3. 03 (9)	3. 37 (9)	4. 15 (9)
PSA	2. 88 (6)	3. 38 (8)	3. 61 (8)	2. 91 (8)	2. 98 (10)	3. 15 (10)	3. 65 (10)
Total[1]	11. 09	14. 27	15. 39	19. 1	19. 79	20. 77	21. 47
Share[2]	18. 99%	21. 47%	19. 80%	22. 67%	21. 92%	21. 92%	22. 15%

Source: compiled by the author from OICA (www. OICA. net)

1The total production ofthe three Japanese automotive lead firms;

2 Share ofthe three Japanese automotive lead firms' global production.

Third, the Japanese automotive industry has the most competitive production networks composed of the JIT logistical operation system (Hill, 1989; Nemoto, Hayashi & Hashimoto, 2010), traditional trust and a long-term hierarchical tight and stable relationship with their suppliers (vertical *keiretsu*) (Hill, 1989; Sato, 1982; Sheard, 1983). When they invested in other countries, Japanese automotive lead firms actively assisted their *keiretsu* component suppliers to build plants near their assembly plants operations abroad (Cusumano & Takeishi, 1991). In this case, they could operate the JIT delivery system in host regions (Mair et al, 1998; Nemoto et al., 2010; Rutherford, 2000). This implies that they operated their reconfigured production networks in host regions.

Fourth, the three Japanese automotive lead firms established their reconfigured production networks with their R&D centres, engines, suppliers, and intermediaries in China (JAMA, 2015). Their output reached 3.64 million vehicles, accounting for 16.59% of the world's total in 2017 (http://db.auto.sohu.com).

Last, the reconfigured production networks of Japanese automotive investment had not been examined systematically, although they were formed in China. Conversely, those ofthe German and Korean automotive investment in China had already been elucidated by Depner and Bathelt (2005) and Sung (2008) respectively due to their importance for local economic development. Additionally, the production networks of the three Japanese automotive lead firms are variedin Japan. The organization of Toyota is the tightest is *vertical keiretsu* so that the number of its group suppliers is the largest. The organization of Nissan wasas tight as Toyota, but it became more open after cooperating with Renault, thus the number of its group suppliers was the smallest. The organization of Honda is modest, thus the number of its suppliers is modest. When the three lead firms invested in host regions, these different organizations possibly led to various reconfigured production networks and various levels of local economic development.

In general, it is both possible and significant to explore Japanese automotive investment and its reconfigured production networks in China, because it can represent the advanced automotive industry with different lead firms and production networks, competitive production networks, and rich, globalinvestment experience. Importantly, the similarities and differences between the reconfigured production networks led by three lead firms are still to be studied in LDCs such as China.

3.5 Study Area-Guangzhou

Guangzhou is the capital city of Guangdong province and the core city of the Pearl River Delta (PRD). It is also the third largest city of China in terms of GDP, with an area of 7,434 square kilometres and a population of 14.50 million recorded at the end of 2017 (Guangzhou Statistics Bureau, 2018). It consists of 11 districts (Yuexiu, Liwan, Tianhe, Haizhu, Panyu, Nansha, Huangpu, Zengcheng, Baiyun, Huadu and Conghua), 136 *Jiedaos* and 34 towns in the same year①.

Guangzhou has been an automotive industrial base since the 1950s after "New China" was established. From 1969 to 1978, the Hongwei brand truck achieved success in China, but went into bankruptcy due to inadequate investment and backward technology. From 1980, Guangzhou began to produce coaches to arrange the laid-off workers but this production was moderate. During this period, China sought economic reform and began the era of "opening up", tresulting in large FDI flow into China to promote widespread industrial development. However, the Chinese Government maintains control over the automotive industry because it is so important for the national economy. In 1984, Guangzhou Automotive Industrial Group (GAIG)② became a nationally designated automotive group. In 1985, it cooperated with French Peugeot to build Guangzhou Peugeot, which was one of "Three Small" in China.

Guangzhou Peugeot experienced great success from 1985 to 1992 because it was founded in the PRD, where there was a large market demand. When it produced cars in Guangzhou, the production output in China was very small. Therefore, its production only supplied to the domestic market. However, after 1993, it had a backlog so that it made a loss in 1994. The major reason was that the French Peugeot only takes 22% of the shares. This ecreated a French Peugeot short-term vision without a positive long-term plan and only provided backward models for Guangzhou Peugeot, with slow localization and expensive accessories,

① In 2017, there are 170 *Jiedaos* and towns in Guangzhou. The number of *Jiedaos* and towns changed from 2000 to 2017 due to continuous administrative division adjustment of Guangzhou. However, the biggest adjustment was in 2005, which combined and separated nearly 1/3 Guangzhou area. Afterwards, there is some minor adjustment. Therefore, to use the electronic map with 164 *Jiedaos* and towns in 2005 is more reasonable as it connects 2000 with 2017.

② Its name changed to Guangzhou Automotive Group Co. Ltd. (GAC) in 2005.

resulting in high production and maintenance costs. Others reasons included unreasonable capital structures, small investment, unreasonable sales system, few maintenance outlets, backwards management, insufficient support from local government, and the rise of other competitive car models such as Santana of SAIC-VW. In 1997, Honda took place of Peugeot in the way of debt repayment and became the first Japanese automotive lead firm investment in Guangzhou and even China, followed by Nissan in 2003 and Toyota in 2004.

Then, Guangzhou, a city witha geographical concentration of three Japanese automotive lead firms—Honda, Nissan, Toyota, has become the largest Japanese automotive production base in China. It has accounted for over half of Japanese automotive production since 2011 (see Figure 3 - 2). Nissan's share was the highest, reaching 83.05% in 2013. Nissan was followed by Honda, which accounted for 64.22% in 2009, and drawing up the rear was Toyota with the highest share of 39.47% in 2016 (see Figure 3 - 3). Additionally, the annual growth rate of Japanese automotive production increased annually by 9.68% from 2007 to 2017, except Diaoyu Island incident in 2012.

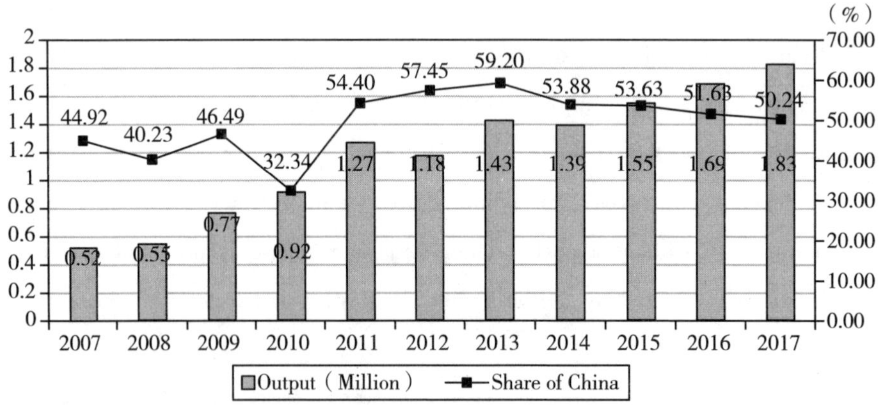

Figure 3 - 2 Car production by three Japanese automotive lead firms in Guangzhou and share of China (2007 - 2017)

Sources: Compiled by the author from http: //db. auto. sohu. com (Available at: 6th April, 2018).

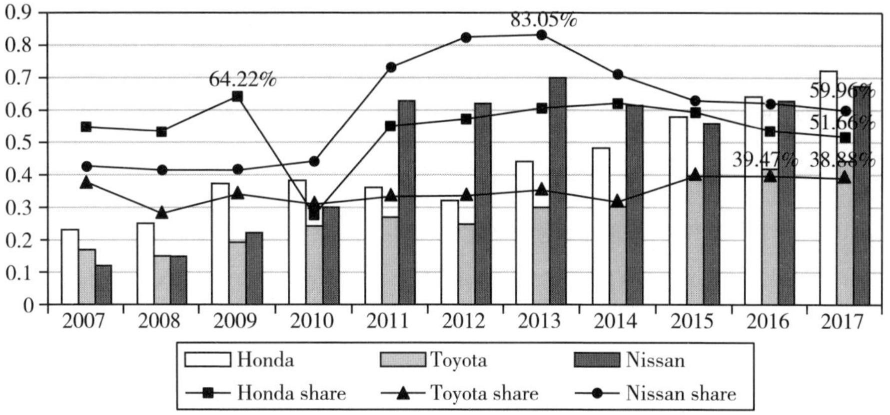

Figure 3 - 3 Car Production of Honda, Toyota, and Nissan in Guangzhou and share of China (2007 - 2017)

Sources: Compiled by the author from http: //db. auto. sohu. com (Available at: 6th April2018).

Simultaneously, three Japanese automotive reconfigured production networks were formed and organized in Guangzhou. When Honda, Nissan and Toyota invested in Guangzhou, their R&D centres, components and partssuppliers, basic materials suppliers, engineering services die and machinery, and even intermediaries all followed them to Guangzhou to organize their reconfigured production networks. At the end of 2017, around 190 Japanese investment assemblers (engines and R&D centres), suppliers, and intermediaries companies clustered in Guangzhou.

Over the past two decades, driven by the substantial influx of foreign investment, particularly from Japan, the automotive industry has become the first pillar industry of Guangzhou since 2004. Guangzhou has transformed from one of the "three smalls" of China into third place in China's car production volume of 2017. In particular, Guangzhou car output ranked first in China in 2008 (National Bureau of Statistics, 2009).

Therefore, it is possible to explore the similar and different features of the temporal process and spatial organization of Japanese automotive reconfigured production networks, particularly as shaped by the three Japanese automotive lead firms through the case study of Guangzhou. It can be said that Guangzhou is the only area in China where the three Japanese automotive lead firms and their reconfigeration production networks are clustered.

3. 6 Data Collection

The data in previous studies analysing the formation and activities of automotive lead firms and their follow-source suppliers and intermediaries in reconfigured production networks through automotive firms investment, involves firm-level statistical data (Pavlínek & Zénka, 2010) and semi-structured, in-depth interview data (Depner & Bathelt, 2005). The questionnaire data was seldom used, largely due to the fact that the feedback rate of the questionnaire used to be relatively low at 7.8% in the investigation on automotive firms (Techakanont, 2008). According to this returned rate, if using the questionnaire method to investigate 190 Japanese investment automotive enterprises in Guangzhou, the number of responses will be about 15. Therefore, in the study of the formation and activities of Japanese automotive lead firms and their follow-source suppliers and intermediaries in reconfigured production networks in Guangzhou, the number of questionnaires is about the same as that of planned, semi-structured, in-depth interviews, but the amount of information and effectiveness obtained is far less than that of semi-structured, in-depth interviews.

3. 6. 1 Statistical Firm-level Data

To explore the formation and organization of reconfigured production networks shaped by Japanese automotive lead firms and their follow-source suppliers and intermediaries in Guangzhou, some information of these firms is an important issue, such as each firm's registered time, registered capital, locations, and major production or even shareholders. The firm-level database of foreign enterprises in Guangzhou was previously obtained from the Guangzhou Municipal Commission of Commerce (GZCC), which owns the data of the investment source. However, when I interviewed with the officials of this department, they stated that the investment capital of the two Japanese automotive lead firms cannot be made available, due to some "special" reasons. For instance, when Honda invested in Guangzhou, they took place of Peugeot debt instead of capital influx. Additionally, when Nissan coupled with Dongfeng①, the name of the previous registered company (Fengshen Motor Co., Ltd.) was not changed because this company owns the passenger car production quota permitted by the state. Therefore, Taiwan investment has continued as the investment source of Dongfeng Nissan.

Instead, the firm-level database was collected from the Guangzhou Municipal Industrial and Commercial Bureau (GZMICB) on the base of the key phrase "core business of automotive". However, this database still missed some Japanese automotive investment firms because they were registered as other core business. Therefore, some name lists of Japanese automotive investment firms were also collected for amending the data from the GZMICB when I interviewed with district level governments or industrial parks, such as the Guangzhou Municipal Statistical Bureau (GZSB), the Administration Committees of Automotive (Industrial) Parks such as the Guangzhou Development Zone (GZDZ), Huadu International Auto Parks (HDIAP), Zengcheng Development Zone (ZCDZ), and the Huangpu and Nansha Science and Technology and Information Technology Bureau (HPSTITB; NSTITB). Furthermore, the name list of inter-

① Also known as the China Second Auto Workshop Group (SAW).

mediaries and suppliers was obtained from the Guangzhou Automotive Group Co. Ltd.

After collecting the automotive firms from the various Guangzhou governments, the National Enterprise Credit Information Publicity System was firstly used to choose and categorize Japanese automotive investment firms on the basis of the registered nature and shareholders. Then, basic information about each Japanese automotive firm's registered time, registered capital, and locations was all collected on that system. Afterwards, the major production figures were collected from the profile of suppliers and categorized into different tiers based on their major production outputs. Finally, data of shareholders and major production from the profile of their parent firms in Japan were examined on the basis of the Automotive Industry Portal-MARKLINES (www. marklines. com) and 4 - traders (www. 4 - traders. com).

Until then, the data set was prepared for further quantitative analysis on the formation of the temporal process and spatial organization of Japanese automotive investment. The information is reliable because it comes directly from Guangzhou government bodies and can be identified from the National Enterprise Credit Information Publicity System.

3.6.2 Semi-structured, In-depth Interview Data

The semi-structured, in-depth interview data are also essential for explaining the time, location, and activities of Japanese automotive firms invested in Guangzhou that cannot be presented by firm-level statistical data. This book conducts semi-structured, in-depth, face-to-face interviews with 14 local governments and 24 firms involving assemblers and suppliers in Guangzhou (see Table 3 - 2; Table 3 - 3). The number of interviewees was approximately 90.

Table 3 - 2 List of all interviewees in local government and GAC Groups in Guangzhou

Interviewees	Institutions or Companies	No.
Government Agencies	Government official of GZCC, Guangzhou Municipal Development and Reform Commission (GZDRC), GZDZ, Guangzhou Municipal Industry and Information Technology Commission (GZIITC), Guangzhou Science Technology and Innovation Commission (GZSTIC), Huadu International Automobile Park (HDIAP), Huangpu District Development and Reform Bureau (HPDRB), Huangpu District Industry and Information Technology Commission (HPDIITC), Nansha District Development and Reform Bureau (NSDRB), Nansha Industrial Park Development and Construction Office (NSIPDCO), Nansha District Industry and Information Technology Commission (NSIITC), Nansha District Investment Promotion Bureau (NSDIPB), Zengcheng District Development and Reform Bureau (ZDDRB), ZCDZ	14
GAC Group	Administrative staff of Guangzhou Auto Group Co. Ltd., GAC Automotive Parts Co., Ltd., GAC Business Co., Ltd.	3

Source: Compiled by the author.

(1) Guangzhou Municipality

Interviews with the Guangzhou municipality officials aim to understand the role of active embeddedness and obligated embeddedness of local government on the formation and activities of reconfigured production networks from Japanese automotive firms' investment. Fourteen interviews with heterogeneous levels of government officials were conducted on the effect of local government policies on Japanese automotive investment in Guangzhou, including eight departments of four municipal governments, seven district governments, and four administrations committees of (automotive) industrial parks (see syllabus in appendix one).

Additionally, government documents were collected during the interview. These provided copious information about the obligated regulations and incentive policies for Japanese automotive investment. Some field-studies were also conducted through governmental organized meetings and walking tours through the production facilities of the firms.

(2) GAC Group

Interviews with three domestic automotive groups aim to understand how they cooperate with Japanese automotive firms, why the JV's assembly plants and suppliers are intheir current position, and the relationship between JV assembly plants and their suppliers. In This book, the GAC Group, GAC Automotive Parts Group and GAC Business Group are interviewed. They are the agencies of the Guangzhou municipality to cooperate with Japanese automotive firms.

(3) Three JVs and Their Suppliers

Interviews with the three JVs between three Japanese automotive lead frims and Guangzhou municipality aim to understand the power of these three JVs in the formation and organization of three Japanese automotive reconfigured production networks. Dongfeng Nissan Motors Co. Ltd, GAC Honda Automotive Co., Ltd, and GAC Toyota Motors Co. Ltd., were interviewed respectively. Additionally, interviews with suppliers firms aim to understand the organization relationship between suppliers and assemblers.

Ten Japanese suppliers were interviewed for this study. These suppliers are typical, for three reasons. First, every Japanese automotive lead firm has one or two Tier 1 suppliers or Tier 2 suppliers, which means the formation and organization of reconfigured automotive production networks led by every Japanese automotive lead firm can be examined. Second, the time of these suppliers arriving in Guangzhou is different to their parent companies. Some of them set uplater, earlier, or concurrently, which contributes to the exploration of the formation of reconfigured, Japanese automotive production networks. Third, the locations of these suppliers in Guangzhou are different to those of their parent companies.

Some of them are adjust to their parent companies, but others keep their distance. This can demonstrate the organization and activities of reconfigured, Japanese automotive production networks (see Table 3 -3).

Additionally, six indigenous suppliers were interviewed (see Table 3 -4). Three of these were of the generic Tier 1 suppliers of GAC Honda, while two had no main lead firms and belonged to electronics suppliers. The remaining interviewee was not a supplier of Japanese automotive lead firms but was interviewed with the others to help us to understand the organization of the three Japanese automotive lead firms with local suppliers and the impact on development of Guangzhou's automotive supplier industry.

Table 3 -3 Company profiles of interviewed Japanese automotive lead firms and suppliers in Guangzhou in 2017

Lead firm	Role	Registered Time	Registered Capital (million$)	Share (%)	Main Business	Location
GAC Honda	Motor	1998	541	50	Cars	HPD
	Engines	2004		50	Engines	ZCDZ
	SS Tier 1	2001	30	100	Frame	GZDZ
	SS Tier 1	2001	20	100	Frame	HDIAP
	SS Tier 2	2003	5	100	Valve	GZDZ
Dongfeng Nisssan	Motor*	2003	321	50	Cars	HDIAP
	SS Tier 1	2007	75	100	Transmission Box	GZDZ
	SS Tier 1	2002	13	48	Propeller Shaft	GZDZ
Dongfeng Nisssan	SS Tier 2	2005	10	100	Aluminium Die castings	GZDZ
	GS Tier 1	2004	22	100	Lock and handle	HDIAP
	GS Tier 2	2004	5	100	Steel processing	HDIAP

continued

Lead firm	Role	Registered Time	Registered Capital (million$)	Share (%)	Main Business	Location
GAC Toyota	Motor	2004	842	50	Cars	NSDP
	Engines	2004	516	75	Engines	NSDP
	SS Tier 1	2004	47	100	Air-condition	NSDP
	GS Tier 2	2012	2	100	Module	HDIAP

* As mentioned earlier, this registered fund is owned by Guangzhou Fengshen Motor Co., Ltd.

Source: Compiled by the author from interviewees, company profile website, and National Enterprise Credit Information Publicity System (Available at: 16th March 2018).

Table 3 – 4　Company profiles of interviewed local automotive firms in Guangzhou in 2017

Lead firm	Role	Registered Time	Registered Capital (million$)	Main Business
Dongfeng Nissan GAC Honda and Dongfeng Nissan	GS Tier 1	2003	291	Mold
	GS Tier 1	2010	146	Pipe
GAC Honda and GAC Toyota	GS Tier 1	2006	7500	Glass
No main lead firms	GS Tier 1	2003	294	Electronics
	GS Tier 1	2007	882	Electronics
No lead firm	Local supplier	2006	17	Air-conditioning

Source: Compiled by the author from interviews, company profile website, and the National Enterprise Credit Information Publicity System (Available at: 16th March 2018).

These firms were interviewed in various conferences and automotive shows, such as the Guangdong Automotive Annual Conference, China's Automotive Annual Conference, Guangzhou Investment Annual Conference and Guangzhou International Automotive Show (see Figure 3 – 4).

A: Interview with Jatco

B: Interview with GAC Component

C: 2016 Guangzhou International Auto Parts Exhibition

D: China Auto Parts Forum

E: 2016 Guangzhou Auto Parts Forum

F: 2017 Guangzhou International Investment Conference

Figure 3 – 4 Sites of Interviews

Source: Pictures were taken by the author during interview.

Theinterview content involved heterogeneous aspects of the strategies of Japanese automotive firms in Guangzhou. Ten questions were asked about the time and location of their investment, and their R&D, procurement, and logistics activities (see syllabus in appendix two). The basic information could be prepared for automotive lead firms before interviews but not for the suppliers. Some suppliers were interviewed spontaneously in the conferences and shows instead of by appointment, and I could not predict which supplier I would meet. Each interview lasted from half an hour to an hour.

It should be said that it was very difficult to contact these firms due to Japanese conservative culture. Therefore, I introduced some of the latest incentives policies and talked about the automotive development trends during the interviews, which invoked great interest in communicating with me. However, the interviews with the CEOs of Japanese automotive lead firms could not be conducted live, due to access being unavailable, and therefore had to be obtained from existing interviews in the book, "Ten Years of Guangzhou Automotive Industrial Development".

Sometimes, during the interview, interviewees would produce alternative answers to the same problem due to their own knowledge. At this point, I consulted with automotive experts and government officials, and further checked the documents and literature to find the correct answer. For example, to answer the question of whya domestic supplier entered into the procurement system of Japanese JVs, one interviewee statedthat it was because they gave shares to Japanese Joint Ventures, a second interviewee cited an agreement between the Guangzhou municipality and Japanese automotive lead firms, a third interviewee held that it was because they had been supplying the GAC, and a fourth interviewee cited the quality of the products. After further interviewing with the automotive industry association, officials of local government and Japanese JVs, and further study of the literature, I concluded that the above factors should be integrated.

3.7 Data analysis

Both qualitative and quantitative approaches were employed toanalyse the collected, firm-level data and semi-structure interview data. In quantitative analysis, LQ was caculated by fomula and co-location Global Moran's I was presented by GIS technique respectively. In qualitative analysis, coding method was used to categorise and codify the interview transcripts.

3.7.1 Quantitative Analysis for Firm-level Data

Several quantitative methods were chosen in this book, such as 3D mas to visualize the spatial organization evolution of Japanese automotive investment, and LQ figures to illustrate the spatial agglomeration evolution of Japanese automotive investment.

The LQ is the measure widely used for exploring the spatial agglomeration of specific industries (Blair, 1995; Stimson, Stough & Roberts, 2006), which has been applied in foreign and domestic research. (Carrol et al., 2008; Jing & Cai, 2010; Yang & Liao, 2010). The equation of the LQ is

$$LQ = \frac{\left(\frac{e_i}{e}\right)}{\left(\frac{E_i}{E}\right)} \tag{3-1}$$

In this book, where e_i is automotive firm's registered capital of Japanese investment in Jiedao i, e is of total Japanese automotive registered capital in Guangzhou; E_i is automotive firm's registered capital in Jiedao i; E is of total automotive registered capital in Guangzhou. The result of LQ is higher, which means more specialization of automotive manufacturing in Jiedao i. When LQ > 1 in Jiedao i, it reflects that Jiedao i has a larger scale and higher degree of specialization in the automotive industry of Japanese investment than the average of Guangzhou.

Global Moran's I is the method is used to account for spatial autocorrelation or association and spatial co-correlation or co-association of industries. In this book, Global Moran's I is used to explore the spatial autocorrelation of Japanese automotive investment industry and the spatial co-correlation between assemblers and their suppliers or intermediaries. The formula of Global Moran's I is defined as follows:

$$I = \left(\frac{n}{\sum_i \sum_j w_{ij}}\right)\left(\frac{\sum_i \sum_j w_{ij}(x_i - \bar{x})(x_j - \bar{x})}{\sum_i (x_i - \bar{x})^2}\right) \tag{3-2}$$

In this book, where n is the number of geographic units, namely Jiedaos in Guangzhou; i and j are indices for geographical units; w_{ij} is the element of the spatial weights matrix for Jiedao pair i and j; x_i is the number of automotive industrial employment at Jiedao i; and j is the average of x. The Moran's I index has a similar theoretical background to a correlation coefficient and has a similar range of values (−1, 1) (Bailey & Gatrell, 1995). A positive Moran's I value means high value units are close to high value units and low value units are close to low value units, while a negative value indicates the opposite, with high value units surrounded by low value units and low value units surrounded by high value units. The Global Moran's I value can be visualized as the slope in a Moran scatter plot of the spatially lagged variable w_x on the original variable (x) (Anselin, 1995).

Finally, with respect to this basic information in the sub-district electronic map, the distinctive trajectories of geographical patterns of automotive FDI can beanalysed, such as the evolution characteristics of spatial agglomeration and spatial co-location.

3.7.2 Validity Analysis of Semi-structure In-depth Interview Data

"Validity" has become a measure of qualitative research (Johnson, 1997). He regards that two types of validity related to the information gather from the interviews: descriptive validity and interpretive validity. The former means the accuracy of the account as reported by the researchers and the latter refers to the degree that the interviewees' viewpoints, thoughts, intentions, and experience are accurately understood and described by the researcher. To maximize validity in quantitative research, he further develops some strategies. In this book, four of these strategies are used: data triangulation, participant feedback, peer review, and methods triangulation.

During the interview, interviewees may hold various viewpoints on the same problem due to their own knowledge. In order to come to the "right" point of view, I will continue to consult with car experts and government officials, and further consult the relevant documents and literature. For example, to answer the question of why a domestic supplier entered into the procurement system of Sino-Japanese JV assemblers, one interviewee claimed that it was because they gave shares to Japanese JV assemblers, one interviewee regarded it as being because of bargaining between the Guangzhou municipality and Japanese automotive lead firms, a third interviewee heldthat it was because they had been supplying the GAC, and the final interviewee considered that it was because of the quality of the products. After further interviews with the automotive industry association, officials of local government, and Japanese JVs, as well as further study of the literature, it was concluded that the above factors should be integrated. In addition, I offered this conclusion to the interviewees and experts to ask for their advice. After they agreed with the conclusion, I summed up all of the above points as one of the reasonsfor domestic suppliers entering into the procurement system of Sino-Japanese JV assemblers.

Additionally, toanalyse semi-structure in-depth interview data, expect description and interpretation methods, coding by NVivo software was utilized to analyse because the electronic coding process was quicker and more concise than manual coding. It could enhance the quality and trustworthiness of the research

(Welsh, 2002). According to the procedures of thematic analysis via NVivo and presented by Bazeley and Jackson (2013), I adapted five steps to code the in-depth interview data.

First, an NVivo database was designed by storing every interview transcript in NVivo. Second, NVivo stored the raw data to code into nodes and extracted the related narratives from the imported interview transcript. Three layers of nodes were established on the basis of the semi-structure interview questions in this book. For example, a supplier's investment included time and location two sub-nodes. Then, investment time was divided into three sub-nodes: with their parent companies, before their parent companies, and after their parent companies. Investment location consists of two sub-nodes: next to their parent companies and away from their parent companies. Fourth, it defined themes among codes (nodes) that are related to questions. For instance, the different time and place of investment from suppliers to the their parent companies can lead to a different time-process and space organization theme between suppliers and parent companies. Some theories could be summarized from the themes. Finally, the extent of the relationship between these suppliers and their parent companies could be observed.

3.8 Summary

In order to fill the gap in the existing literature to guide the empirical analysis in the following research, the chapter has designed a specific analytical framework to explore the different formation and organization characteristics of reconfigured production networks led by various Japanese automotive lead firms through the case of the Japanese automotive industry in Guangzhou, particularly the organization with their suppliers and their underlying dynamics, by employing "strategies" concept of GPN2.0 theory including "intra-firm coordination strategy, inter-firm partnership strategy, and extra-firm bargaining strategy".

To attain this aim, the research mainly depends on firm-level data and semi-structured, in-depth interview data, rather than the questionnaire method, due to thelow return rate of the latter method. Accordingly, both quantitative and qualitative methods were used to analyse these two categories of data in order to present findings that meet with the research aim and objectives. During the data collection process, a high standard of research ethnics should be maintained in order to making ensure the collection of precise and valid data, And to guarantee the confidentiality of all participants.

4 TEMPORAL PROCESS OF JAPANESE AUTOMOTIVE INVESTMENT IN GUANGZHOU

4.1 Introduction

This chapter explores the characteristics of the temporal process of Japanese automotive investment in Guangzhou, paying special attention to Japanese automotive lead firms (including R&D centres and engines) and their follow-source suppliers or intermediaries in the form of reconfigured production networks identified in the analytical framework established in Chapter Three from qualitative perspectives. This chapter comprises three sections. The first section will revisit and interpret the temporal process of Japanese automotive investment in Guangzhou, including the evolution of Japanese automotive investment shifting from ASEAN countries to Guangzhou countries over the period from 1991 to 2017. The second section will compare the similarities and differences of the temporal process of the three reconfigured, lead firm-led production networks and the underlying dynamics with the "strategies" concept of GPN2.0 theory. Key findings and theoretical implications are summarized in the final section of the chapter.

4.2 Temporal Process of Japanese Automotive Investment in Guangzhou

4.2.1 Japanese Automotive Investment from ASEAN Countries to China

(1) Japanese Automotive investment in ASEAN countries before the Asian Financial Crisis

Since the late 1960s, the Japanese automotive industry has started to expand international production, especially in ASEAN countries (Shimokawa, 2010) such as Thailand in 1962 (Lecler, 2002), the Philippines in 1963 (Sturgeon, Daly, Frederick, Bamber & Gereffi, 2016), Malaysia in 1968 (Wad & Govindaraju, 2011), and Indonesia in 1971 (Irawati, 2011). Before the Asian financial crisis, the three Japanese automotive lead firms all invested in ASEAN countries (See Table 4-1). This demonstrates that the investment time process of Japanese suppliers was consistent with their lead firms, but no R&D centre has been set up. These reconfigured production networks have been established by Japanese automotive lead firms and their on-site, follow-source suppliers (Irawati, 2011; Poapongsakorn & Techakanont, 2008).

(2) Japanese Automotive Investment in China (Guangzhou)

Since the 1990s, the world automotive industry has confronted increasingly global competition due to the deregulation of investment, trade liberalization, and advances in information and communication technology. Following the Japanese economic recession in the early 1990s and the Asian financial crisis in 1997, Japanese automotive lead firms decided to develop production in ASEAN countries toward a global strategic base and ramp up to China. As JAMA (2015) noted, Honda, Nissan, and Toyota had established 11, 14, and 26 facilities respec-

Table 4 - 1 Toyota, Nissan and Honda investment in ASEAN countries the Asian financial crisis

(Unit: Million vehicles)

Lead Firms		Name	Year	Share	Volume
Toyota	Thailand	Toyota Motor Thailand Co., Ltd.	1962	86%	0.79
		Toyota Auto Works Co., Ltd.	1988	33%	0.02
		Siam Toyota Manufacturing Co., Ltd.	1987	96%	—
	Philippines	Toyota Motor Philippines Corp.	1988	34%	0.05
		Toyota Auto parts Philippines Inc.	1991	61%	—
	Malaysia	Assembly Services Sdn. Bhd.	1992	39%	0.08
	Indonesia	P. T. Toyota Motor Manufacturing (engine)	1971	95%	2.5
Nissan	Thailand	Nissan Motor (Thailand) Co., Ltd.	1977	75%	0.28
		Nissan Powertrain (Thailand) Co., Ltd.	1987	90%	
		SNN Tools & Dies Co., Ltd.	1989	28%	
	Malaysia	Tan Chong Motor Assemblies Sdn. Bhd.	1976	—	0.65
	Indonesia	P. T. Nissan Motor Indonesia Co., Ltd.	1995	75%	1.76
Honda	Philippines	Honda Cars Philippines Inc.	1991	74%	0.15
		Honda Parts Manufacturing Corp.	1992	100%	—
	Malaysia	Honda Auto Parts Manufacturing Sdn. Bhd.	1992	51%	

Sources: JAMA (2017).

tively in China in 2015 (see Table 2 - 1; 2 - 2; 2 - 3), including R&D centres, engines factories, assemblers, auto parts, logistics providers, finance companies, trade companies, and sales companies.

However, in contrast to the ASEAN countries, the strategies of Japanese automotive lead firms towards the China market were more cautions (Sit & Liu, 2000; Shimokawa, 2010). Japan lagged behind Europe in entering the China car market. Peugeot of France, Volkswagen of Germany, and Fiat of Italy entered the Chinese market in 1985. Honda was the first Japanese automotive lead firm to enter the China market. It established Dongfeng Honda Auto Parts Co., Ltd. in Huizhou with Dongfeng Auto in 1991, and established GAC Honda Auto Co., Ltd. in 1998 with GAC. By the end of 2017, Honda set up two R&D centres, two assembly companies, one engine plant, three suppliers and two intermediaries in China (see Table 4 – 2).

Table 4 – 2　Toyota investment in China

Firms	Share*	Location	Year
R&D Centres			
1. Toyota Motor Technical Centre (China) Co., Ltd.	100%	Tianjin	1998
2. Toyota Motor Technical Research Service (Shanghai) Co., Ltd.	100%	Shanghai	2003
3. GAC Toyota Motor Co., Ltd. R&D Centre	50%	Guangzhou	2009
4. Toyota Motor R&D (China) Co., Ltd.	100%	Changshu	2010
5. FAW Toyota Technical Development Co., Ltd.	50%	Tianjin	2012
Assemblers and Engines			
6. Sichuan FAW Toyota Motor Co., Ltd.	50%	Chengdu	1998
7. Tianjin FAW Toyota Co., Ltd.	50%	Tianjin	2000
8. GAC Toyota Motor Co., Ltd.	50%	Guangzhou	2004
9. Changchun Fengyue Company of SFTM	50%	Changchun	2005
10. Tianjin FAW Toyota Engine Co., Ltd.	50%	Tianjin	1995
11. GAC Toyota Engine Co., Ltd.	50%	Guangzhou	2004
12. FAW Toyota Changchun Engine Co., Ltd.	50%	Changchun	2004

continued

Firms	Share*	Location	Year
Suppliers			
13. Tianjin FAW (Tianjin) Module Co., Ltd.	10%	Tianjin	1995
14. Tianjin Toyota Forging Co., Ltd.	100	Tianjin	1997
15. Toyota FAW (Tianjin) Dies Co., Ltd.	94.7%	Tianjin	2004
16. Toyota Motor (Changshu) Auto Parts Co., Ltd.	100	Changshu	2012
17. Sinogy Toyota Automotive Energy System Co. Ltd.	50%	Changshu	2013
18. Corun PEVE Automotive Battery Co., Ltd.	50%	Changshu	2014
Intermediaries			
19. Toyota Motor (China) Investment Co., Ltd.	100%	Beijing	2001
20. Toyota Motor Warehousing & Trader (Shanghai) Co., Ltd.	100%	Shanghai	2001
21. FAW Toyota Motor Sale Co., Ltd.	53%	Beijing	2003
22. Toyota Motor Technical Research Service (Guangzhou) Co., Ltd.	100%	Guangzhou	2004
23. Toyota Motor Finance (China) Co., Ltd.	100%	Beijing	2005
24. Tong Fang Global (Tianjin) Logistics Co., Ltd.	60%	Tianjin	2007
25. Toyota Motor Warehousing & Trader (Changshu) Co., Ltd.	100%	Changshu	2013
26. GAC Toyota Sale Co. Ltd.	50%	Guangzhou	2015

* Share: (Japan: China)

Sources: compiled by the author from JAMA and Toyota (China) (www.Toyota.com.cn) (Available at: 31st December 2017).

Liu & Dicken (2006) claim that Toyota refused to invest in China when China's Auto Group and governments approached it for partnership in the 1980s. The reason for this refusal possibly lies mainly in the uncertainty and complexity of the business environment in China at that time (Hinata, 2002; Shimokawa, 2010) or the policies of the central government (Shimokawa,

2010) rather than in Toyota's focus on Western markets (Liu & Dicken, 2006). It was not until the mid-1990s that Toyota decided to invest in the production of cars in China when the Chinese government issued the Automobile Industry Policy (1994). By the end of 2018, Toyota had set upfive R&D centres, four assembly plants, two engine companies, six suppliers and eight intermediaries in China (see Table 4 – 3).

Table 4 – 3 Honda investment in China

Firms	Share *	Location	Year
R&D Centres			
1. GAC Honda R&D Co., Ltd.	50%	Guangzhou	2007
2. Honda Motor (China) Technology Co., Ltd.	100%	Guangzhou	2013
Assemblers and Engines			
3. GAC Honda Co., Ltd.	50%	Guangzhou	1998
4. Dongfeng Honda Co., Ltd.	50%	Wuhan	2003
5. Honda Motor (China) Co., Ltd. ①	75%	Guangzhou	2003
6. Dongfeng Honda Engine Co., Ltd.	50%	Guangzhou	1998
Suppliers			
7. Dongfeng Honda Auto Parts Co., Ltd.	56%	Huizhou	1994
8. Honda Auto Parts Manufacturing Co., Ltd.	100%	Foshan	2005
9. Honda Engineering (China) Co. Ltd.	100%	Guangzhou	2004
Intermediaries			
10. Honda Access (Guangdong) China Co., Ltd.	80%	Foshan	2002
11. Honda Motor (China) Investment Co., Ltd.	100%	Beijing	2004

* Share: (Japan: China)

Sources: compiled by the author from JAMA (2015) and Honda Motor (China) (www.honda.com.cn) (Available at: 31st December 2018).

① Honda (China) Co., Ltd. has been acquired by Guangqi Honda Motor Co., Ltd. in 2018.

Nissan also decided to invest in Guangzhou after seeing the success of Yulong Motor Co., Ltd. By the end of 2018, Nissan had set up five R&D centres, four assembly companies, one engine plant and twointermediaries in China (see Table 4 –4).

It can be seen that Guangzhou is the only city in China, where Honda, Toyota, and Nissan invested in assemblers, R&D centres, engine factories, suppliers, and intermediaries.

Table 4 –4 Nissan investment in China

Firms	Share	Location	Year
R&D Centres			
1. Dongfeng Nissan Technical Centre	50%	Guangzhou	2006
2. Nissan Design China	100%	Beijing	2011
3. Dongfeng Nissan Passenger Technology R & D Centre	50%	Guangzhou	2016
4. Venucia Modeling Centre	50%	Guangzhou	2016
5. Dongfeng Nissan University	50%	Guangzhou	2016
Assemblers and Engines			
6. Dongfeng Motor Co., Ltd.	50%	Wuhan	2003
7. Dongfeng Nissan Passenger Vehicle Company	50%	Guangzhou	2003
		Xiangyang	2003
		Zhengzhou	2010
		Dalian	2014
8. Dongfeng Infiniti Motor Co., Ltd.	50%	Xiangyang	2014
9. Zhengzhou Nissan Automobile Co. Ltd.	50%	Zhengzhou	1993
10. Dongfeng Nissan Passenger Engine Plant	50%	Guangzhou	2006
Intermediaries			

continued

Firms	Share	Location	Year
11. Nissan (China) Investment Co., Ltd.	100%	Beijing	2004
12. Dongfeng Nissan Motor Finance (China) Co., Ltd.	51%	Shanghai	2007

* Share: (Japan: China)

Sources: compiled by the author from JAMA and Nissan (China) (www.Nissan.com.cn) (Available at: 31st December 2018).

4.2.2 Evolution of Japanese Automotive Investment in Guangzhou

Japanese automotive investment in Guangzhou started from 1991 on the basis of firm level data analysis (see Figure 4 – 1). Although Honda entered Guangzhou in 1998, some suppliers came to Guangzhou before the Honda Motor Co. Ltd., (Honda Motor) to supply Honda Motorcycles, such as the Guangzhou Showa in 1991. After Honda established its assembler, these suppliers started to provide components or parts for Honda Motor.

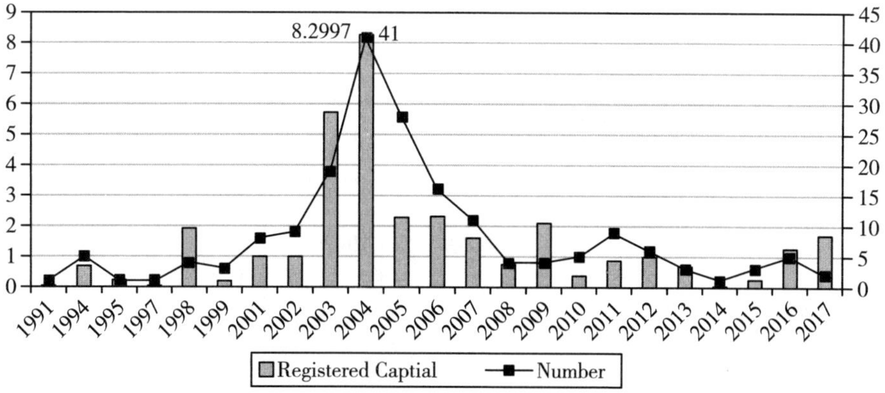

Figure 4 – 1 Temporal process of Japanese Automotive Investment in Guangzhou

Sources: Compiled by the author from Guangzhou Municipality and National Enterprise Credit Information Publicity System (Available at: 26th March 2018).

However, Japanese automotive investment has been unbalanced and discontinuous duringthese three decades. The majority of Japanese automotive investment was between 2003 and 2006. The highest investment year was 2004, with 41 companies and 829.97 million US $. Additionally, Japanese automotive investment stopped in 2000.

Through influx investment in three decades, there were 189 Japanese investment firms with 3440.54 million US $ at the end of 2017 in Guangzhou, including eight assembly plants, four engines, nine R&D centres, 151 suppliers, and 17 intermediaries (see Table 4 – 5). Among these there are were 101 Japanese capital companies and 88 JVs (see Table 4 – 6).

The suppliers from Japan can be divided into three categories and three tiers according to Hill (1989) in Figure 3 – 2 in Chapter Three (see Table 4 – 7). The three types of Japanese suppliers are mainly parts and components suppliers, accounting for 87.42%, followed by die and mechanical engineering services, accounting for 11.92%. There is only one Sino-Japanese supplier of basic mate-

Table 4 – 5 Firm categories of Japanese automotive firms' investment (2017)

Firms	Registered Capital (US $ million)	Share	Number	Share
Assemblers and their engines	1179.74	34.29%	12	6.35%
Suppliers	1959.79	56.96%	151	79.89%
R&D centres and intermediaries	301.01	8.75%	26	13.76%
Total	3440.54	100%	189	100%

Source: Compiled by the author from Guangzhou Municipality and National Enterprise Credit Information Publicity System (Available at: 26th March 2018).

Table 4 –6　Firm nature of Japanese automotive firms' investment (2017)

Firms	R&D centres	Assemblers	Engines	Suppliers	Intermediaries	Total
Sole Proprientorship	2	0	0	92	7	101
JVs	7	8	4	59	10	88
Total	9	8	4	151	17	189

Source: Compiled by the author from Guangzhou Municipality and National Enterprise Credit Information Publicity System (Available at: 26th March 2018).

Table 4 –7　Tiers and categories of Japanese suppliers' investment (2017)

Suppliers	JVs	Sole Proprietorship	Total
Basic Material Suppliers	1	0	1
Engineering Services Dies and Machinery	7	11	18
Auto Components and Parts	51	81	132
Total	59	92	151
Tier 1 *	39	46	85
Tier 2	36	20	55
Tier 3	4	6	10
Total	59	92	151

Source: Compiled by the author from Guangzhou Municipality and National Enterprise Credit Information Publicity System (Available at: 26th March 2018).

* Tier suppliers are classified on the basis of Japanese auto production system (Hill, 1989, p. 465), where the basic material suppliers do not belong to Tier suppliers.

rials, namely Guangzhou JEF Iron and Steel Co., Ltd. The three Tier Japanese suppliers are mainly Tier 1, which accounted for 56.67%, the Tier 2 suppliers accounted for 36.67%, and the Tier 3 suppliers accounted for 6.66%.

Seventeen intermediaries came from Japanese investment. The majority were JVs with 58.82%. They can be divided into six categories, including trade, logistics, finance, sale, technique support companies and services (see

Table 4 – 8).

Table 4 – 8 Firm nature of Japanese intermediaries' investment (2017)

Intermediaries	Trade company	Logistics	Finance	Sales	Technique Support	Green Service	Total
Sole Proprietorship	4	1	1	0	1	0	7
JVs	1	4	1	3	0	1	10
Total	5	5	2	3	1	1	17

Source: Compiled by the author from Guangzhou Municipality and National Enterprise Credit Information Publicity System (Available at: 26th March 2018).

4.2.3 Developmental Stages of Japanese Automotive Firms Investment

Based on the firm level data from the Guangzhou municipality, the developmental trajectory of Japanese automotive firms in Guangzhou can be divided into two stages with respect to the emergence of intermediaries and three lead firms in 2005. Stage I was assembler and supplier investment and could be composed of an initial and rapid growth phases, which is similar to the process of Japanese automotive investment in the USA (Mair et al., 1998). The initial phases were followed by only a few suppliers, while the majority of suppliers transplanted with three Japanese automotive lead firms in the rapid growth phases. Stage II focuses on R&D centres and intermediaries investment.

(1) Stage I (1991 – 2004) – manufacturing growth: three lead firms and supplier investment

Before 2000 – initial growth with Honda and a few Japanese suppliers' investment

The initial growth stage of Japanese automotive investment in Guangzhou is confined to the period before 2000. In this stage, investment came from only over ten suppliers' investment from Japan in Guangzhou and the majority of these were the suppliers of the Wuyang Honda Motorcycle, which was built in 1992. These suppliers in Japan also supplied components and parts for Honda Motor. Thus, after Honda Motor came to Guangzhou in 1998, they also became the Honda Motorsuppliers.

However, Honda suppliers did not follow their parent companiesto Guangzhou at the same time. Only five suppliers invested in Guangzhou from 1998 to 2000 (see Figure 4 - 2). The main reason was the *uncertain domestic political environment*. The managers of two of Honda's specialized suppliers both admitted:

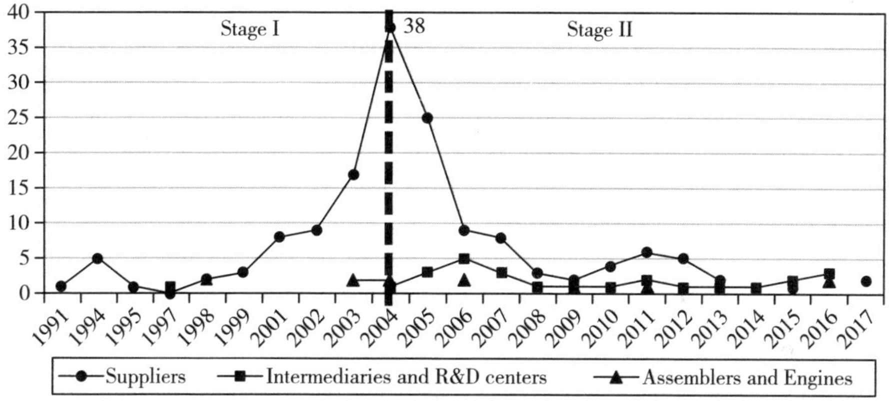

Figure 4 - 2 Changing actors in Japanese invested automotive numbers in Guangzhou, 1991 - 2017

Source: Compiled from the Guangzhou Municipal Statistics Bureau and National Enterprise Credit Information Publicity System.

"Our company was established in Guangzhou in 2001. Our major business was about frames, inside sills, and modules for components and parts. Our parent company used to follow Honda where it built assemblers, as we were the strategic partner of Honda and Honda held shares in our company. Honda did invite our parent company to come with it to Guangzhou together. However, the future of China's market and the relationship between China and Japan could not be guaranteed, so that it was afraid of following Honda to Guangzhou. The parent company started with a small investment amount, then increased several times due to the expansion of Honda production. The output of our company also grew from several millions to several billions during these two decadesplus". (Interview in Guangzhou, September 2017)

Another reason is the *insufficient market demand*. The manager of a Honda's Tier 2 specialized supplier reported:

"Our companywas established in Guangzhou in 2003 because Honda engine came to Guangzhou. However, our parent company did not follow Honda engine to Guangzhou in 1999. Initially, the production was not enough to trigger us to build a factory here. However, Honda continuously expanded its business yearly so that our company could invest in Guangzhou with enough orders." (Interview in Guangzhou, September 2017)

From 2001 to 2004 – Rapid growth with three automotive lead firms and their suppliers' investment

In this stage, the three automotive lead firms and their suppliers successively invested in Guangzhou with respect to the rapid increase of China's market, particularlyin South China. With Nissan and Toyota coming to Guangzhou in 2003 and 2004 respectively, Japanese suppliers increased rapidly from 2001 to 2004. During this period, their number increased and registered capital arrived at 68 and 453.61US\$ respectively, which yielded 45.03% and 54.59% of total suppliers. 2004 was the peak year of investment by Japanese suppliers. The number of Japanese suppliers was 38 and the registered capital was 368.64US\$, which yielded 25.17% and 21.02% of total suppliers (see Figures 4 – 4; 4 – 5). After investing in one middleman in 1997, Toyota group did not invest in another in Guangzhou until 2004. Therefore, the percentage of number of assembler (engines) and its suppliers were 6.52% and 91.30% (see Figure 4 – 4), while their percentages of registered capital were 35.95% and 63.78% at the end of

2004 (see Figure 4 – 5).

The influx of Japanese automotive investment into Guangzhou was characterized by a pattern called "vertical networks of *keiretsu*-based investment" for Japanese automotive production or vertical *keiretsu*-based agglomerations, which were more specific than "group investment" (Kuchiki & Tsukada, 2008) or "network-based entry" (Hatani, 2010). Japanese automotive lead firms tended to rely on their long-term vertical *keiretsu* affiliates in Guangzhou to supply some major portions of their components and services. This was similar to the phenomenon of Japanese automotive investment in Thailand (Poapongsakorn & Techakanont, 2008).

The effort of administration of auto industrial parks or district government accelerated the speed of Japanese suppliers to Guangzhou. One manager of a Tier 1 SS supplier of Honda confirmed:

"Our company was built in Guangzhou in 2001 but it waited several years until the output reached a certain quantity, if there was no invitation from the administration of GZDZ. After all, it is good value to produce in Guangzhou to save costs." (Interview in Guangzhou, September 2017)

(2) Stage II (2005 – 2017) – Services growth: R&D centres and intermediaries investment

The second stage of Japanese automotive investment was confined to the period after 2005 as the investment focused more on R&D centres and intermediaries (Figure 4 – 2). Conversely, whatever the number and registered capital of Japanese automotive investment slowed down in suppliers. Japanese suppliers even stopped investing in 2014 and 2016. Only a few suppliers continued to Guangzhou due to *the expansion business of their parent companies*. A manager of a Toyota's Tier 2 supplier reported:

"Our company came to Guangzhou in 2012. Our entry into Guangzhou was late because our parent company firstly invested in Tianjin and our main business is to make custom moulds but we did not need to be located in proximity to our customers. We built the second company in Guangzhou because the business here increased." (Interview in Guangzhou, November 2017)

Another aim is to *improve the supply chain*. One official of HDIAP highlighted:

"Japanese suppliers mainly followed their parent companiesto Guangzhou or the surrounding areas from 2003 to 2006. Core suppliers all came. In recent years, few Japanese spare parts companies invested in Guangzhou only to supplement the supply chain. For example, Dongfeng Unipres was established in 2017 to satisfy the requirements of Dongfeng Nissan on some specific stamping parts". (Interview in Guangzhou, March 2018)

The Guangzhou municipality had encouraged the development of the automotive service industry and issued preferential policies such as land use, electronic security, technological transformation, capital subsidies, and low interest rates, to cultivate a batch of billion-dollar automotive service dragon enterprises. Accordingly, GAC Toyota and GAC Honda established their sales companies. The manager of GAC Toyota confirmed:

"There were two reasons for GAC Toyota to establish sales company. First, it responded to the policy of the Guangzhou municipality to develop producer services. Second, it attempted to reduce the costs of production to achieve profits." (Interview in Guangzhou, September 2017)

At the end of 2017, the percentage of Japanese automotive services had increased to 13.76% and 8.68% in number and registered capital respectively, while the percentage of assemblers and suppliers had both decreased (see Figures 4-4; 4-5).

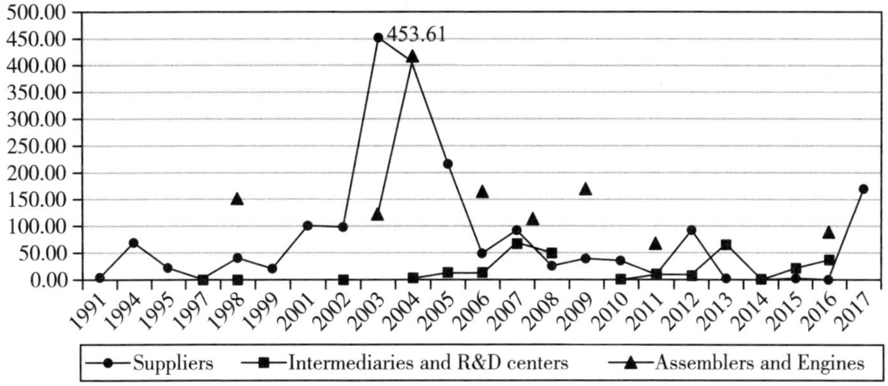

Figure 4 – 3　Changing actors in Japanese invested automotive registered capital in Guangzhou, 1991 – 2017

Source: Compiled from the Guangzhou Municipal Statistics Bureau and National Enterprise Credit Information Publicity System.

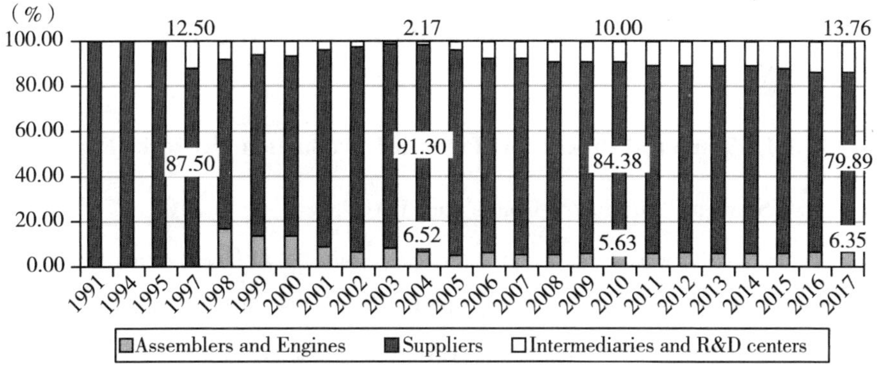

Figure 4 – 4　Changing actorsin Japanese invested automotive accumulative numbers in Guangzhou, 1991 – 2017

Source: Compiled from the Guangzhou Municipal Statistics Bureau and National Enterprise Credit Information Publicity System.

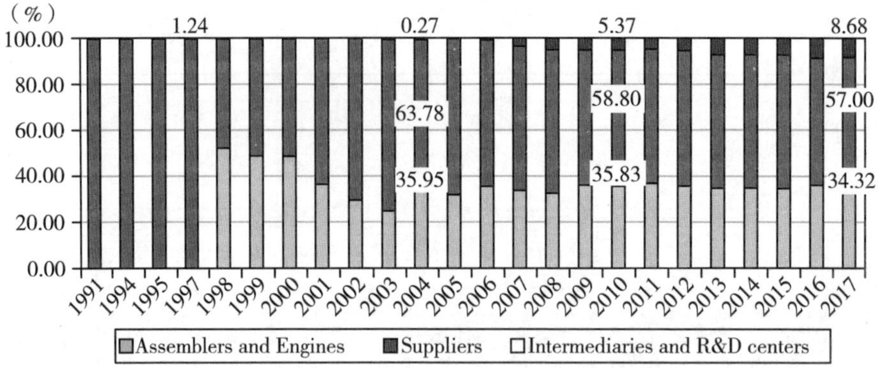

Figure 4 – 5 Changing actors in Japanese invested automotive accumulative registered capital in Guangzhou, 1991 – 2017

Source: Compiled from the Guangzhou Municipal Statistics Bureau and National Enterprise Credit Information Publicity System.

4.3 Similarities and Differences of the Temporal Process of the Three Lead Firms-led Production Networks Formation

4.3.1 Temporal Process of Honda-led Production Networks Formation

(1) Strategic coupling of Honda with GAC

To and continue to develop the automotive industry in Guangzhou, the Guangzhou municipality intended to change partners in 1994, a move that had attracted great attention from automotive lead firms globally. One reason was that Guangzhou Peugeot was in debt to the tune of 3 billion RMB, but it had the "passes for the production of cars" — "Three Big Three Small①" admission

① The "three big" were the: First Auto Workshop (FAW), Second Auto Workshop (SAW) (also called Dongfeng Auto), and Shanghai Volkswagen (SVW); and the 'three small' referred to: Beijing Jeep (BJC), the Tianjin Auto-mobile Plant (TAP), and Guangzhou Peugeot.

tickets. The other reason was that Guangzhou had other advantages and assets to become a car production base, such as many years of experience in the production of cars, more than 2,000 employees and a huge consumer market of PRD.

From the first contact with BMW in May 1994 to the first visit of Honda in March 1997, a total of 12 companies wanted to participate in this project. After a preliminary comparison, Opel, Hyundai, and Honda stayed. The Guangzhou municipality put forward more than 20 indicators for comparison and scoring, leaving Opel and Honda to start the next round of competition.

Opel submitted new cooperation conditions (amendments) to the Guangzhou municipality, which increased the total capital investment to US$ 170 million for the purchase of 50% of Guangzhou Peugeot's shares, restructuring of debts, and placement of wide-ranging personnel. However, the Guangzhou municipality considered that the investment of US$ 170 million was not enough, suggesting that Opel could provide better conditions and talk again after the new model. However, Opel informed the Guangzhou municipality that this was their bottom line.

At that time, the Guangzhou municipality summarized the conditions of Opel and Honda's 20 most critical factors for a partnership, such as automotive technology, models, ability to transform "Guangzhou Peugeot", capital investment, localization plan, and R&D ability. After a new round of index comparisons, the results showed Honda to have the advantage over Opel. The Guangzhou municipality therefore decided to choose Honda as their new partner.

The state also agreed to choose Honda because there were no Japanese automotive lead firms in China until 1997, with those invested automotive lead firms in the early years all coming from Europe and America. Additionally, it preferred that the Dongfeng Motor Co. Ltd., (SAW) (Dongfeng Motor) participate in this restructuring in Guangzhou because of concerns that the GAC would be unable to rejuvenate the automotive industry, due to the failure of Guangzhou Peugeot. The state considered that the development of GAC Honda would require the help of a bigger auto group. Moreover, Dongfeng Motor established a component production base with Honda in Huizhou in 1991, and the Dongfeng Honda engine project was approved by the state in 1997. Finally, there were two domestic partners in the cooperation project with Honda. However, during the negotiation process, shares of Dongfeng and GAC were difficult to allocate. The state convened a special meeting to decide that GAC with Honda would set up the GAC Honda assembler with 50% share, and Dongfeng with Honda would establish the Dongfeng Honda engine factory with 50% share.

Although Guangzhou Peugeot was in debtto the tune of nearly 300 million RMB, French Peugeot were reluctant to withdraw from Guangzhou Peugeot, believing that the Guangzhou municipality would not let the Guangzhou Peugeot to become bankrupt, and would find ways to solve the financial difficulties. Therefore, the Guangzhou municipality claimed that if French Peugeot did not withdraw, the company would declare bankruptcy. The state also promised that if French Peugeot withdrew, it would be provided other cooperative opportunities with China's auto groups. Finally, French Peugeot agreed to withdraw and usedonefranc to transfer the equity.

Honda was eager to enter China because it realized the China's market potential but suffered from not being allowed access. The first Japanese general manager of GAC Honda explained the process of Honda's investment in Guangzhou:

"In 1991, Honda invested in Huizhou to establish components and parts firms with Dongfeng and planned to build an assembler. The Wuyang Honda motorcycle was produced in 1993 in Guangzhou. In 1996, its localization rate surpassed 80%. Parts manufacturers of many Japanese parent plants came to Guangdong, one after another. These Japanese manufacturers provided not only motorcycle parts but also auto parts and components in Japan. If Honda established assemblers in Guangzhou, it could use the supplier networks and experience of motorcycle production to easily achieve a 40% localization rate. Therefore, Honda's executives contacted Guangzhou Municipality as soon as they knew that the French Peugeot was prepared to exit from Guangzhou Peugeot." (Interview in Guangzhou, September 2007, cited in Yao & Han, 2008, p167).

Additionally, in 2003, Honda further established Honda Motor (China) in Guangzhou's Export Processing Zone, where Honda held a 75% share (see Table 4-9). This was the first auto firm in China to export 100% of its products. Its products were exported to the European market. However, its production volume decreased yearly and finally in 2017 it went into liquidation and was acquired by Guangqi Honda. The senior engineer of GAC explained:

"Honda Motor China's design capacity is 60, 000 vehicles, but it never reached that capacity. Last year its production volume decreased to 10, 000 vehicles. The major reason for the bankruptcy of Honda Motor (China) was that car models such as Fit in Honda Motor (China) were not popular in the European market. rather than other factors, such as labour or land cost". (Interview in Guangzhou, September 2017).

After Honda took place of Peugeot, the Guangzhou municipality spent 15 days to establish GAC Honda and reconstructed the assembly line within nine months. According to arrangements made with the Guangzhou municipality, Honda brought its world-best-selling car model, the Accord, so that GAC Honda could create a wide miracle. Its production started from 0.01 million vehicles in 1998 and reached 0.24 million vehicles in 2004. Thus far, the output of the first production line had reached saturation. Therefore, the second plant was constructed in 2006 with a capacity of 0.24 million vehicles. As sales continued to increase, a third plant was built in 2016, with a capacity of 0.24million vehicles. In 2017, after purchasing Honda Motor (China), its production capacity reached 0.78 million vehicles (see Table 4-10). Additionally, Honda released nine popular models to fit the needs of China's consumers and government (see Table

4 – 11). The manager of GAC Honda explained:

"Our models should be in sync with the world because China's consumer market was also internationalized." (Interview in Guangzhou, September 2017).

(2) Temporal process of suppliers' investment

The temporal process of Honda suppliers mainly presented three distinctive features. First, nine suppliers came to Guangzhou before Honda. For example, history of Guangzhou Showa presented its produced absorber for two wheels of Wuyang Honda in 1995 and started to produce four wheels of GAC Honda in 1999. Second, they experienced the longest period from 1991 to 2017. It was because Honda's suppliers worried about the sensitive politics between China and Japan and insufficient China's market that mentioned above. Lastly, over half of them were in Tier 1 and sole proprietorship. In 2017, there were 40 Japanese suppliers of Honda. 62.5% were Tier 1 and 37.5% were Tier 2; 55% of them were the sole proprietorship and 45% of them were JV (see Table 4 – 15). Approximately 80% of them came to Guangzhou before 2005 with Honda.

In the whole temporal process of Honda's different tier suppliers investment, the inter-firm partnership played the crucial roles. Honda had its suppliers and intermediaries groups, holds a share of some suppliers and belonged to Mitsubishi Consortia. Some suppliers in these groups followed Honda to invest in Guangzhou (see Extract 4 – 1; Table 4 – 9). Eight of Honda's group members invested in Guangzhou to rebuild 11 suppliers and two intermediaries. Additionally, six shareholder suppliers followed Honda to Guangzhou to reestablish six suppliers and one supplier belonging to Mitsubishi Consortia invested two core suppliers in Guangzhou. Therefore, Nineteen suppliers and two intermediaries in total related to Honda in Guangzhou. Moreover, twelve suppliers of Honda Group invested in Foshan. It can be implied that the inter-firm partnership between Honda and its suppliers had developed and surpassed Nissan not only in Japan but also in Guangzhou. Simultaneous, the inter-firm partnership of Tier 2 suppliers and Tier 1 suppliers also compelled to Tier 2 suppliers to follow with its parent Tier 1 suppliers to Guangzhou (see Extract 4 – 1).

Extract 4 – 1 Narratives on group investments

Supplier	Narrative
GS Tier 1 of Honda	Our company is not core supplier of Honda. However, Honda holds the shares in our parent company around 10%, so that we follow Honda where it builds assemblers.
SS Tier 1 of Honda	Our company is the Tier 1 and specialized components of Honda. Honda holds 25.4% share of our parent company in Japan so that where is Honda where is our company.
SS Tier 2 of Honda	We came to Guangzhou in 2003 because Honda Engine produced Guangzhou in 1999 and continuously expanded its business afterwards. Our parent company is the suppliers of Honda Engine in Japan. Honda engine does not hold shares in our company, however, Honda and Toyota hold 4.26% and 3.65% share of our company respectively.
GS Tier 1 of Nissan	We came to Guangzhou in 2004. Our major business is handle and lock of a car. Our parent company is the Tier 1 and generic supplier of Nissan. Nissan does not hold shares in our parent company in Japan, but we still follow Honda where it builds assemblers.
SS Tier 1 of Nissan	Our company came to Guangzhou in 2007 because Nissan came to Guangzhou. Although our company planned to Guangzhou in 2003 after Nissan came to Guangzhou, it took four years for Japanese parent company to make a decision. Our parent company is Nissan's supplier in Japan. Nissan holds a 75% share of our parent company in Japan.
GS Tier 2 of Nissan	Our company came to Guangzhou in 2004 because Unipress came to Guangzhou in 2003. Our parent company is Unipres's supplier in Japan. In Guangzhou, our company also supplies steel coil for Guangzhou Unipres. Thus, our company is the generic Tier 2 supplier of Dongfeng Nissan. Our company is located in Huadu International Auto Park because Unipres is here.
SS Tier 1 of Toyota	Our company belongs to the Toyota Group, so where was Toyota where was our company.

Table 4 – 9 Honda supplier group investments in Guangzhou

	Japan	Guangzhou
Honda Group (11)	F-Tech Inc.	F. tech R&D (Guangzhou) Inc.
	Ts Tech	Guangzhou Ts Tech
		Guangzhou Tech Interior Trim Manufacturing
		Guangzhou Guang Ai Xing Auto Parts
	Steel Centre	Guangzhou Pearl Steel Centre
	Showa	Guangzhou Showa Corporation
		Showa Auto Parts R&D (Guangzhou)
	H-one	GH Auto Parts Industries Inc.
	G-Tekt	Auto Parts Alliance (China)
		Conghua K & S Auto Parts
	Honda Foundry	Guangzhou Honda Foundry Electrical Equipment
	Honda Trading	Honda Trading (China)
	Honda Logistics	GAC Honda Logistics
Share holder (6)	Marujun	Guangzhou Marujun
	Mitsuba	Guangzhou Mitsuba Corporation
	Stanley Electric	Guangzhou Stanley Electric
	HI-LEX	Guangzhou HI-LEX
	Imasen Electric	Guangzhou Imasen Electric
	Nittan Valve	Guangzhou Nittan Valve
Consortia (Mitsubishi) (2)	Mitsubishi Bank	Ahresty Precision Mold (Guangzhou)
		Guangzhou Ahresty

Sources: Compiled by the author from https: //global. honda; www. marklines. com; www. 4 – traders. com (Available at: 10th April, 2018).

(3) Temporal process of R&D centres and intermediaries' investment

Honda established two R&D centres. One is GAC Honda Automobile R&D Co. , Ltd. built in 2007 with 50% share, which is the first R&D company established by a China's Automobile JV under the revised China Automobile Industry Policy (2004). The policy clearly states that every JV should at least spend 0.5 billion RMB on building R&D centres. In 2008, the R&D centre founded the "Everus", China's first JV car company's own brand. Another centre was Honda Motor (China) Technology Co., Ltd. established by 100% of Honda in 2013, which was the only one R&D centre by Honda in China (see Table 4 - 16).

In Guangzhou, there are three Japanese intermediaries related to Guangqi Honda: GAC Trader (China) Co., Ltd. in 2006, GAC Honda Logistics Co., Ltd. in 2007 and GAC Honda Auto Sale Co., Ltd. in 2015 (see Table 4 - 17). However, However, only Honda Trader (China) was invested by Honda, GAC Honda Logistics is a JV between Honda Logistics of Honda groups and GAC Business, GAC Honda Sales is invested directly by GAC Honda. One manager of GAC Honda explained:

"Our company had no self-logistics so we used the third party logistics. GAC Honda's logistics was not invested by GAC Honda. It was formed by Guangzhou Business Co., Ltd. and Honda Logistics Corporation. It only served components and parts for transportation in China basically according to the requirements of Honda." (Interview in Guangzhou, November 2016)

4.3.2 Temporal Process of Nissan-led Production Networks Formation

(1) Strategic coupling of Nissan with Dongfeng Motor

Dongfeng Motor was originally located in Shiyan City of Hubei Province, an inland area. After China's reform and opening up in the 1980s, it was eager to step out of the inland area to find new active places for development. At that time, the Yangtze River Delta (YRD) in the eastern coastal areas and the PRD in the southern coastal areas were the most two active regions of reform and opening up in China. After taking into account the fact that SAIC was located in the YRD and the PRD does not have larger auto companies than GAC, Dongfeng Motor in 1993 decided to invest in Huizhou of PRD as there's a scrap car base was. It planned to establish a car production l with Honda. However, the project was stopped for a period of time to limit the development of the automotive industry. Dongfeng Motor could only participate in Guangzhou auto restructuring project to build an engine factory with Honda in 1998. Finally, in 2000, Dongfeng Motor found an opportunity to cooperate with Taiwan Yulong Motor to establish Fengshen Motor Co. , Ltd.

Fengshen Motor initially intended to be built in Shenzhen, but at that time Shenzhen did not decide to develop automotive industry and Fengshen Motor was therefore unable to register in Shenzhen. At that time, the Guangzhou municipality sent an invitation to Fengshen Motor and let it registered in Guangzhou within a week. Therefore, at the end of 2001, Fengshen Motor moved from Shenzhen to Guangzhou. In order to set up Fengshen Motor in Guangzhou, the Guangzhou municipality organized a working group to solve all problems of Fengshen Motor within one month, including infrastructure and living facilities, as well as the form of reorganization and the acquisition of Yunbao Motor in Huadu district of Guangzhou. Yunbao Motor was established in 1992 to assembly the smuggling auto parts and components from the national public security system to produce "fake plate vehicles". It also has car production license. Soon, however, the state began to clean up the car industry so that Yunbao Motor was blocked in violation of the rules and went bankrupt in 1999.

Similar to GAC Honda, Fengshen Motor also created a miracle. Automotive sales volume increased from three thousand vehicles in 2000 to 41 thousand vehicles in 2002. This success caused Nissan to pay attention to China's huge market. The vice general manager of Dongfeng Nissan explicated that Nissan came to Guangzhou:

"Dongfeng Motor purchased a broken assembly line in Huadu and acquired technological property right of Bluebird of Nissan. However, it was impossible for Dongfeng Motor to couple with Nissan instead of Yulong Motor to establish Fengshen Motor to produce Bluebird due to high R&D fee. Bluebird achieved so great success that it triggered that Nissan observed the growth trend of China's automotive market. Therefore, Nissan intended to invest in Fengshen. However, the central government intended to promote it greater cooperation with Dongfeng Motor. In 2003, Nissan coupled with Dongfeng Motor Co. Ltd. in Wuhan and Dongfeng Nissan Passenger Car Co., Ltd. in Guangzhou. Actually, the Guangzhou municipality invited Nissan to invest in Guangzhou in 2000 but it had no plan to invest in China at that time." (Interview in Guangzhou, September 2007, cited in Yao & Han, 2008, p. 283)

In order to support the development of Dongfeng Nissan Passenger Car, Guangdong provincipality planned an international auto city with $50Km^2$ for its assembly plants, engines plants, R&D centres, follow-source suppliers and intermediaries in 2003. Additionally, the Guangdong provincipality established Guangdong Province Automotive Talent Market and South China (Huadu) Automotive Talent Market, and the Guangzhou municipality built Guangzhou Auto College of South China to provide professionals for Dongfeng Nissan in Huadu District.

However, it did not establish an engine factory to replace an engine workshop until 2006 (See Table 4 - 9). The revision version of 2004 "China Automotive industry Policy" released by the state specifically laid out every JV assembler should have an engine factory. To obey the regulations of the state, Dongfeng Nissan set up an engine factory within its company. One manager of Dongfeng Nissan confirmed:

"We only had the engine assembly workshop before the engine factory set up in 2006 according to the national requirements." (Interview in Guangzhou, February 2017)

Dongfeng Nissan has set up two production lines (see Table 4 - 13). The 1st production line has expanded four times, with capacity from 0.0065 million vehicles in 2003 to 0.36 million vehicles in 2007. So far, the output of the first production line has reached saturation. The 2nd plant was completed in 2011 with a capacity of 0. 24 million vehicles. Unlike Guangqi Honda and Guangqi Toyota, Dongfeng Nissan assembly plants dispersed in the other three cities: Xiangfan (middle inland), Zhengzhou (middle inland) and Dalian (north coastal area). Therefore, its production capability is only 0. 60 million in Guangzhou. It produced six models in Huadu plants (see Table 4 - 14).

(2) Temporal process of suppliers' investment

The temporal process of Nissan's suppliers was slightly different from Honda's. First, seven suppliers came to Guangzhou before Nissan to be the suppliers for Yulong Motor from 2002 to 2003, which was similar to Honda. One manager of SS Tier 1 of Nissan admitted:

"Our parent company has cooperated with Yulong Motor in Taiwan for more than 20 years to supply for Taiwan Yulong Motor. Thus, when Yulong Motor planned to invest in Guangzhou to supply for Fengshen Motor in 2000, it invited our parent company to continue their cooperation." (Interview in Guangzhou, November 2017)

Second, investment period of Nissan's suppliers was from 2002 to 2017, which was shorter than the period of Honda's. Lastly, over half of them were Tier 1 and sole proprietorship, which was also similar to Honda. In 2017, there were 44 Japanese suppliers of Nissan in Guangzhou. 68. 18% were Tier 1 and 31. 82% are Tier 2; 56. 82% of them were the sole proprietorship and 43. 18% of them were JV (see Table 4 - 15). Around 70% of them followed Nissan to Guangzhou before 2005.

In the whole temporal process of Nissan's different tiers, the inter-firm partnership also played an important role although Nissan established alliance with Renault in 1999 and sold the most shares of its suppliers. In its group, there still were three members that invested seven core suppliers and one intermediary in Guangzhou. Additionally, it holds 75% share of Jatco that was the core supplier of it. Moreover, the Fujitsu consortia invested ten suppliers. Therefore, Nissan still had 19 related suppliers and intermediaries in Guangzhou. Comparing with Honda, the number of Nissan's *Keiretsu* is only six, less than half of Honda's with 15, although only two companies less than than Honda in Guangzhou (see Table 4-9; Table 4-10). Thus, the inter-firm partnership strategy between Nissan and its suppliers or intermediaries is slightly looser than Honda's.

Table 4-10 Nissan group investment in Guangzhou

	Japan	Guangzhou
Nissan Group (8)	Calsonic Kansei	Calsonic Kansei Guangzhou Auto Electrics
		Calsonic Kansei (Guangzhou) Auto Technique
		Calsonic Kansei (Guangzhou) Auto Module
	Hitachi Group	(HIAMS) CH-GZ
		(HIAMS) CH-GH
		Hitachi Motors Motor System
		Hitachi Elevator Electric Engine (Guangzhou)
	Nissan Trading	Guangzhou Nissan Trading
Share holder (1)	Jatco	Jatco (Guangzhou) Automatic Transmission
Consortia (Fujitsu) (10)	Marubeni	Suminoe & Pacific (Guangzhou) Auto Textile
		Guangzhou Marubeni Itochu Steel Processing
		Taisei Guangzhou
		Guangzhou Unipres
		Guangzhou Unipres Precision
		Unipres (China) Investment
		Dongfeng Unipres
	NKK	Guangzhou JFE Steel Processing

Sources: Compiled by the author from en. wikipedia. org/wiki/Nissan_Group; www. marklines. com; www. 4-traders. com (Available at: 10th April, 2018).

(3) Temporal process of R&D Centres and intermediaries' investment

Dongfeng Nissan built three R&D centres and one university in Guangzhou (see Table 4 – 16). The first one was Dongfeng Nissan Technical Centre in 2006, which is one year early than GAC Honda R&D Centre. However, the R&D activities in the former were more advanced than those of the later. It successfully created own brand model—Venucia in 2010 although it was two years later than GAC Honda. Venucia had become the first in the rank of quality in China's own JV brand. One manager of Dongfeng Nissan confirmed:

"Dongfeng Nissan Technical Centre was built because the state required every JV assembler to establish one centre to create its own brand name. Therefore, it was built in 2006 by Dongfeng Nissan." (Interview in Guangzhou, February 2017).

Additionally, two more R&D centres and one university were built in 2016. The Venucia Molding Centre was built to enhance the R&D activities of Venucia, Dongfeng Nissan Passenger Technology R&D Centre was established to help to modify more new models of Dongfeng Nissan to nationalization. Dongfeng Nissan University provides skilled technical personnel and managers for Dongfeng Nissan. The manager of Dongfeng Nissan felt:

"Nissan coupled with Dongfeng firstly in Huadu District of Guangzhou. In doing so, it still regarded Guangzhou as its original place in China and attempted to build its R&D hub here, although it set up many production facilities in many places to dominate the local market. Therefore, there were three R&D facilities and one University in Guangzhou." (Interview in Guangzhou, November 2017).

Nissan only had only two related intermediaries in Guangzhou: Guangzhou Nissan Trading & Trade Co., Ltd. in 2006 and Dongfeng Nissan Sales Co., Ltd. in 2012. Additionally, Marubenl of Fujitsu Consortia established Uinpres (China) Investment Co., Ltd. in 2011. (see Table 4 – 17).

4.3.3 Temporal Process of Toyota-led Production Networks Formation

(1) Strategic coupling of Toyota with GAC

After Toyota established its joint venture assembler in Malaysia in 1992,

Toyota began to develop a global development plan named BRICs in the 21st century (Shimokawa, 2010). It aimed to target the "Elephant Economy" with a large population and good economic development: Brazil, Russia, India and China, which was called BRICs program. Toyota planned to increase its production capacity in these four countries to ten times of the current level after ten years. China was the world's fastest growing auto market and naturally became the top priority for Toyota's entire BRICs program. Toyota discovered that its partner was too weak and then turned its attention to FAW. At the beginning, Toyota wanted to establish a joint venture with a weak automotive enterprise. It wanted to control the entire joint venture company, but it didn't expect the weaker to be unable to expand the domestic market. Tianjin Toyota was established in 2000, but it was a huge loss for two consecutive years. Therefore, it could only seek cooperation with large domestic groups and hoped that the scale of production can be expanded rapidly. In 2002, it established a joint venture with FAW. After completing the layout of North China, in 2003, Toyota turns its sights to the south. After seeing the huge success of Guangzhou Honda, Toyota was shaken because achieved success, Tianjin Toyota lost money.

In fact, the first thing to look for before the joint venture between GAC and Peugeot is Toyota, but Toyota refused. When GAC changed partners in 1997, GAC hoped that Toyota could enter, but it was rejected by Toyota because Toyota had already invested in Tianjin. The general representative of Toyota in China elaborated the reasons for coming lately:

"The Guangdong provincipality invited us to take place ofGuangzhou Peugeot in 1998. However, we were busy working with Tianjin so that we lost this opportunity." (Interview in Beijing, September 2007, cited in Yao & Han, 2008, p. 252)

Therefore, when Toyota visited Guangzhou at the beginning of 2003, they negotiated quickly even during the SARS period. However, Honda was unhappy with Toyota's coming. In cooperation with GAC Honda, GAC signed a "gentleman agreement" with Honda: all Honda facilities should be built in Guangzhou, and GAC would not choose other partners. However, in 2001, Honda proposed establishing a joint venture with Dongfeng Motor in Wuhan. The Guangzhou municipality agreed to its request and proposed finding another company. Honda proposed that GAC can find any lead firms except Toyota, because Toyota was Honda's old rival. However, the new partner of GAC was exactly Toyota. At that time, China strictly controlled over the production of the whole vehicle. In general, a new vehicle project is not approved. Honda and Nissan are both projects to transform the original vehicle, which need not be approved. But the engine project does not be limited. Therefore, GAC cooperated with Toyota to firstly set up an engine company in 2004. After that, the Guangzhou Municipality asked the Guangdong Provinciality to help apply to the state for approval of the whole vehicle project because it already had the conditions—in line with the development policy of the automotive industry with a LCR of 40% for setting up this project (see Table 4 - 12).

The Guangzhou municipality gave extraordinary support for GAC Toyota investment. It firstly provided GAC Toyota with a land near Nansha Port, which is not only beneficial for the export of GAC Toyota Engine, but also convenient for the import of the materials or components and parts for assembler and engine production. More importantly, it provided enough land to GAC Toyota and its core suppliers or intermediaries standing close to replicating Toyota's most effective JIT delivery system. Secondly, it helped GAC Toyota to build the best infrastructure as soon as possible. It only took ten months to build the first plant and 18 months to produce the first car. Moreover, it built a special tunnel, which enabled the components and parts to be delivered to the assemblers within ten minutes, so the JIT delivery system operated successfully in Nansha. The manager of Toyota admitted:

"Suppliers all set around Toyota to operate JIT, which was operated best in Toyota" (Interview in Guangzhou, September and November 2017).

It firstly released its bestselling model—Camry in Guangzhou, which won the national championship for mid-to high-class car sales in 2006. It built its 1st plant in Nansha. The production capacity arrived at 0.20 million vehicles. Then it continuously expanded its production to 0.36 million vehicles with its 2nd plant in 2009 and 0.60 million vehicles with its 3rd plant in 2017 (see Table 4 – 13). Additionally, it released seven models in Nansha plants. Similar to Honda and Nissan, these models all were synchronized with the world (see Table 4 – 14).

(2) Temporal process of suppliers' investment

The temporal process of Toyota's suppliers investment was totally different from Honda's and Nissan's. First, the Toyota's suppliers invested with Toyota simultaneously within two years from 2004 to 2005. Its engine and specialized suppliers or intermediaries even pre-established facilities in Nansha (Hatani, 2010). Only a few suppliers invested in 2011. The temporal process of Toyota's suppliers is the shortest of the three lead firms. The general representative of Toyota in China confirmed:

"Toyota built many assemblers overseas, but this was the first time to synchronize suppliers." (Interview in Beijing, September 2007, cited in Yao & Han, 2008, p. 251)

Second, around half of them were Tier 1 and 2/3 of them were sole proprietorship. In 2007, there were 35 Japanese suppliers followed Toyota to Nansha District. 45.57% are Tier 1 and 51.43% were Tier 2; 68.57% of them were the sole proprietorship and 31.43% of them were JV (see Table 4 – 15). About 85% of them followed Toyota to Guangzhou before 2005.

In the temporal process of Toyota's different Tier suppliers' investment, the inter-firm partnership of them played more important roles than Honda's and Nissan's. Toyota had its own famous Toyota groups and belonged to Mitsui Consortia. It also held shares of some suppliers and belonged to the Mitsui consortia in Japan. Therefore, four suppliers and one intermediary of Toyota Group came to Guangzhou with Toyota to establish 14 suppliers and five intermediaries, six suppliers of shareholders invested nine suppliers and three suppliers in Guangzhou belonged to Mitsui Consortia. Thirty three suppliers and intermediaries in Guangzhou were related to Toyota group (see Table 4 - 11). Additionally, around 30 core suppliers belonged to Toyota group in Foshan such as Toyota Gosei (Foshan) Rubber Parts and Aisin Seiki (Foshan) Automotive Parts (Kuchiki & Tsukada, 2008). In Guangzhou, comparing with Honda and Nissan, the number of Toyota's *Keiretsu* is 13, less than Honda's and double of Nissan's. However, the number of investment firms in Guangzhou is 32, which is much more than that of the other lead firms (see Table 4 - 9; Table 4 - 10; Table 4 - 11). This inter-firm partnership strategy between collaboration, co-evolution and joint development of Toyota and its specialized suppliers or generic suppliers was tightest in the three Japanese automotive lead firms-led global production networks from the perspective of its related suppliers.

Table 4 - 11 Toyota group investments in Guangzhou

	Japan	Guangzhou
Toyota Group	Aisin Seiki	Guangzhou Shiroki
	Denso	Guangzhou Denso
		Denso (Guangzhou Nansha)
		Asmo (Guangzhou) Micromotor
	Toyota Boshoku	Feng'ai (Guangzhou) Auto Seat
		Guangzhou Intex Auto Parts
	Toyotetsu	Guangzhou Toyotetsu Automotive Parts
	Toyota Tsusho	Guangzhou Jieshiduo Aluminium Alloy
		Guangzhou Fengzhong Aluminium Smelting Technology
		Guangzhou Bao-Mttoyotsu Automotive Steel Processing

continued

	Japan	Guangzhou
Toyota Group	Toyota Tsusho	Guangzhou Toyotsu Steel Processing
		Guangzhou Futaba
		ADVICS (Guangzhou) Automotive Parts
		Takaoka Lioho (Guangzhou) Machinery
		Guangzhou GAC Toyotsu Logistics Equipment
		GAC Toyota Tsusno Logistics
		Toyota Tsusho (Guangzhou)
		Guangzhou Toyotsu Services
		Guangzhou GAC Toyotsu Green Resources Recycling
Share holder	Toyo Tire & Rubber	Toyo Tire & Rubber (Guangzhou)
	Akebono	Guangzhou Akebono Corporation
	Bridgestone	Guangzhou Bridgestone
	Fuji Kiko	Guangzhou Fuji Kiko Auto Parts
		Guangzhou Changfu Machinery Industry
		Guangzhou Changfu Meishan Auto Parts
	Nippon Steel	Guangzhou Nippon Steel Sumitomo Metal
	Sumitomo Metal	Guangzhou Shengxu Automotive Accessories
	Ohashi Technica	Ohashi Technica Precision Manufacturing (Guangzhou)
Consortia (Mitsui)	Mitsui	Guangzhou Yorozu Bao Mit Automotive
		Guangzhou Huadu Bao-Mit Auto Steel Parts
		Guangzhou Tachi Lear Auto Chair
	Sumitomo Mitsui Banking	Guangzhou Nishikawa Bubber

Sources: compiled by the author from www. toyota-global. com/company/profile /toyota_group/; www. marklines. com; www. 4 – traders. com (Available at: 10th April, 2018).

(3) Temporal process of R&D centres and intermediaries' investment

Toyota only set up one R&D centre in 2009 in Guangzhou, which was the only department of GAC Toyota (see Table 4 – 16), and did not operate until 2015 and created its own brand name Leahead, which was not produced until now. The most important R&D centres of Toyota are in the North or East of China. The manager of GAC Toyota explained:

"The major R&D centres of Toyota located in Changshu near Shanghai instead of Shanghai as because it can not only approach Shanghai with advanced technology and professionals, but also have land cheaper than Shanghai to meet the needs of the R&D centres. In addition, Changshu government provided more favorable policies for investment than Shanghais. Toyota built more R&D facilities in the north of China because First Automobile Works (FAW) was one of "Three Big" and FAW-Toyota was found in 2000, earlier than GAC Toyota. It was understandable for Toyota to consider FAW Toyota as its base in China and build its major R&D centres in the north". (Interview in Guangzhou, February 2017)

Compared with Honda and Nissan, the investment of Toyota' intermediaries middlemen have the longest time. Toyota Tsusho (Guangzhou) Co., Ltd. arrived in Guangzhou in 1997. Until 2017, Toyota had ten intermediaries including four logistical providers, four trade companies, one sale and one green recycling resource service in GuangZhou. It is obvious that the number of Toyota's intermediaries is the largest of the three lead firms while Nissan is the smallest (see Table 4 – 17)

Table 4 – 12 Japanese automotive invested assemblers and engines in Guangzhou

	Assembler			Engine		
	Name	Share	Time	Name	Share	Time
Honda	GAC Honda	50%	1998	Dongfeng Honda	50%	1998
	Honda Motor (China)	75%	2003	GAC Honda	50%	2016
Nissan	Dongfeng Nissan	50%	2003	Dongfeng Nissan	50%	2006
Toyota	GAC Toyota	50%	2004	GAC Toyota	70%	2004

Source: Compiled from Guangzhou Municipal Statistics Bureau and National Enterprise Credit information Publicity System (Available at: 26th March, 2018).

Table 4 – 13 Three Japanese JVs production capacities in Guangzhou (Unit: Million Car/Year)

JVs	1st plant	2nd plant	3rd plant	4th plant	Total
GAC Honda	0.03/99 – 0.05/01 – 0.12/02 – 0.24/04	0.24/06	0.24/16	0.06/17	0.78
Dongfeng Nissan	0.065/03 – 0.15/04 – .0.27/06 – 0.36/07	0.24/11	—		0.60
GAC Toyota	0.20/04	0.36/09	0.24/17		0.60

Source: Compiled by the author from Yao & Han (2008) and the profile of GAC Honda, Dongfeng Nissan and GAC Toyota.

Table 4 – 14 Three Japanese JVs car models in Guangzhou

JVs	Models
GAC Honda	Accord (1999), Odyssey (2007), City (2008), Fit (2011), Crider (2013), Beze (2014), Crosstour (2011 – 216), Everus (2011 – 2016), Acuar (2016)
Dongfeng Nissan	Tiida (2005), Sylphy (2006), Qashqai (2008), March (2010), Livina (2011), Sunny (2011)
GAC Toyota	Camry (2005), Highlander (2009), Yaris (2011), E'Z (2011), Camry Hybrid (2012), Leyin (2014), Leyin Hybrid (2016)

Sources: Compiled by the author from http://db.auto.sohu.com (Available at: 31st March, 2018).

Table 4 – 15 Tier suppliers of Honda, Nissan and Toyota

Nature	Honda (40)		Nissan (44)		Toyota (35)		Total	
	Tier 1	Tier 2	Tier 1	Tier 2	Tier 1	Tier 2	Tier 1	Tier 2
Sole Proprietorship	12	10	16	9	10	14	38	33
JVs	13	5	14	5	7	4	34	14
Total	25	15	30	14	17	18	72	47

Source: Compile by the author from the firm data from local government, interview, company profile.

Table 4 – 16 R&D centres of Japanese automotive investment in Guangzhou

R&D Centres		Name	Share	Year
Lead Firms (6)	Honda	GAC Honda Automotive R&D Co., Ltd.	50%	2007
		Honda Motor (China) Technology Co., Ltd.	100%	2013
	Toyota	GAC Toyota R&D Centre	50%	2008
	Nissan	Dongfeng Nissan Technical Centre	50%	2006
		Dongfeng Nissan Passenger Technology R&D Centre	50%	2016
		Venucia Modelling Centre	50%	2016
		Dongfeng Nissan University	50%	2016
Suppliers Honda (2)		F. Tech R&D (Guangzhou) Inc.	60%	2011
		Showa Auto Parts R&D (Guangzhou) Co., Ltd.	100%	2013

Source: Compiled by the author from the profile of GAC Honda, GAC Toyota, Dongfeng Nissan and Honda Motor (China).

Table 4 – 17 Japanese automotive investment intermediaries in Guangzhou

Intermediaries		Name	Share	Year
Logistical Providers (6)	Toyota	Guangzhou GAC Toyotsu Logistics Equipment Co., Ltd.	100%	2005
		Guangzhou GAC MucunJinhe Storage Co., Ltd.	60%	2005
		Guangzhou Toyota Logistics Co., Ltd.	54%	2006
		GAC Toyota Tsusno Logistics Co., Ltd.	49%	2006
	Honda	GAC Honda Logistics Co., Ltd.	50%	2007

continued

Intermediaries		Name	Share	Year
Trade companies (6)	Toyota	Toyota Tsusho (Guangzhou) Co., Ltd.	100%	1997
		Toyota Technical Research Service (Guangzhou) Co., Ltd.	100%	2004
		Guangzhou Tsusho Auto Services Co., Ltd.	49%	2007
		Guangzhou Ota Pros Trader Co., Ltd.	100%	2010
	Honda	Honda Trader (China) Co., Ltd.	100%	2006
	Nissan	Guangzhou Nissan Trader Co., Ltd.	100%	2006
Sales (3)	Nissan	Dongfeng Nissan Auto Sale Co., Ltd.	50%	2012
	Toyota	GAC Toyota Auto Sale Co., Ltd.	50%	2015
	Honda	GAC Honda Auto Sale Co., Ltd.	50%	2015
Finance (1)	Nissan	Unipres (China) Investment Co., Ltd.	100%	2011
Others (1)	Toyota	GAC Toyotsu Green Resources Recycling Co., Ltd.	60%	2005

Source: Compiled by the author from Guangzhou Municipal Statistics Bureau and National Enterprise Credit Information Publicity System.

4.4 Summary

In summary, this chapter comprehensively traces the temporal process of Japanese automotive investment from ASEAN countries to Guangzhou, China since the 1990s and interprets the underlying dynamics behind this specific pattern. Based on the dynamics of "market imperative", Japanese production networks have been reshaped led by the three lead firms' investment in Guangzhou. Additionally, the chapter investigates the effect intra-firm coordination strategy of lead firms, inter-firm partnership strategy between lead firms and suppliers, layer different tier suppliers and extra-firm bargaining strategy between lead firms and local governments on the temporal process of Japanese automotive investment in Guangzhou.

Based on the more details of firm-level data, it is found that three characteristics exist in the temporal process of Japanese automotive investment in Guangzhou. First, the temporal process of Japanese automotive investment in Guangzhou is from suppliers to lead firms, then more suppliers and R&D centres and intermediaries. This phenomenon is a little different from the temporal process of Japanese automotive investment in other countries such as Thailand (Lecler, 2002; Poapongsakorn & Techakanont, 2008) and the U. S. (Mair et al., 1998). Second, the temporal process of Japanese automotive investment in Guangzhou can be divided into two stages: manufacturing growth and service growth. Third, the speed are different in the temporal process of Japanese automotive investment in Guangzhou. The rapid investment period is only from 2003 to 2004 Nissan and Toyota invested in Guangzhou with their follow-source suppliers and intermediaries.

Then, it concludes that the dynamics of Japanese automotive lead firms invested in Guangzhou focusing on "market imperative". Honda noticed the huge market of Guangdong—the forefront of reform and opening up of China, where many private owners could afford cars. Because of the expansion of Fengshen Motor, Nissan also noticed the huge market of South China. Toyota came to Guangzhou to expand its southern market of China after it finished its plan in the northern market, and was shocked by the success of GAC Honda.

The extra-firm bargaining strategy is the primary factor for Japanese automotive investment in Guangzhou because it is decisive for the entry of the kinds of lead firms. Whatever in the process of the decoupling with French Peugeot or Taiwan Yulong Motor and the successful coupling with Honda, Nissan and Toyota,

China's governments at various levels including the state, Guangdong provinciality and Guangzhou municipality, had played the "first factor" role and realized the power of lead firms in coordinating the spatial relocation and organizational transformation of the global automotive production networks. Local governments and lead firms both looked for the best partners and cooperation. In the relationship between local governments and Japanese automotive lead firms, the local governments were dominant because they controlled the huge market of south China but it still provided many incentives for the lead firms for many years such as low-price land or even free tax.

However, suppliers are not paid attention to by Chinese governments at all levels as their lead firms. Only district government or administration of industrial park worked with the crucial suppliers and even provided incentives to attract them to Guangzhou. The inter-firm partnership between different lead firms and suppliers played a more important role, which caused the slightly different temporal process of suppliers. The intra-firm coordination of different lead firms affected the investment time and number of engines and R&D centres and even intermediaries in Guangzhou, which also shaped different temporal process of these firms.

Chapter Five will further explore the characteristics of the spatial organization between Japanese automotive lead firms and suppliers, different tier suppliers and explain the underlying factors behind this pattern, and discuss the impacts of such pattern on the development of the local supplier industry in Guangzhou.

5 SPATIAL ORGANIZATION OF JAPANESE AUTOMOTIVE INVESTMENT IN GUANGZHOU

5.1 Introduction

This chapter explores the characteristics of the spatial patterns and organization of Japanese automotive investment in Guangzhou, paying special attention to Japanese automotive lead firms (engine factories and R&D centres) and suppliers or intermediaries in the reconfigured production networks, using the analytical framework established in Chapter Three, from quantitative and qualitative perspectives (see Figure 3－1). The chapter is composed of four sections. The next section revisits the spatial evolutionary patterns of Japanese automotive investment over the period from 1991 to 2017 in Guangzhou. This is followed by a comparison of the similarities and differences in spatial distribution organization of the three lead firm-led production networks. After analyzing the impacts of the exclusive network on Guangzhou's local automotive supplier industry, key findings and theoretical implications are reflected in the final section.

5.2 Spatial Patterns of Japanese Automotive Investment

5.2.1 Geography Distribution of Japanese Automotive Investment

Analogous to temporal evolution, the geographical evolution of Japanese automotive investment can be divided into two stages in light of the distinctive cluster characteristics. The first stage was from 1991 to 2000, and only shaped one cluster by Honda and its few suppliers in the Yuzhu Jiedao and Yonghe Jiedao of eastern area in Guangzhou (see Figures 5 – 1; 5 – 2). The second stage was from 2005 to 2017. Primary, tripartite confrontation of Japanese automotive investment was located around three lead firms. The geographic distribution patterns in this stage were broadly different from the first one, with three clusters in the east, north, and south shaped around GAC Honda, Dongfeng Nissan, and GAC Toyota. Geographical patterns in 2010 and 2017 were slightly different from the pattern seen in 2005, with the same increase in registered capital and number of suppliers and services around their lead firms. Using the information of addresses and registered capital sources, it can be concluded that the majority of suppliers located themselves around their parent companies for the operation of the JIT delivery system. Only a few suppliers were in proximity to other customers but still within two hours' drive from their major clients.

5.2.2 Extent of Japanese Automotive Investment Agglomeration

The extent of Japanese automotive investment agglomeration in Guangzhou was testified by LQ index and GIS technique noted in Chapter Three. Figure 5 – 3indicates that Japanese automotive-related activities were concentrated in 26Jiedaos out of 164 Jiedaos at the fringes of Guangzhou, notably Xinhua Jiedao in Huadu district, Yuzhu and YongheJiedaos in Huangpu District, and Huangge town in Nansha District in 2017 (with LQ > 1).

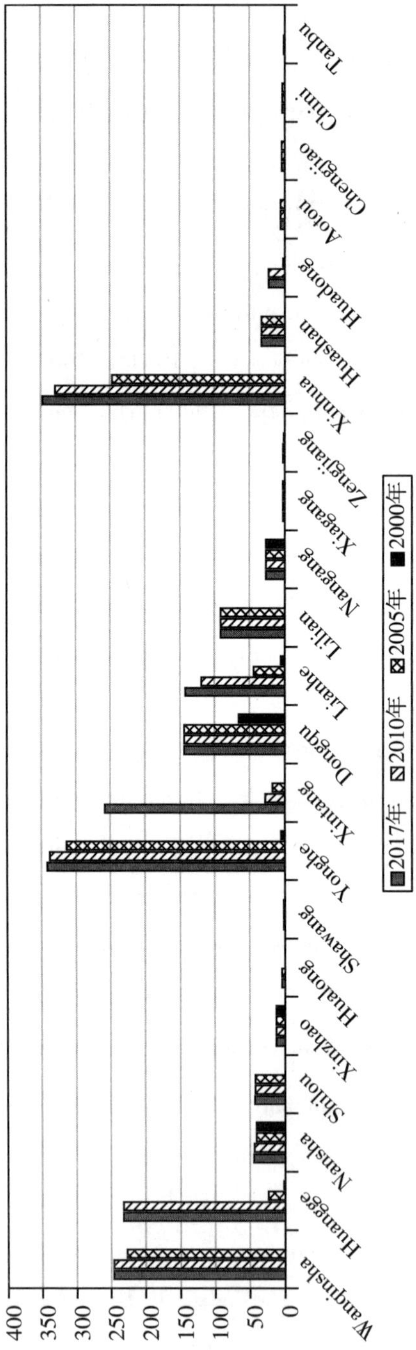

a. Registered Capital of Japanese Suppliers Spatial Distribution (2000–2017)

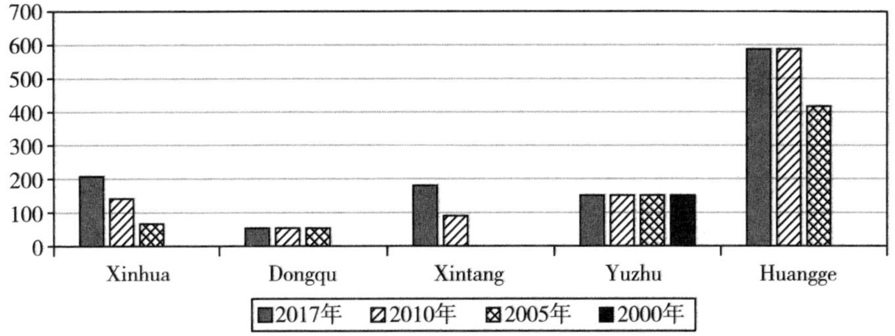

b. Registered Capital of Japanese Assemblies and Engines Spatial Distribution (2000–2017)

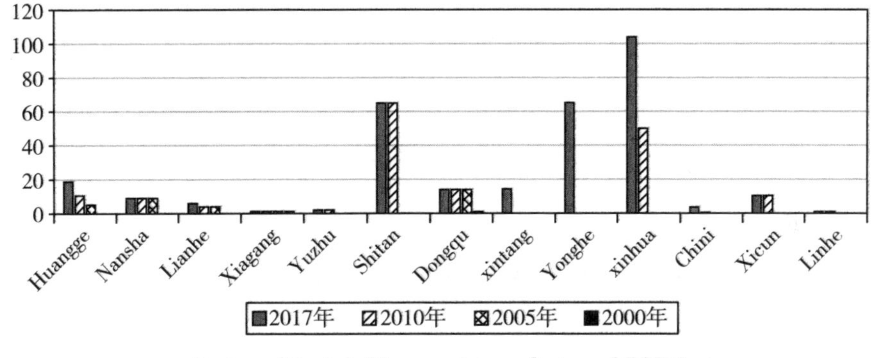

c. Registered Capital of Japanese Intermediaries and R&D Centers Spatial Distribution (2000—2017)

Figure 5 – 1 Changing actor composition of Japanese automotive invested registered capital in Guangzhou, 2000 – 2017

Source: Compiled by the author.

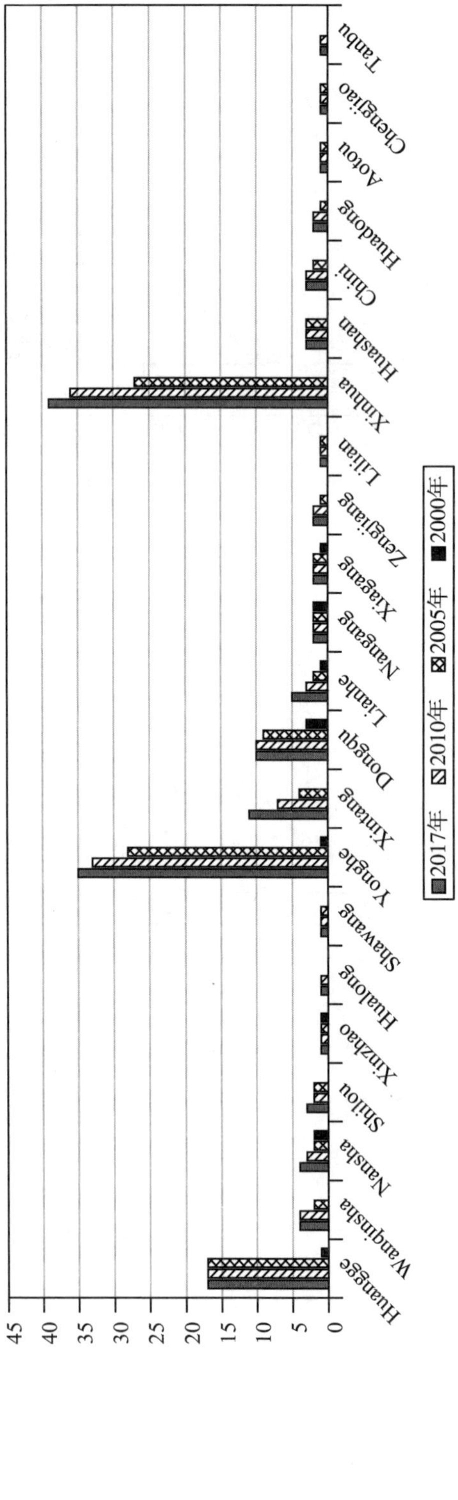

a. SNumber of Japanese Suppliers Spatial Distribution (2000—2017)

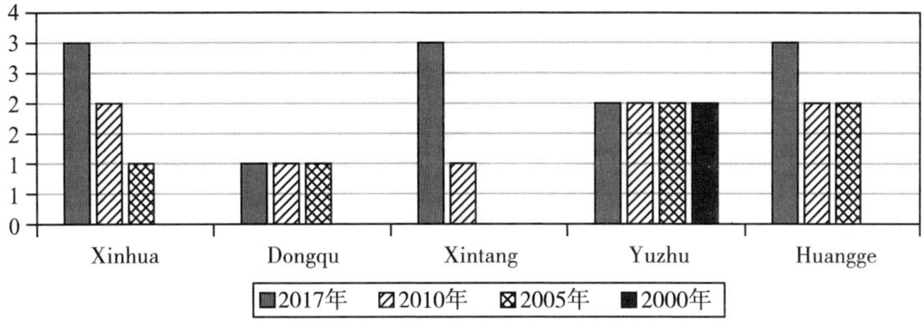

b. Number of Japanese Assemblies and Engines Registered Spatial Distribution (2000—2017)

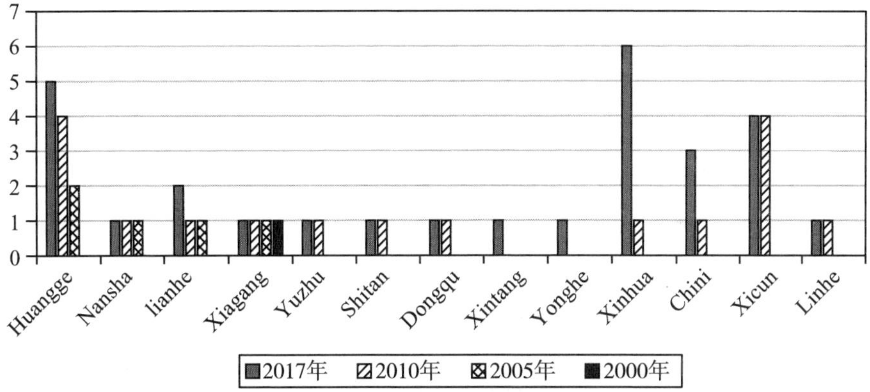

c. Number of Japanese Intermediaries and R&D Centers Spatial Distribution (2000—2017)

Figure 5 - 2 Changing actor composition of Japanese automotive investment firms number in Guangzhou, 2000 - 2017

Source: Compiled by the author.

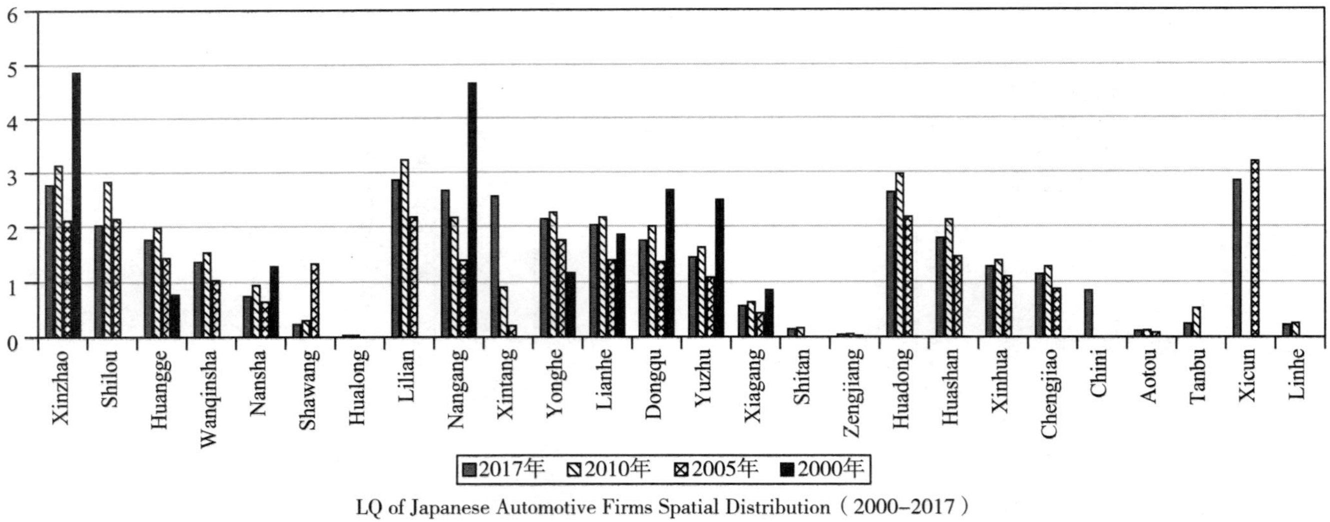

Figure 5-3 Changing LQ of the Japanese automotive investment in Guangzhou, 2000–2017

Source: Compiled by the author.

In 2000, the number of Japanese automotive-related concentration areas was only nine Jiedaos with investment from Honda and its follow-source suppliers. In 2005, with the effort of the three Japanese automotive lead firms and district governments or the administrators of Industrial Parks, the number of Japanese automotive-related concentration areas rose to 21 Jiedaos, while clustering around the location of the three assemblers. In 2010, the number of locations of Jiedaos increased to 25 and another was added in 2017, bringing the total to 26 locations.

Figure 5 - 4 further vividly indicates the differential spatial distribution evolution of the three clusters. There was just one cluster in the east in 2000: Honda's cluster. In 2005, three clusters were formed in the east (Honda), north (Nissan), and south (Toyota), which continuously expanded afterwards such as in 2010 and 2017.

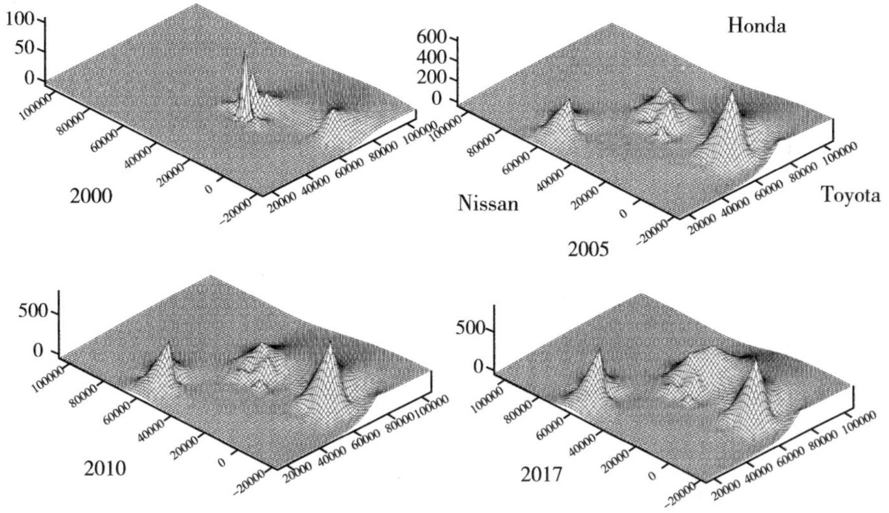

Figure 5 - 4 Changing trend surface analysis of Japanese automotive investment in Guangzhou, 2000 - 2017

Source: Compiled by the author.

Figure 5 – 4 also reveals the various agglomeration degrees of the three clusters. In 2005, the cluster in the south was clearly the highest although the eastern area cluster was the largest. In 2010, the northern cluster increased but it was still lower than the one of the south while it was similar to the one of the south in 2017. Additionally, Honda's cluster became larger in 2017 than in 2005 and 2010, which also indicated that the firms of Honda's cluster were more dispersed than Nissan's and Toyota's.

The extra-firm-local government played crucial roles in the formation and consolidation of production networks of the three Japanese automotive lead firms. First, Guangzhou Peugeot located in Huangpu District—the east of Guangzhou so that when Honda took place of Peugeot, GAC Honda was still located in the east. However, this area does not belong to GZDZ—the east of Huangpu District, which is a national development zone and can offer preferential policies for enterprises. In order to attract investment from Japanese suppliers, the administration committee planned a special area for suppliers in Yonghe. The increase in car production necessitated an expansion in the production line. However, there was no unoccupied industrial land for GAC Honda to develop around Line I and Yonghe Jiedao. In this situation, line II and line III of GAC Honda continued to move to ZCDZ—in the east of GZDZ, another national development zone where more suppliers clustered. Therefore, the reconfigured production networks of GAC Honda were formed in the east of Guangzhou and clustered in the three areas-Huangpu District, GZDZ, and ZCDZ.

Second, Yunbao Auto was situated in Huadu district—in the north of Guangzhou. Thus when Yulong Motor replaced Yunbao and then Dongfeng Motor replaced Yulong Motor, to cooperate with Nissan, Dongfeng Nissan was still in the north part of Guangzhou. The Guangdong provinciality planned a provincial level auto industrial park for Dongfeng Nissan so that the suppliers of Dongfeng Nissan nearly set around. Thus, the reconfigured production networks of Dongfeng Nissan were formed in the north of Guangzhou and mostly clustered in the Huadu auto industrial park.

When Toyota set up in Guangzhou, it did not have to replace any other company and it prepared to establish new facilities directly. In order to balance urban development and promote progress in the south, the Guangzhou municipality put GAC Toyota and its follow-source in the Huangge auto industrial park in the NSDZ—in the south of Guangzhou. In doing so, the reconfigured production networks of GAC Toyota formed in the south of Guangzhou and nearly clustered in the Huangge auto industrial park.

5.2.3 Co-location of Assemblers and Suppliers or R&D Centres and Intermediaries

(1) Co-location of Assemblers and Suppliers

Based on the firm-level data of Japanese automotive investment in Guangzhou andthe Guangzhou electronic Jiedao-level map, and employing GIS technique, it was found that the co-location site between assemblers and suppliers evolved from irrelevant to more relevant (see Figure 5 - 5)[①]. Before 2000, only Honda established its assembler and engine in Yuzhu Jiedao of Huangpu District in the eastern area and eight suppliers were distributed proximally to Honda. while four suppliers were located in Nansha District and Panyu District in the southern area far away from Honda, Therefore, the result of Moran's I between assemblers and suppliers was negative. Until 2005, Nissan and Toyota set up their assemblers and engines in the HDAIP in the northern area and in the HGAP in the southern area, the majority of their follow-source suppliers clustered around them. Honda's follow-source suppliers also continuously distributed proximally to the Honda assembler in the eastern area of Guangzhou. The value of Moran's I

① The expected theoretical values of these Moran Indexes are all calculated based on the random model using 999 permutations, which are not presented in this chapter one by one.

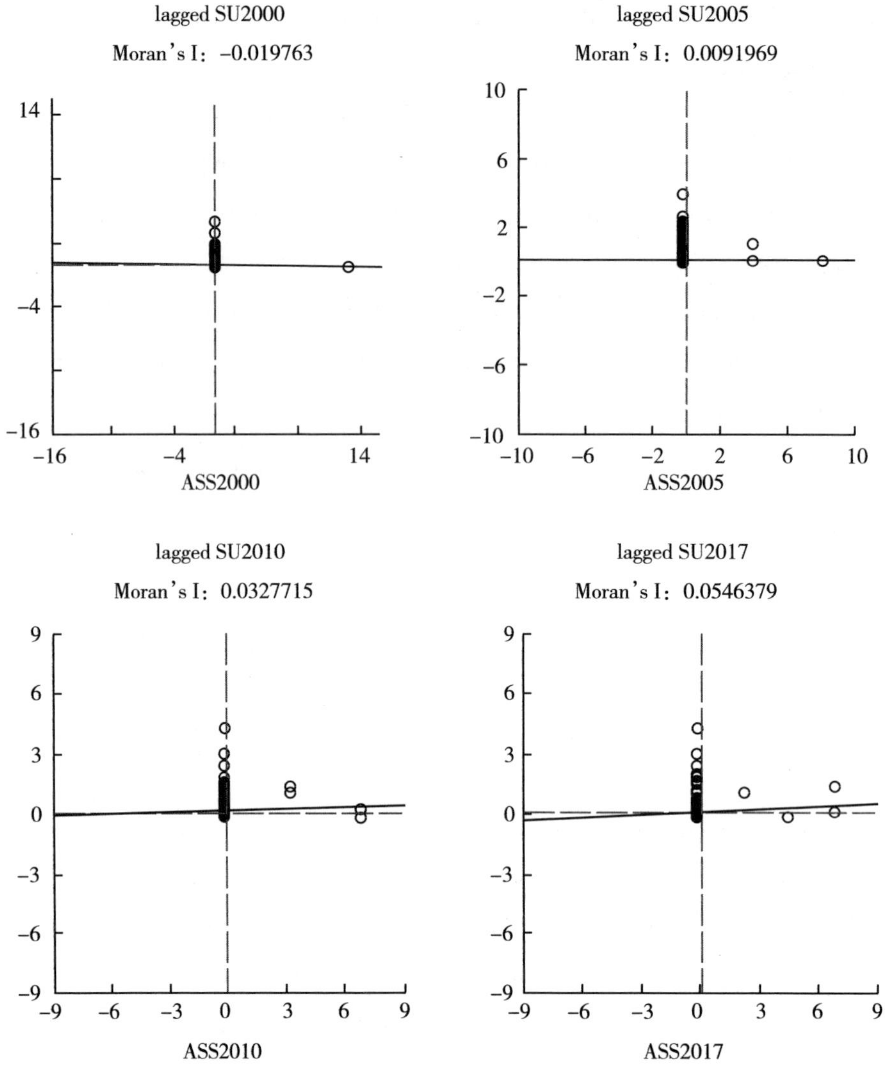

Figure 5 – 5 Changing Moran scatterplot of Japanese assemblers and suppliers in Guangzhou, 2000 – 2017

Source: Compiled by the author.

became positive, which indicated that the spatial co-location of assemblers and suppliers was tight in 2005. The figures in 2010 and 2017 became more steady, which indicates that the spatial co-location of assemblers and suppliers had become increasingly tight.

(2) Co-location of Assemblers, R&D Centres, and Intermediaries

Which is different from that of assemblers and suppliers. The value of Moran's I of assemblers and R&D centres or Intermediaries. varied from 2000 to 2017 (see Figure 5 - 6). Before 2000, there was just one intermediary located in Xiagang Jiedao of the GZDZ. Although it was distributed in the eastern area, it still kept some distance from the Honda assembly plant. Therefore, the value of Moran's I was negative. Between 2001 and 2005, when Toyota built its first assembly plant, Toyota Tsusho set up four intermediaries around it. Additionally, Toyota built one intermediary and one R&D centre near the Honda assembly plant. Therefore, the value of Moran's I became positive.

However, from 2006 to 2010, although Honda, Nissan, and Toyota built their logistic providers and two R&D centres near their assembly plant, four trade companies and one finance company were established in Tianhe District far away from the aforementioned assembly plant. Therefore, the value of Moran's I became a little negative once again.

Between 2011 and 2017, sales companies of Honda, Nissan, and Toyota were established steadily around their assemblies. Additionally, six R&D centres were located near their assemblers and one Umpires Investment company was also located near Nissan. Thus, the value of Moran's became positive in 2017.

5.2.4 Organization of Japanese Automotive Lead Firms and Follow-source Suppliers in Guangzhou

With Japanese automotive lead firms and their follow-source suppliers invested in Guangzhou, the multi-tier (*keiretsu*) supply system was transferred to Guangzhou. However, the supplier networks in Guangzhou were different

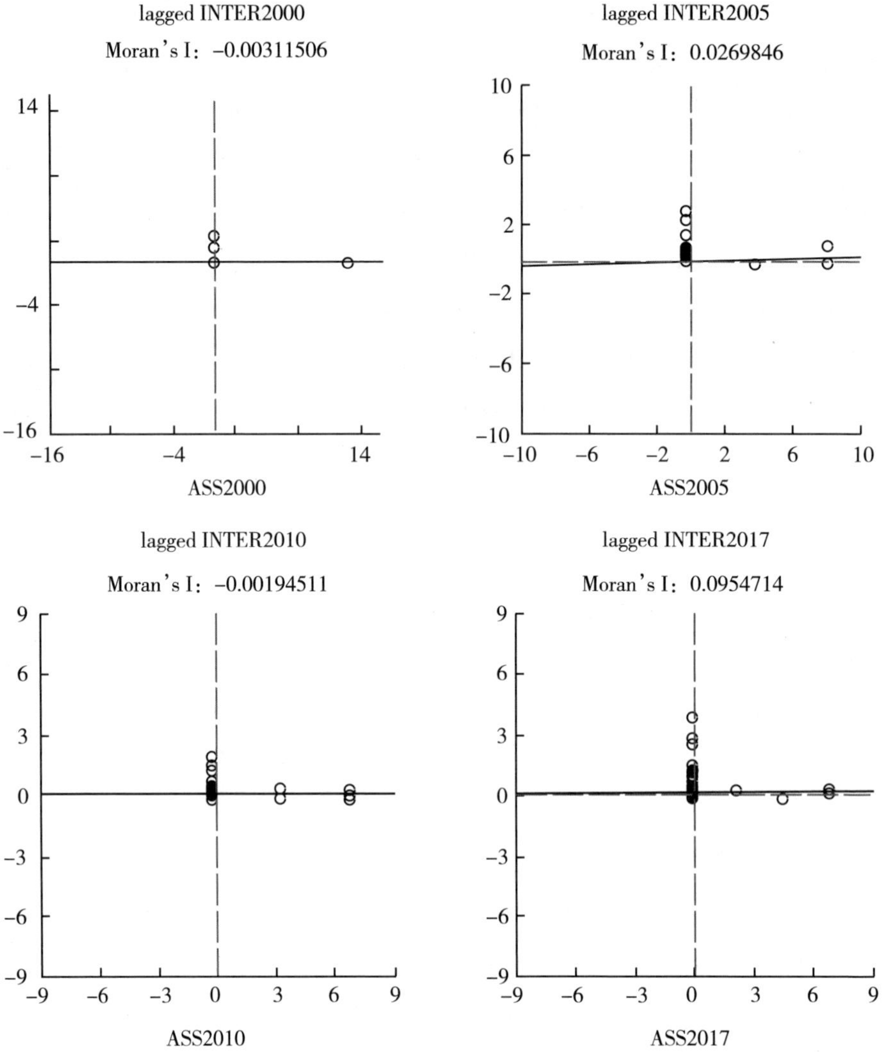

Figure 5 - 6　Changing Moran scatterplot of co-location of assemblers and intermediaries (R&D centres) in Guangzhou, 2000 - 2017

Source: Compiled by the author.

from those in Japan, which were comparatively weaker and more complicated than those in Japan but stronger than those in Thailand (see Figure 5 - 7).

Subcontracting suppliers were three tiers in Guangzhou, which was similar to Japan. However, the number of Tier 1 suppliers was 85, which was more than the number of Tier 2 suppliers (55) and the number of Tier 3 suppliers (ten). Similarly, the number of Tier 2 suppliers are more than. These three tiers are contrasted to in Japan and more than in Thailand. The structure of supplier network in Guangzhou is an inverted pyramid. The major reason was that Tier 1 suppliers needed to operate JIT with their assemblies, so they followed their lead firms to Guangzhou.

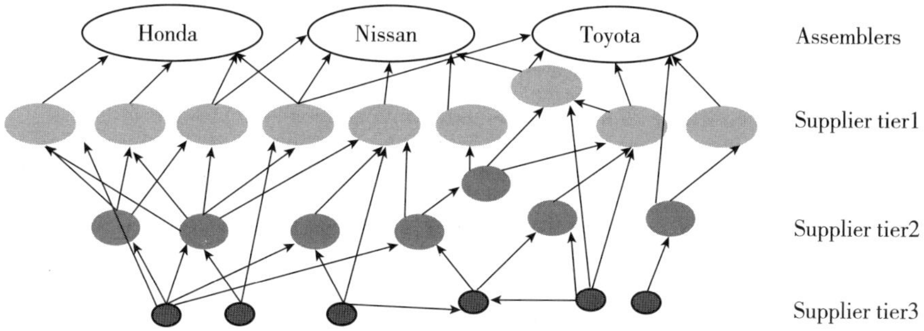

Figure 5 – 7 Organization of Janpanese Automotive lead firms and follow-sourcre suppliers in Guangzhou

Source: Compiled by the author.

Additionally, the relationship between Japanese Tier 1 suppliers and assemblers was multifaceted. It meant that the Tier 1 suppliers provided components and parts or machinery to different Japanese assemblers. The relationship between Tier 1 suppliers and Tier 2 suppliers was also multifaceted. . It meant that Tier 2 suppliers provided components or materials to several suppliers in Tier 1 (see Figure 5 – 7). This phenomenon in Guangzhou was similar to that in Thailand (Maruhashi, 1995) (See Chapter 2). The major reason was insufficient demand for assemblers and Tier 1 suppliers.

5.3 Different Spatial Organization of the Three Lead Firms-led Production Networks

5.3.1 Spatial Organization of Honda-led Production Network in the Eastern Area

(1) Spatial Pattern of Honda-led Production Network in Eastern Area

GAC Honda 1st plant and its engine (Dongfeng Honda) were located in the eastern area of Guangzhou. Specifically, they were located in YuzhuJiedao of Huangpu District, where it was the Guangzhou Peugeot factory. However, its 2nd and 3rd plants were both located in ZCDZ due to insufficient land in Huangpu District. The 4th plant was located in GZDZ. Its two engine factories were also located close to the 1st plant and 3rd plant respectively. Although these four plants were located in a different areas, they all belonged to the eastern area of Guangzhou.

Accordingly, its suppliers, R&D and intermediaries mainly cluster around its plants in the industrial parks, particularly in the automotive industry parks of the GZDZ and ZCDZ. In 2017, there were 70 suppliers, three intermediaries and two R&D centres in the eastern area, and in particular, 35 suppliers in Yonghe Jiedao. One official of the GZDZ noted:

"The number of Japanese suppliers accounted for 51% in the GZDZ in 2016." (Interview in Guangzhou, November 2016)

Besides the partnership between Honda and itsfollow-source suppliers, the bargaining between the administration of industrial parks and district governments and suppliers also played a decisive role on the location of Honda's suppliers around its assembly. For instance, Honda suppliers should be located in the eastern areas, such as GZDZ, while they were located in the HDIAP of the north, such as G-HAPII due to the incentives that were provided by HDIAP. The manager of G-HAPII explained:

"Our company was the Tier 1and specialized components suppliers of Honda. Honda held 25.4% share of our company in Japan so that wherever Honda went, so did our company. However, our company did not require locating next to Honda. A driving distance of one and a half hours between Honda and our company was acceptable. Therefore, when the administration committee of HDIAP offered considerable incentives, mainly offering enough land and good services, our company chose to remain in Huadu. However, the production volume grew so rapidly that our company needed to build a new plant after four years. At that time, HDIAP could not provide more land for us but the Qingyuan governments provided enough land for the new plant so that our 2nd plant was built in Qingyuan in 2005, where it was two hours' drive from Honda." (Interview in Guangzhou, November 2016)

The two R&D centres of Honda were both in the ZCDZ but the functions of these two R&D centres were different. The manager of GAC Honda explained:

"The first GAC Honda Automobile R&D centre was built according to the state's Automotive Industry Development Policy in 2004, which stated that every JV assembler needed to build an R&D centre to create its own brand name products. It was invested by GAC Honda. The second Honda Motor (China) Technology Centre was established by Honda itself as it realized that the car model needed to meet with the requirements of China's car consumer market and wanted to collect information on China's car market and develop China models." (Interview in Guangzhou, November 2016)

The location of Honda's three intermediaries was different. Honda Trader (China) was in Tianhe District, where the financial centre of Guangzhou was also situated. GAC Honda Logistics and GAC Honda Sale were both close to its assemblers in order to operate the JIT delivery system. However, because GAC

Honda Logistics was not owned by GAC Honda, its logistics system could not operate very efficiently GAC Honda could only realize a partial JIT delivery system. One manager of GAC Honda explained:

"Our company had no logistics of our own. We used third party logistics. GAC Honda logistics was not financedby GAC Honda. It was a cooperation between Guangzhou Business Co., Ltd. and Honda Logistics Corporation. However, this logistics company only delivered components and parts transportation to GAC Honda assembly plant. It had procurement logistics and production logistics models or a host factory entrusted to take goods flow logistics and supplier commissioned P2P logistics. Our company was also served by other logistics companies. It was very difficult for our company to manage them because they were multi-layers delivery." (Interview in Guangzhou, November 2016)

(2) Organization of Honda and follow-source Suppliers in the Eastern Area

The procurement relationship between GAC Honda and its suppliers was moderate although the procurement amount and number of Japanese suppliers were around 70% and 50% respectively Moreover, the organization relationship between GAC Honda and its suppliers was inclusive because GAC Honda only provided a technique guide for its suppliers and the requirements of its suppliers were not very except for the material type (Extract 5-1; 5-2). Additionally, the LCR of GAC Honda surpassed 90%, although the key components and parts still were from Japan (Extract 5-1). Therefore, following the Japanese earthquake in 2012, GAC Honda and its suppliers all ceased production, which also illustrated the vulnerability of the reconfigured production network of Honda in Guangzhou.

Extract 5 – 1 Narratives on the procurement activities in GAC Honda

GAC Honda	Procurement Activities
Procurement strategy	There were nearly 200 Japanese suppliers of GAC Honda in China in 2016. In the same year, 50% of procurement numbers for GAC Honda were from Japanese suppliers, 40% were from other source suppliers, and 10% were from local suppliers. Additionally, 70 – 80% of the purchase amount of GAC Honda was Japanese companies and the core components were from Japan, such as the gearbox. There were more than ten Japanese parts companies in cooperation with GAC, including lamps, seats, and air conditioners. The engine was considered as one part of a car. If it were counted respectively, the procurement percentage and number of Japanese suppliers would be even higher. The low percentage of local suppliers was mainly due to the low quality. Actually, the procurement strategy of GAC Honda was relatively open. QCDDME was the method used to choose its suppliers: Q (quality), C (cost), D (delivery), D (development), M (management), E (equipment). By scoring each item, the total score was divided into four levels-A, B, C, D, which was the basis of selection of GAC Honda.
Requirement for Suppliers	We did not specify upstream suppliers, but we provided some requirements for Tier 1 suppliers to choose their Tier 2 suppliers, such asqualifications, supply capacity, and production scale. This was due to the fact that the quality of the Tier 2 suppliers caused the suspension of production of GAC Honda. We also did not specify that our suppliers must use Japanese materials. For example, we only specified the type of steel for our Tier 1 suppliers.
Vulnerability	We did not stop production during the global financial crisis in 2008 because our market was domestic, but we stopped production during the earthquake in 2011 and Diaoyu Island accident in 2012 During the earthquake of Japan, we stopped production because some specialized components should export from Japan such as electronic control equipment. In Diaoyu Island accident, we stopped production due to sales of stagnation caused by Chinese boycott of Japanese goods and even destruction of Japanese goods. Nowadays, very few components and suppliers needed to be imported such as basically universal (standard) parts which did not centralize produce in China. In this case, if a serious earthquake happened again, we would stop production because some parts still had imported components.

continued

GAC Honda	Procurement Activities
Helping suppliers	We only provided our requirement for the suppliers such as reduced costs, quality assurance, physical requirements, and increased efficiency, butdid have not such a close relationship with their supplier as did GAC Toyota, which regarded suppliers as its one factory.
Management of Suppliers	We hada supplier meeting every year. Its aims were to thank the suppliers and to give awards to thesuppliers. In addition, we proposed the request, policy, R&D, and sourcing amount of that year.

Extract 5 -2 Narratives on the procurement activities in suppliers

Suppliers	Procurement activities
SS Tier 1	Our company had around 100 upstream suppliers. At the end or the beginning of every year, we held a meeting to manage these upstream suppliers. In recent years, we had been promoting localization so that lots of our company's raw materials were made by domestic materials such as steel. However, some special die steels still used Japanese materials such as steel plate and steel pipe because the material requirements for the core parts should be imported from Japan. Honda also designated intermediaries for us, such as Honda Trade, Toyota Tsusho.
SS Tier 1	GAC Honda did not specify any regulations for materials. The materials that we used were made locally in order to save costs, but these local materials were also from Japanese investment enterprises rather than domestic enterprises. For instance, Baosteel was our main supplier, which was a JV of Baosteel and Nippon Iron and Steel.
SS Tier 2	We only made single parts. Our LCR was only 50%. Some materials suppliers were from Japan because they had many patents. Dongfeng Honda Engine provided certain materials for their suppliers, such as the designation of material grades.

Honda's suppliers developed new sales channels in China. This implied that they supplied not only GAC Honda or other Japanese assemblers, but also other JV and domestic assemblers, although Honda was still their biggest customer, especially GAC Honda. Additionally, some suppliers even required permission from

Honda when they intended to supply for other customers (Extract 5 – 3).

This type of procurement relationship between GAC Honda and its suppliers was similar to their inter-firm partnership in Japan, where Honda did not focus on

Extract 5 – 3 Narratives on the sales activitiesin of GAC Honda's suppliers

GAC Honda	Sales Activities
SS Tier 1	The product of our company in Guangzhou was similar to my parent company in Japan. Our biggest customer was Honda. 70% of our products supplied GAC Honda. However, our customer base was greaterin China than the one of my parent company in Japan. In Japan, there were only five major customers while in China, we not only offered products for these five customers but also supplied other customers. In total, we supply around ten assemblers and 14 component and parts suppliers to expand our business. Therefore, our company became the largest company of the entire group. However, we still needed Honda's permission to supply other customs.
SS Tier 1	We mainly supplied GAC Honda, but also supplied other Japanese assemblers, such as Dongfeng Nissan, and GAC Toyota. Additionally, our products are also exported, and our sales of products exported to Japan and the United States are US $ 100 million per year. Moreover, we provided spare parts for Honda assemblers produced in ASEAN countries during the floods in Thailand.
SS Tier 2	The engine factory of GAC Honda was our major customer, but we also supplied seven other engine factories, such as Dongfeng Honda in Wuhan, Ford, and Hyundai in Chongqing, Mazda in Nanjing, Dongfeng Yulong Motor in Hangzhou, Hyundai in Cangzhou, and Qiya in Yancheng. We did not need Honda's permission to supply for other customs.

the importance of *Keiretsu and* did not organize its own supplier association like Toyota and Nissan (Sako, 1996). However, it had continuously strengthened its relationships with its parts suppliers since the 1960s (Aoki & Lennerfors, 2013). Although Honda did not use the word "*Keiretsu*", it developed similar activities to suppliers' associations in a similar vein to Toyota, such as a New Year meeting and purchasing policy presentation meeting. Additionally, the procurement activities were exclusive because Honda's sales dependence of on its *Keiretsu* firms reached 80.8%, even higher thanToyota's 79.0% in 1999 (ibid). Even after they advanced a global-scale competitive purchasing strategy in the 1990s, Honda'ssales dependence fell to 78.1%, only a little lower than Toyota's 79.0% in 2009 (ibid).

Conversely, Honda's subcontracting system of had become stronger than that of Nissan. One manager of GAC Honda explained:

"Honda had established its own parts supply system. However, this system was mixed, including the European, Japanese (Toyota), and the US supplier system. Its core system was not as strong as Toyota's because it had no strong supplier, such as Denson of Toyota, Bosch of Europe, and TRW of the USA." (Interview in Guangzhou, February 2017)

5.3.2 Spatial Organization of Nissan-led Production Network Suppliers in Northern Area

(1) Spatial Pattern of Nissan-led Production Network

Nissan was located in the north of Guangzhou-HDIAP of Xinhua Jiedao of Huadu District-because that was where the Fengshen Motor factory was situated. In 2017, there were 50 suppliers, two intermediaries three R&D centres and one university in the north area of Guangzhou (See Figure 5-8). All the firms except 11 suppliers were located in Xinhua Jiedao around Dongfeng Nissan's two plants. In addition, an HDIAP official claimed:

"Thirty-three Japanese Tier 1Nissan suppliers were located in our parks at the end of 2016." (Interview in Guangzhou, February 2016)

Similar to Honda's suppliers, on the location of Nissan's suppliers, the bargaining between the administration of industrial parks and district governments and suppliers also played an important role. The Nissan suppliers were located in the Northern Guangzhou—HDIAP around the two assembly plants, while a few of them, such as Jatco, chose the GZDZ in eastern Guangzhou. The manager of Jatcoexplained:

"Our company chose to locate in GZDZ because it wasa national level development zone services environment and they offered us competitive incentives, such us land and tax incentives. It was so difficult to make this decision that it took four years for our Japanese parent company to locate in GZDZ." (Interview in Guangzhou, November 2017)

The three R&D centres and one university were all in HDIAP near Dongfeng Nissan's assembly plants.

Similar to Honda, the Guangzhou Nissan Trader Company was also located in Tianhe District whilethe Dongfeng Nissan Sales Company was in Huadu District near its assembler. Nissan did not have their own logistics provider, but used the Fengshen Logistics Co., Ltd. and Dongfeng GEFCO Logistics CO., Ltd.. Although Fengshen Logistics did was not related to Nissan, it still belonged to the Dongfeng Group. Therefore, the logistics delivery operated smoothly. One manager of Dongfeng Nissan explained:

"We used Third Party Logistics. Dongfeng GEFCO Logistics Co., Ltd. and Guangzhou Fengshen Logistics Co., Ltd. were responsible for parts logistics and vehicle logistics respectively. Guangzhou Fengshen was established by Dongfeng and Yulong Motor in 2002. When Fengshen Motor operated. Dongfeng GEFCO was also a JV with the French. They both belonged to Dongfeng Motor so they were effective to operate JIT delivery system but the extent of zero inventories was still worse than that of Toyota." (Interview in Guangzhou, February 2017)

(2) Organization of Nissan and follow-source Suppliers in Northern Area

After the implementation of the Dongfeng Nissan Action Plan in 2005, the closed system of the original Dongfeng system and Nissan system supplier was broken and an external supplier system was introduced in the procurement system by the standard of quality, price, delivery, and R&D (QCDD). After years of supplier campaigns, currently within the Dongfeng Nissan procurement system, there were less than 50% suppliers of components from the Dongfeng and Nissan parent company systems. Dongfeng Nissan was called "the most open purchasing system JV".

Therefore, the procurement relationship between Dongfeng Nissan and its suppliers was weakin comparison with GAC Honda and GAC Toyota. The procurement amount from Japanese suppliers was the lowest percentage in the three automotive lead firms (see Extract 5 – 4). Similar to GAC Honda, the key components and parts electronic component were still sourced from Japan. Therefore, following the Japanese earthquake in 2011, Dongfeng Nissan stopped production, as did GAC Honda and GAC Toyota. However, it was the first Japanese automotive lead firm to resume production. Additionally, the requirements of its suppliers were not very strict, except for the material type. Moreover, the organization relationship between Dongfeng Nissan and its suppliers was as inclusive as that of GAC Honda (see Extract 5 – 4; Extract 5 – 5).

Extract 5 – 4 Narratives on the procurement activities in Dongfeng Nissan

Dongfeng Nissan	Procurement Activities
Procurement strategy	The procurement strategy of Dongfeng Nissan was relatively open. For one part of a car, the procurement committee usually selected two suppliers. After selection, there was no change within five years. That was to say, the cars model had been changed within five years. Taking the form of a contract, we mainly considered the three factors of cost, technology, and quality. The number of Tier 1 suppliers reached 500, Huadu International Auto City has 33 Tierl suppliers. Guangdong prgvince has 247 suppliers, which account for around 50%. JiangSu province and ZheJiang province accomted for around 30%. 50% of the procurement amount was from Japanese suppliers, 40% came from other source suppliers, and the remaining 10% was from local suppliers. The low percentage of local suppliers was reflective of the low quality of local suppliers at that time.
Requirement for Suppliers	The purchasing criteria were not explicitly stated for Japanese suppliers, but Nissan held a share of some key componentssuppliers, so these suppliers would be preferred.

Similar to Honda's suppliers, Nissan's suppliers supplied not only Nissan but also other JV and domestic assemblers, although Nissan was still the biggest customer, particularly Dongfeng Nissan (see Extract 5 – 6). However, Nissan did not limit its supplier sales strategies, meaning that they could sell to any other customers.

Extract 5 – 5 Narratives on the procurement activities in suppliers

Suppliers	Procurement Activities
GS Tier 1	Dongfeng Nissan introduced some regulations for us with regards to lubricating oil, with some brands and nature of the product. The company made no comment about materials. To save costs, our main material-the new aluminium-was from domestic firms and the OEM was also from domestic firms.
SS Tier 1	Dongfeng Nissan did not stipulate any regulations. The materials that we used were also made locally in order to save costs, but these materials were also from Japanese investment enterprises instead of domestic enterprises. Baosteel was our main supplier, and it was also a JV cooperating with Nippon Steel of Japan.
GS Tier 2	Guangzhou Unipress did not stipulate any regulations for our company. Instead, Dongfeng Nissan pointed out the major material suppliers for our company. They were local suppliers such as Baosteel, Wuhansteel, and Ansteel, but they all cooperated with Japanese Iron and Steel companies.

Extract 5 – 6 Narratives on the sales activities of Dongfeng Nissan'ssuppliers

Suppliers	Sales Activities
GS Tier 1	Our parent company supplied Nissan, Honda, and Mazda in Japan. After our company came to China, Dongfeng Nissan was our first client, and we also supplied GAC Honda, Honda Motor (China), GAC Motor, and GAC Mitsubishi, but we did not supply Mazda. In addition, we supplied small trimming parts for Toyota as a Tier 2 supplier.
SS Tier 1	We had 24 customers, including customers in Japan, Europe, America, and domestic assemblers and a few Tier 1 suppliers. because we also produce some compoents for Tier 1 suppliers. We did not need Nissan's consent if we wanted to supply to other customers.

This character of inter-firm partnership of procurement relationship between Dongfeng Nissan and itsfollow-source suppliers in Guangzhou was similar to that between Nissan and its suppliers in Japan. Before Nissan's alliance with Renault, Nissan strictly controlled Tier 1 suppliers as did Toyota. Some of part suppliers thus had become members of Nissan's 'family' (Hill, 1989). These suppliers were adopted by Nissan parent companies to ensure the benefits that go with stable markets and access to investment funds (Cusumano, 1985). Nissan established its suppliers association, named *Takarakai* in 1954 and renamed it *Nishokai* in 1991 (Aoki & Lennerfors, 2013).

However, after the establishment of the Renault-Nissan Alliance in 1999, Renault became the largest shareholder of Nissan Motor. The Renault-Nissan Alliance integrated the different enterprise cultures reform of the Nissan *Keiretsu* system, which became the first automotive manufacturer to break the Japanese closed component supply system and introduce amore competitive dynamism (Shimokawa, 2010). It sold all shares of related firms except for four of almost 1,400 affiliated companies because Nissan was suffering from over-embeddedness with long-standing suppliers (Wilhelim & Sydow, 2018). Then, it practiced "Global Single Sourcing", which meant that the best performing supplier was given the opportunity to deliver parts for Nissan. In doing so, the relationship between Nissan's suppliers and Nissan became unstable (ibid). The ratio of sales depending on their main OEM in *Keiretsu* firms decreased from 63.3% in 1999 to 51.4% in 2007, which was lower than Toyota and Honda. To solve this issue, Nissan organized systematic supplier development activities since the mid-2000s such as "Thanks Activity" where about 200 suppliers participated in 2010 in Japan (Aoki & Lennerfors, 2013). Thus, it is could be concluded that Nissan's supply system was more open in Japan when compared with those of Toyota and Honda.

5.3.3 Spatial Organization of Toyota-led Production Network in Southern Area

(1) Spatial Pattern of Toyota-led Production Network in Southern Area of Guangzhou

GAC Toyota was located in Huangge Auto Park (HGAP) of Huangge Town of Nansha District, in the south of Guangzhou. In contrast to Honda and Nissan, the blank area was well-planned by the Guangzhou municipality. The leader of GAC Toyota recalled:

"We gathered to observe the map of Nansha district, which was put on the floor by the mayor of Guangzhou. The vice director of Toyota said that he believed what the mayor talked." (Interview in Beijing, September 2007, cited in Yao & Han, 2008, p. 226)

Nansha district was thecentre of PRD with a perfect deep water port, where it could be a new growth branch of Guangzhou. Additionally, it required that lead firms such as GAC Toyota stimulate economic growth. Thus, the mayor persuaded the vice director of Toyota to locate the company in Nansha District (Yao & Han, 2008, p. 226). In 2017, there were 31 suppliers, six intermediaries and one R&D centre clustered in the southern area. All the firms were located in HGAP in Huangge Jiedao except for 14 suppliers. The core suppliers of Toyota were only located around GAC Toyota. These suppliers were connected with a special tunnel, which enabled the components and parts to be delivered to the assemblers within ten minutes, so the JIT delivery system operated successfully in Nansha district. Toyota's manager admitted:

"The suppliers all set around Toyota to operate JIT, which was operated best in Toyota." (Interview in Guangzhou, November 2017)

However, the Tier 2 suppliers of GAC Toyota were not distributed around the assembly plant as Tier 1 suppliers, but they were also within two hours' drive from Tier 1 suppliers. The manager of one of Tier 2 suppliers explained:

Our company was the Tier 2 supplier of GAC Toyota and GAC Honda. It was located in HDIAP because it was in thecentre of our major clients, such as Futaba in Nansha (our main customer), Guangzhou APC in Guangzhou Development Zone and G-HAPPII in Huadu and Qingyuan." (Interview in Guangzhou, November 2017)

The R&D centre is an internal department of GAC Toyota, so it was in Nansha along with the assembler. It did not operate until 2015 and created its own brand name, "Leahead" that did not produce until now. The manager of GAC Toyota explained:

"The R&D centre of GAC Toyota operated in 2015. It mainly focused on the appearance design, legal regulations, and energy saving cars such as the new Levin 1.85T and the new Highlander……. To create own brand name is very complicated. In fact, except for Dongfeng Nissan, the own brand name of other JVs all failed, which meant that the way was not so easy and unnecessary." (Interview in Guangzhou, February 2017)

Except for the two trading companies in Tianhe District and the two trading companies in GZDZ, the other three logistics companies, one sales company and one other company were adjacent to the main plant in Nansha District. There were four logistical providers for Toyota. One of these was a storage company and the other three were logistics companies financed by the Toyota Group. One of the logistics companies was registered in Tianjin, but Toyota and GAC both held 65% share. The manager of GAC Honda elaborated this point:

"We mainly adopted third party logistics, such as Tong Fang (Tianjin) Logistics, GAC Toyota logistics, and GAC Toyota Tsusno Logistics, to operatethe JIT delivery system in Nansha, and we basically achieved zero inventory management. Additionally, GAC Toyota set up a dedicated underground logistics channel to seamlessly connect the assemblers with parts and components suppliers, where raw materials and parts could be directly transported to assembly lines. It could shorten transportation link, and greatly reduce logistics and inventory cost." (Interview in Guangzhou, September 2017)

(2) Organization of Toyota-led Production Network in the Northern Area of Guangzhou

The procurement relationship between GAC Toyota and its suppliers was closest compared with that between GAC Honda or Dongfeng Nissan and its suppliers. The procurement amount from Japanese suppliers was over 70% (see Extract 5 - 7). Similar to GAC Honda and Dongfeng Nissan, a few key components and parts were still sourced from Japan. Therefore, following the Japanese earthquake in 2012, GAC Toyota stopped production with the longest recovery period. Additionally, the requirements of its suppliers are not very strict, except for the material type. Moreover, the organization relationship between GAC Toyota and its suppliers was exclusive because GAC Toyota not only provided technical guidance for its suppliers, but also helped them in environment and security (see Extract 5 - 7; 5 - 8).

Extract 5 - 7 Narratives on the procurement activities in GAC Toyota

GAC Toyota	Procurement Activities
Procurement strategy	The principle of selecting a supplier was competitive. In the selection process, GAC Toyota adopted a method called "comparing three candidates to select one supplier". Afterwards, it developed with its suppliers sustainable. In the past ten years, the profit from components had continued to decline. This was mainly due to the increase in small and medium models according to local government policy, the low added value of parts and components, and the increase of environmental protection and labour costs. GAC Toyota actively participated in the process with suppliers to find the problems between GAC Toyota and its Tier 1 suppliers. It provided technical guidance to its Tier 1 suppliers, such as improving the film of glass with Fuyao Glass. Suppliers provided better quality products and lower price for its assemblers.

continued

GAC Toyota	Procurement Activities
Requirement for Suppliers	The purchasing criteria were not explicitly stated for Japanese suppliers, but Toyota helda share of some key components suppliers that could be selected as a priority. The LCR was over 90% in China. Over 70% of the procurement amount was from Japanese suppliers, around 20% was from other source suppliers, around 10% was from local suppliers. The low percentage of local suppliers was due to the quality of local suppliers remaining low. The number and name of Tier 1 suppliers of GAC Toyota was similar to that of Toyota. The number of Tier 1 suppliers of GAC Toyota was 355, 199 of which were located in South China with a share of 56%. The supplier share accounted for 76% in South China and 66% in Guangzhou. However, the electronic components still needed to be imported.
Helping suppliers	Toyota helped its suppliers to improve "environment, security, and CSR" in Guangzhou. For example, GAC Toyota required all suppliers to comply with environmental laws and regulations and obtain relevant certification. Therefore, Guangzhou Zhongjing invested 200,000 Yuan to replace boiler steam with pipeline steam. In addition, GAC Toyota insisted on the concept of "safety first" and believed that "only a supplier who can ensure safety" could become a long-term partner. With the help of GAC Toyota, Asahi Glass (China) invested 250,000 yuan to transform the inside lane and sidewalk for the company.

Extract 5 – 8 Narratives on the procurement activities in suppliers

Suppliers	Procurement Activities
Engine	We had 65 suppliers in Guangzhou and our LCR were about 80% ~ 90%, but we did not stop production during the earthquake in 2012 because we did not import the key components and parts from Japan. We followed Toyota's standard to choose suppliers and materials. GAC Toyata did not stipulate any special regulations. The materials that we used were also made locally in order to save costs, but the local materials came from Japanese investment enterprises instead of domestic enterprises.

continued

Suppliers	Procurement Activities
SS Tier 1	We had around 200 suppliers in China and our LCR were about 80% ~90%. We did not stop production during the earthquake in 2012 because we found all the components and parts in other countries during those days. GAC Toyota did not stipulate any special regulations. The materials that we used are also made locally in order to save costs.
SS Tier 2	Guangzhou Futaba did not stipulate any special regulations. the materials our company should use. However, our company still used the (steel) materials of Japanese investment enterprises such as Bao Steel, except that the customers pointed out us to use the (steel) materials of the domestic enterprises for saving costs.

Toyota's suppliers had been developing new sales channels in China, because Toyota encouraged its suppliers to supply to other assemblers. This strategy increased the production capability and skills of its suppliers and promoted the development of Toyota (see Extract 5 -9).

Extract 5 -9 Narratives on the sales activities in suppliers of GAC Toyota

GAC Toyota	Sales Activities
Engine	We supplied both GAC Toyota and FAW Toyota, and exported to Japan, Thailand, and Taiwan. We did not stop production during the earthquake because we had other customers.
SS Tier 1	In addition to GAC Toyota, we also have other Japanese, European, and domestic assembly plants. Therefore, We did not stop production during the earthquake when GAC Toyota had to stop production. Toyota encouraged their suppliers to supply to other customers.
GS Tier 2	We had four customers who were all Japanese: Guangzhou Futaba (our main customer), Guangzhou APC, G-HAPPII, and Qingyuan HAPPII.

This character of the inter-firm partnership of the procurement relationship between GAC Toyota and its follow-source suppliers in Guangzhou was similar to that between Toyota and its suppliers in Japan, where Toyota and its Tier suppliers followed the classic, Japanese business tradition of tight control of their multi-tier subcontracting systems (vertical *keiretsu*). This was the main factor that triggered Japan to become one of the top three counties with the highest level of car production since the 1960s (Sheard, 1983; Hill, 1989). Toyota preferred to depend on, 'trust, a long-term relationship with a limited number of suppliers to mix the elements of market and hierarchy' (Terdudomtham, Techakanont & Charoenporn, 2013, p. 218), possibly as this long-term supply relationship could share risks (Okamuro, 1995). In these systems, the Tier 1 suppliers were those subcontractors who directly transacted with the assemblers. Additionally, they were parent companies of Tier 2 suppliers. Similarly, Tier 2 suppliers were parent companies to Tier 3 (Sheard, 1983). In this case, an automotive production chain was formed by tier management. Parent firms had responsibilities to check the quality and coordinate the inflow of parts, materials and services from the next level down, somewhat like an extended family tree (Hill, 1989). The family tree was like a pyramid where the higher tier had fewer numbers. In terms of the multi-tier subcontracting systems, the relations between Toyota and the suppliers were tight and stable (Sato, 1982). Subcontractors were partially integrated with the parent production system and assumed a kind of branch plant role as well (Itami, 1985). The Toyota supplier had an association called *kyohokai* in Japan, which was established in 1943 (Asanuma, 1988). Currently, it had a membership of more than 200 companies.

5.4 Impacts of the Exclusive Network on Guangzhou's Local Automotive Supplier Industry

5.4.1 Weak Ties with Local Suppliers

Although the procurement closure of the three Japanese automotive lead firms varied, the sourcing rate of Japanese suppliers still reached 50% – 70%, and that of local suppliers stayed at 10%. This implied that the local suppliers had little opportunity to enter the supply system. This was because Guangzhou's original industrial base was weak, and the local suppliers that could enter the Japanese supply system all had their own patents and companies with long histories, a recognised position and some patents in their field (see Extract 5 – 10). In particular, there were a few traditional suppliers of Guangzhou with patents, scale, and history, such as Huade Spring and Zhujiang Tire. Some suppliers were from other regions in China, such as Fuyao Glass, Linyun Industry, and Zhejiang Asia – pacific Mechanical & Electronic. The majority of local suppliers were of low quality, and even Japanese automotive lead firms adopted the "QCDD" procurement system. The manager of a local component and parts firm that had not entered the Japanese supply system complained:

"Our company had patents and we also exported goods to Japan. However, Japanese car manufacturers basically looked for Japanese suppliers. At present, there was no domestic air conditioner entering the Japanese supply system. If Denso purchased our company, it would be possible for us to enter the supply system." (Interview in Guangzhou, September 2017)

Therefore, even if Japanese automotive lead firms such as Nissan adopted the open procurement system, the majority of local suppliers were still unable to enter their procurement system due to their low quality. However, Guangzhou's more competitive electronics suppliers, such as FlyAudio were listed in the Japanese supply system. Furthermore, those local suppliers that enter the Japanese automotive supply system, are only general suppliers and assembly plants. One manager of a GS Tier 1 local supplier of Dongfeng Nissan claimed:

"We only played an assembly role in components and parts production, followed the Japanese investment assembler's requirement, and even the assemblers specified that the source of the raw material should come from Japanese firms."

(Interview in Guangzhou, September 2017)

Extract 5 – 10 Narratives on the procurement activities in local suppliers

LocalSuppliers	Procurement Activities
GS Tier 1 of Dongfeng Nissan	Our company entered the market early in 2003 and had patents with core technology. Additionally, it only had one competitor in this product. Our company had a R&D department and our annual R & D investment was about 4 – 5% of our annual income.
GS Tier 1 of GAC Honda and Dongfeng Nissan	One of our two parent companies that held 51% of this company was a listed company with patents and core technologies. It was from Hebei province in 2010.
GS Tier 1 of GAC Honda and GAC Toyota	Our parent company had become the world's largest professional supplier of automotive glass, and its products were certified and selected by the world's top auto manufacturers. It came from Fujian province in 2003.
GS Tier 1	Our company had patents and core technologies. Our company was established in 2003. Now, it is a famous factory in our product field.
GS Tier 1	We currently have more than ten patents. We have R&D centres and 300 R&D staff, accounting for more than 20% of the total. The company invested 12% of its annual turnover for R&D activities.

5.4.2 Impacts on Guangzhou's Local Automotive Supplier Industry

Due to the "exclusive network" between the three Japanese automotive lead firms and their follow-source suppliers, the local supplier industry developed slowly in Guangzhou. First, the number of suppliers was small. There were only 275 supplies above the designated size in Guangzhou by the end of 2016, of which approximately 140 were financed from Japan and around 35 suppliers from other sources. Those famous suppliers in other countries were

continued

reluctant to invest because there was no supply market in Guangzhou. The world's No. 3 supplier-Magna-established more than 30 factories and ten R&D centres in China, and they had not settled in Guangzhou until 2015. The world's leading suppliers, such as Bosch, ZF and Continental AG, did not invest in Guangzhou or even the PRD. The director of GAC R&D centre explained:

"The relations between assemblers and suppliers in Japanese automotive production networks were closed. The majority of local suppliers could not be involved in Japanese automotive reconfigured production networks. Therefore, the component and parts industry in Guangzhou could not grow up. However, the component and part industry in Shanghai was well developed due to the open procurement system of Germany or American automotive reconfigured production networks. There also appeared Yanfeng Group (2017), which ranked 16th in the top 100 auto parts companies globally in 2018." (Interview in Guangzhou, September 2017)

In addition, due to the environmental pollution caused by auto parts enterprises and the low land prices in the surrounding cities of Guangzhou, many component suppliers prefer to build factories in the cities around Guangzhou, such as Foshan, Qingyuan, Zhongshan, Zhaoqing, and so on. Dongguan and even Jiangmen. These cities have dedicated industrial parks to deal with environmental pollution caused by parts and components enterprises. One manager of SS Tier 1 suppliers of GAC Hondaexplained:

"Our company established our second factory in Qingyuan because of the more sufficient and cheaper land than Huadu District." (Interview in Guangzhou, September 2017)

Another manager of GS Tier 1 suppliers of Dongfeng Nissancontended:

"Several suppliers of contaminated parts and components engaged in electroplating will be relocated from Huadu Automobile Industrial Park to Zhaoqing or Jiangmen, where the local government has set up corresponding industrial parks and arranged centralized and unified pollution systems." (Interview in Guangzhou, September 2017)

Second, the scale of Guangzhou's suppliers was low. None of the Guangzhou's suppliers entered the global top 100 auto parts in 2016 (there were four parts companies in China to enter in the list), and only six suppliers entered the China Top 100 auto parts companies in 2016, five of which were financed by Japan. These suppliers in the list were all after 35. The major reason was also due to Japanese "exclusive networks". Whereas Toyota encouraged its suppliers to provide spare parts to other customers, Honda and Nissan's suppliers were still dominated by them (Extract 5 - 4; 5 - 6; 5 - 8). Additionally, Japanese-owned suppliers in Guangzhou were not competitive with local suppliers to supply for domestic assemblers due to the low price advantage, which prevented the development of Japanese suppliers in Guangzhou. The manager of GAC Honda's SS Tier 1 suppliers complained:

"Domestic components and parts enterprises had price advantages. Therefore, it was very difficult for us to take orders for domestic assemblers." (Interview in Guangzhou, September 2017)

Third, the R&D activities in Guangzhou's suppliers were weak. Nearly all R&D activities of Japanese suppliers were conducted in Japan, and they were involved in the development of new models of Japanese automotive lead firms. Japanese suppliers in Guangzhou had no real R&D activities, but depended on localization transformation, technical guides, and communication instead of core technical skill without patent. The suppliers had paid the patent fees to their parent companies in Japan since they came to Guangzhou as they utilized the patent from their parent companies (see Table 5 - 11). It can be concluded that Japanese suppliers in Guangzhou are processing factories, so further development is difficult.

Extract 5 – 11 Narratives on the R&D activities of Japanese suppliers

Suppliers		Narrative
HONDA	GS Tier 1	There was technological department withten, full-time, employees in the Guangzhou company, which focused on the testing of the moulds and design drawing. However, our company mainly used the patented technology of our Japanese parent company. Concomitantly, our company provided a significant sums to Japanese parent companies for R&D activities. We spent over 20 million RMB last year, but the majority of this went towards were patent royalties, which suggests that we were outsourcing R&D activities. Our R&D funds were mainly paid to overseas enterprises to help us to conduct R&D activities. We also planned to slowly move the R&D activities to China. After all, there was more than ten billion output value yearly. As Chinese nationals we certainly wanted to improve the technological power of our country. But like our business, the R&D cycle from zero was too slow, and the parent company had no intention of sending R&D staff to support it. On several occasions, we sent staff to Japan to study, but I heard that they could not learn anything. Many companies tended to rent patents directly because it was relatively difficult to achieve R&D activities successfully. China tried to exchange technology through the market but failed because it could not learn key technologies from the Japanese companies. Our company engaged in R&D activities from 2010, mainly in the light-weight technology of cars. Now we had around 200 employees in our R&D department. The lighted light-weight technology used thinner, high strength steel in place of the high strength steel that was being used at the time to make car frame and thus reduce the weight of the body. We conducted R&D activities with Japanese parent companies or Japanese assemblers, so there was no patented technology until now. It was difficult for us to develop the patented technology in this field. Therefore, we paid patent loyalty for our parent company in Japan.
	SS Tier 2	We did not conduct any R&D activities in the Guangzhou company and only used the patent from my parent company in Japan and paid them patent fees. The products did not change in Guangzhou.

continued

Suppliers		Narrative
NISSAN	GS Tier 1	Our company provided a large sum of money for the patented technology of the Japanese parent company. Before 2012, we had no R&D function and only an OEM, but our company plans to strengthen R&D power. Now, we has three sections in R&D departments in Guangzhou: the experiment department, the design department, and the design management department, including over 80 professionals, but we only conducted design and technical communication. In Guangzhou, Dongfeng Nissan also provides some funding as we cooperate to do R&D together. For example, we conduct intelligent key in a new model car with Dongfeng Nissan two year ago together.
	SS Tier 1	We hadan R&D department with eight employees, focusing on transmission shaft connections, but we still used the patent and technical license of our parent company in Japan.
	SS Tier 1	There were 210 employees in our Guangzhou company and R&D personnel accounted for 10% of the total number of employees, but we only had a technical department to guide assembly and processing.
	GS Tier 2	Our company did not conduct any R&D activities in Guangzhou. We paid general management fees instead of patent fees for the Japanese parent company because of low technology.
TOYOTA	SS Tier 1	Our companydoesnot conduct R&D in Guangzhou and only has a production management department to manage technology and equipment. We use the patent of the Denson R&D centres in Japan and Shanghai. Therefore, we paid some fees to them. Denson has one R&D centre in Shanghai with 700 employees, which is to transfer technology created in Japan to synchronously meet with the domestic market.
	GS Tier 2	Our company has its own R&D department with more than ten technicians in Guangzhou, which share around one third of the total number of employees. The mould production belongs to the high-tech industry, so that the proportion of R&D employees is high.

The official of HDIITC also had concerns.

"Japanese suppliers were basically simple manufacturing enterprises. Even those well-known Japanese suppliers were also processing factories. Those Japanese suppliers largely depended on Japanese parts companies and lacked contribute to local parts companies. There were only a few R&D centres of Japanese suppliers in Huangpu District so that the dynamics of their innovation were insufficient." (Interview in Guangzhou, September 2016)

5.5 Summary

This chapter has comprehensively tracked the evolution of spatial organization of Japanese automotive investment on the analysis of firm-level statistical data by LQ and GIS methods and semi-structured, in-depth interview data by coding methods. It found that that the spatial patterns of Japanese automotive investment are very agglomerative. Additionally, the co-location between Japanese automotive lead firms and their follow-source suppliers is positive, while the one between lead firms and R&D centres and their intermediaries is changeable and depends on their specific location. This finding enriches the literature on the geographical distribution between Japanese automotive lead firms and their follow-source suppliers or intermediaries and R&D centres.

Similar to the entry mode of Japanese automotive lead firms in Guangzhou, the extra-firm bargaining strategies also determined the location of Japanese automotive lead firms in the east, north, and south of Guangzhou, where local governments also established industry parks for their assemblers, R&D centres, engines, suppliers, and intermediaries. These strategies play vital roles in the formation of tripartite confrontation agglomeration. The intra-firm coordination strategies of Japanese automotive lead firms decide the location of their R&D centres and engines factories.

The inter-firm partnership strategies are to understand the underlying factors behind the "exclusive networks" of Japanese automotive lead firms and their follow-source suppliers in Guangzhou in terms of their traditional tightly controlled, multi-tier subcontracting systems (*vertical keiretsu*) and long-term supply relationships.

Moreover, it is identified that the local suppliers are rather weak in the reconfigured production networks established by Japanese automotive lead firms in the explicit form of local sourcing. In doing so, the organization of reconfigured production networks led by Japanese automotive lead firms in Guangzhou with special attention to the inter-firm partnership with follow-source suppliers could be regarded as an "exclusive network" referring to close linkages between Japanese automotive lead firms and Japanese suppliers as well as weak ties with local suppliers.

The chapter also discussed the idea that these "exclusive networks" of Japanese automotive lead firms and their follow-source suppliers have not been substantially conducive to the development of Guangzhou's local automotive supplier industry. Although the degree of exclusive reconfigured production networks led by the three Japanese automotive lead firms, the impact on the development of Guangzhou's local automotive supplier industry is similar.

6 CONCLUSION

The aim of this book has been to reveal how various Japanese automotive lead firms establish their reconfigured production networks, particularly the organization with local and follow-source suppliers by local procurement. The book researchs on the Japanese reconfigured production networks in LDCs in the context of the "strategies" concept of GPN2. 0 theory. The study also explores the implications for the development of the local suppliers industry in LDCs. The experience of Japanese automotive investment in Guangzhou has served as an explicit case for such purpose. This concluding chapter begins with a summary of major research findings. Theoretical, empirical, and policy implications are elaborated in the second and third sections. The final section discusses the limitation of the book and recommends further research topics.

6. 1 Summary of Research Findings

This book has sought to add to the limited empirical analysis of the distinctive reconfigured production networks led by Japanese automotive lead firms, particularly the organization between Japanese automotive lead firms and follow-source suppliers in China. It also presents an explicit case study of the reconfigured production networks of Japanese automotive lead firms in Guangzhou, with more detailed and comprehensive firm-level data and semi-structured, in-depth interview data. Drawing upon the GPN2.0 theory with a particular focus on its concept of "extra-firm bargaining, intra-firm coordination, and inter-firm partnership" strategies, the case study of the reconfigured production networks led by Japanese automotive lead firms in Guangzhou has contributed to our understanding of the determinants of Japanese automotive lead firms led reconfigured production networks formation and organization. It can further explore its implications for the development of the local automotive supplier industry in Guangzhou.

First, this book describes the temporal process of three Japanese automotive lead firms establishing their reconfigured production networks in Guangzhou. It reveals that the dynamics of the "market imperative" triggered Honda, Nissan, and Toyota to shift from ASEAN countries to Guangzhou, China with their follow-source suppliers and intermediaries to establish their reconfigured production networks following the Asian Financial Crisis. Additionally, it demonstrates that some Japanese suppliers came to Guangzhou earlier than their lead firms, adopting a different approach from that used in other countries such as Thailand and the USA. Moreover, it finds that Japanese automotive investment can be called, "group investment" or "network-based entry", which means that the "rapid investment period" lasted only from 2003 to 2004 when the automotive lead firms all came to Guangzhou, although the investment period lasted for over two decades. Furthermore, the temporal process of the formation of these three reconfigured production networks in Guangzhou is different: Honda stook the longest time, followed by Nissan, and finally Toyota. Moreover, the entry time and method of the three Japanese automotive lead firms also differed. Honda entered first, replacing Peugeot in the transformation of the original production line, strategically recoupling with GAC. Second, Nissan replaced Yulong in the transformation of the original production line, strategically coupling with Dongfeng Auto. Toyota brought up the rear, strategically coupling with GAC to build a new factory.

Second, this book investigates the spatial organization of the three Japanese automotive lead firms to establish their reconfigured production networks. It finds that the spatial pattern of Japanese automotive investment in Guangzhou is very agglomerative, which is similar to that in other countries such as Thailand and the USA. Three automotive reconfigurated proction networks have formed around the three Japanese automotive lead firms in eastern, northern, and southern suburban Guangzhou around each lead firm since 2005. Additionally, the co-location between Japanese automotive lead firms and suppliers is positive, while the one between lead firms and R&D centres and intermediaries is changeable. Moreover, it demonstrates that the close procurement linkages between Japanese automotive lead firms and their follow-source suppliers are relatively tight. In contrast, the procurement linkages between Japanese automotive lead firms and local suppliers are relatively weak. Therefore, the characteristics of the automotive reconfigured production networks led by Japanese automotive lead firms in Guangzhou, with emphasis on the specific sourcing pattern of Japanese suppliers was termed an "exclusive network" referring to the relatively close linkages between Japanese suppliers and the weak ties with local suppliers. In addition, differences between the "exclusive network" led by the three Japanese automotive lead firms thave been demonstrated, with Toyota being the strongest, Honda un second place, and Nissan coming in third, with the weakest ties.

Third, this book analyses the underlying dynamics of formation of temporal process and spatial organization of Japanese automotive lead firms-led reconfigured production networks in depth. It emphasizes that the organizational relationships between Japanese automotive lead firms and their follow-source and local suppliers in Guangzhou are greatly related to actor-specific strategies, particularly extra-firm bargaining strategy, inter-firm partnership strategy, and intra-firm coordination strategy. Extra-firm bargaining strategies are the primary factor for the strategic coupling of Japanese automotive lead firms with local government, and the temporal process and spatial distribution of crucial suppliers. The inter-firm partnership between different Japanese automotive lead firms and suppliers plays a more important role, which leads to the slightly different temporal process and spatial organization of follow-source suppliers and intermediaries. The intra-firm coordination of different Japanese automotive lead firms affects the time and number of engines and R&D centres in Guangzhou, which also shape different characteristics of the temporal process and spatial distribution of these firms.

6.2 Theoretical Implications

This book advances the theoretical understanding of the "extra-firm bargaining strategy, inter-firm partnershipstrategy, and intra-firm coordination strategy" through examining the rise of automotive lead firms in reconfigured automotive production networks in China. It enriches the "strategies" concept of GPNs2. 0 theory in the interpretation of the reconfigured production networks led by automotive lead firms, particularly in the organization activities between follow-source and local suppliers. This suggests that the role of automotive lead firms has become more crucial in the reconfigured production networks. Additionally, it evaluates the applicability of GPN2. 0 theory to the reconfigured production networks led by various automotive lead firms, with a particular focus on the concept of "extra-firm bargaining strategy, inter-firm partnership strategy, and intra-firm coordination strategy".

This empirical study extends the strategic coupling of local states with various automotive lead firms in the coastal regions and adds to the limited published research output to enrich the developing literature on reconfigured production networks and strategic coupling resulting from the rise of automotive lead firms.

It also primarily provides evidence regarding the different, distinctive formation of reconfigured production networks led by the three Japanese automotive lead firms, particularly the organization between automotive lead firms and their follow-source suppliers in large market potential LDCs. This book focuses on a comparative study of automotive reconfigured production networks led by various automotive lead firms.

6. 3 Empirical and Policy Implications

This book also provides some implications for policy making in the development of the local automotive supplier industry. First, it verifies the importance of understanding the background of automotive lead firms, such as production networks and business groups, that is the "inter-firm partnership strategy" between automotive lead firms and their suppliers, which determine the characteristics of reconfigured production networks to impact on the local automotive supplier industry. This indicates that when local policy makers aim to couple with an automotive lead firm, they should understand its background and character and adopt appropriate countermeasures to deal with any negative impacts. For example, Japanese automotive lead firms have strong linkages to their follow-source suppliers and weak linkages to local suppliers, which limited the development of Guangzhou's suppliers industry for two decades. However, the Guangzhou municipality did not acknowledge this and act on it until recent years. It then set up its own brand assemblers and formulated incentive policies to cooperate with other sources lead firms and global suppliers and attract domestic automakers and suppliers to promote the local automotive supply industry. If the Guangzhou municipality have understood the production networks and business groups of the Japanese automotive industry and adapted the incentive policies earlier, the local automotive supplier industry would not be so weak.

Second, this book finds that "extra-firm bargaining strategy" between local government and lead firms can be beneficial for both local economic development and for the development of automotive lead firms. For example, the failure of co-operation with Peugeot was mostly due to the low share of Peugeot and the lagging models. Additionally, Toyota also had a failure experience with the Tianjin Auto Group. Therefore, choosing good partners and fomulating favorable development bargaining conditions are two very important considerations for local government and automotive lead firms.

Third, this book explores the theory that the "intra-firm coordination strategy" of lead firms can determine the location of their major facilities, such as R&D centres, which are crucial factors for industrial functional upgrading. Honda put all its R&D centres in Guangzhou and Nissan also established its major R&D facilities in Guangzhou. However, Toyota chose northern and eastern China as its base did not build even one independent R&D company in Guangzhou. The Guangzhou municipality should pay attention to this issue and attempt to bargain with Toyota to establish R&D centres in Guangzhou. Additionally, local government can attract more automotive lead firms and global suppliers to build more R&D centres in Guangzhou to attain automotive industrial functional upgrading.

6.4 Limitations and Suggestions for Future Research

This book has provided a new perspective based on the "strategies" concept of GPNs2.0 theory to achieve a better understanding of the characteristics of the temporal process and spatial patterns of reconfigured production networks led by the three Japanese automotive lead firms and organization between their follow-source suppliers in Guangzhou. However, there exist several limitations that require future study.

First, the book focuses on the characteristics of the temporal process and spatial patterns of reconfigured production networks of Japanese automotive investment, particularly those led by the three Japanese automotive lead firms, and their impacts on the local automotive industry in host regions. As Liu and Dicken (2006) state that all the automotive lead firms have invested in China, the reconfigured production networks led by other countries' automotive lead firms, such as GM, Ford, VW, PSA, Chrysler, Hyundai, Renault, and Fiat could be analysed systematically and compared with each other to explore the different characteristics of the temporal process and the spatial patterns of their reconfigured production networks, along with their effects on the local automotive industry. This book provides local government with new information to help them understand with which kinds of automotive lead firms they should cooperate, and how to formulate effective policies to trigger the reconfigured production networks to upgrade the local automotive industry.

Second, this book concentrates on Japanese automotive investment firms in the reconfigured production networks in Guangzhou, although the three Japanese automotive lead firms invested in more than a dozen cities of China, including Beijing, Shanghai, Wuhan, Changchun, and Tianjin; and hundreds of their follow-source suppliers and intermediaries are distributed in cities around Guangzhou such as Foshan, Zhaoqing, and Zhongshan. Therefore, the study area of the characteristics of the temporal process and spatial patterns of Japanese automotive reconfigured production networks should be further expanded to include the PRD, or Guangdong province, or even the whole of China.

Third, the book offers a simple analysis of some impacts of procurement organization between Japanese automotive lead firms and suppliers on the local automotive supply industry. However, automotive industrial upgrading or value creation produced by Japanese reconfigured production networks, such as R&D organization and intermediaries, particularly the logistical organization, should be further explored as they would provide a more comprehensive study of the local automotive industry (Coe & Yeung, 2015; Henderson et al., 2002; Gereffi et al., 2005).

Last, due to the time and cost limitations, to Japan, I could not interview Japanese parent firms in Japan. Information about Japanese automotive lead firms is all third-party data, taken from the previous studies or company profiles. Such second-hand data cannot completely reflect the latest strategies and culture of Japanese firms. It may also affect our understanding of the relations between the subsidiaries in Guangzhou and their headquarters in Japan. Therefore, to achieve the most comprehensive and accurate study, it would be necessary for the researcher to visit Japan to interview the Japanese parent firms, particularly Honda, Nissan, and Toyota.

APPENDICES

Appendix One: Syllabus of Semi-structured Interviews with Local Governments

1 Role of the development of Guangzhou's automotive industry

2 Extra-firm strategies between local government and lead firms, with particular reference to land and tax incentives, infrastructure, and public services provision

3 Name lists of Japanese firms in the industrial park

4 Activities of Japanese firms in the industrial park

5 Location of Japanese firms in the industrial park

6 Tier suppliers of Japanese firms in the industrial park

7 Problems in the industrial park

8 Preferential policies for the automotive industry

Appendix Two: Syllabus of Semi-structured Interviews with Firms

1 Firm profile

1. 1 The date of establishment in Guangzhou

1. 2 Location of Guangzhou

1.3 Development of major products

1.4 Employment

2 Reasons for investing in Guangzhou

3 Reasons for locating in Guangzhou

4 Process of investing in Guangzhou

5 Lead firms' strategies

5.1 Intra-firm strategies of leadfirms, such as the activities and locations of R&D centres and engines in Guangzhou

5.2 Inter-firm procurement strategies between lead firms and follow-source and local suppliers in Guangzhou, and between suppliers in Japan

5.3 Extra-firm strategies between lead firms and local government, with particular regard to land and tax incentives, infrastructure, and public services

6 Extra-firm strategies between suppliers and local government, with particular regard to land and tax incentives, infrastructure, and public services

7 Procurement strategies and R&D strategies of follow-source suppliers' with lead firms and other customers

8 Procurement strategies and R&D strategies of local suppliers and difficulties when the aforementioned suppliers aim to engage in the production network

BIBLIOGRAPHY

Anselin, L. (1995). Local indicators of spatial association—LISA. *Geographical analysis*, 27 (2), 93 - 115.

Asanuma, B. (1988). Japanese manufacturer - supplier relationships in international perspective: the automotive case.

Aswicahyono, H. (2000). How not to industrialise? Indonesia's automotive industry. *Bulletin of Indonesian Economic Studies*, 36 (1), 209 - 241.

Aoki, K., & Lennerfors, T. T. (2013). Whither Japanese keiretsu? The transformation of vertical keiretsu in Toyota, Nissan and Honda 1991 - 2011. *Asia Pacific Business Review*, 19 (1), 70 - 84.

Barnes, J., & Kaplinsky, R. (2000). Globalization and the death of the local firm? The automotive components sector in South Africa. *Regional studies*, 34 (9), 797 - 812.

Bazeley, P., & Jackson, K. (Eds.). (2013). *Qualitative data analysis with NVivo*. Sage Publications Limited.

Blair, J. P. (1995). *Local economic development: Analysis and practice*. Sage, London.

Busser, R. (2008). 'Detroit of the east'? Industrial upgrading, Japanese car producers and the development of the automotive industry in Thailand. *Asia Pacific Business Review*, 14 (1), 29 - 45.

Carroll, M. C., Reid, N., & Smith, B. W. (2008). Location quotients versus spatial autocorrelation in identifying potential cluster regions. *The Annals of Regional Science*, 42 (2), 449 – 463.

China Automotive Technology Research Center & China Association of Auto Manufacturers, (2006 – 2015). China's Automotive Industry Yearbook 2005 – 2016. Beijing: China Statistical Press.

Chu, W. (2011). How China's government promoted a global automotive industry. *Industrial and Corporate Change*, 20 (5), 1235 – 1276.

Coe, N. M., & Yeung, C. H. W. (2015). *Global production networks: Theorizing economic development in an interconnected world*. Oxford: Oxford University Press.

Cusumano, M. A. (1985). *The Japanese automotive industry*. Cambridge: MA: Harvard University Press.

Cusumano, M. A., & Takeishi, A. (1991). Supplier relations and management: A survey of Japanese, Japanese – transplant, and US auto plants. *Strategic Management Journal*, 12 (8), 563 – 588.

Debrand, J. M. P. (2014). The Role of Public Policies on the Development Path of the Auto Industry in Mexico and Thailand. *International Journal of Engineering and Industries*, 5 (4): 24 – 36.

Depner, H. 2003. Globale Produktionsnetze und Entwicklungsländer: Die Automobilindustrie in China [Global production networks and development countries: The case of the automotive industry in China]. *Praxis Geographie*, 33 (2): 22 – 25.

Depner, H., & Bathelt, H. (2005). Exporting the German model: The establishment of a new automotive industry cluster in Shanghai. *Economic Geography*, 81 (1), 53 – 81.

Dicken, P. (1987). Japanese penetration of the European automotive industry: The arrival of Nissan in the United Kingdom. *Tijidschfift voor Economische en Sociale Geografie*, 78 (2), 94 – 107.

Dicken, P. (2003). *Global shift: Reshaping the global economic map in the 21st century*. Sage.

Dicken, P. (2007). *Global shift: Mapping the changing contours of the world economy*. SAGE Publications Ltd.

Dicken, P., Kelly, P. F., Olds, K., & Yeung, H. W. C. (2001). Chains and networks, territories and scales: Towards a relational framework for analysing the global economy. *Global Networks*, 1 (2), 89 - 112.

Doner, R. F., & Doner, R. F. (1991). *Driving a bargain: Automobile industrialization and Japanese firms in Southeast Asia* (Vol. 23). Univ of California Press.

Estall, R. C. (1985). Stock control in manufacturing: The Just - in - time system and its locational implications. *Area*, 17 (2), 129 - 133.

Frigant, V., & Lung, Y. (2002). Geographical proximity and supplying relationships in modular production. *International Journal of Urban and Regional Research*, 26 (4), 742 - 755.

Fujita, K. & Hill, R. C. (1995). Global Toyotaism and local development. *International Journal of Urban and Regional*, 19 (1), 7 - 22.

Gereffi, G. (2005). The global economy: Organization, governance, and development. In N. J. Smelser, & R. Swedborg (Eds.), *The handbook of economic sociology*, (*2nd ed.*) (pp. 160 - 182). Princeton: Princeton University Press.

Gereffi, G., Humphrey, J., & Sturgeon, T. (2005). The governance of global value chains. *Review of International Political Economy*, 12 (1): 78 - 104.

Gereffi, G. & Lee, J. (2016). Economic and social upgrading in global value chains and industrial clusters: Why governance Matters. *Journal of Business Ethics*, 133 (1), 25 - 38.

Gereffi, G. & Korzeniewicz, M. (1994). *Commodity chains and global capitalism*. Westport, Conn.: Greenwood Press.

Guangzhou Statistical Bureau. (2006 - 2017). *Guangzhou Statistical Year-*

book 2007 - 2018. Beijing: China Statistical Press.

Hatani, F. (2010). Pre - clusterization in emerging markets: The Toyota group's entry process in China. In S. A. Horn, & A. R. Cross (Eds.), *Japanese multinationals in China* (pp. 83 - 101). London and New York: Routledge Taylor & Francis Group.

Harwit, E. (1995). *China's automotive industry: Policies, problems, and prospects.* M. E. Sharpe: Armonk, New York, London, England.

Hassler, M. (2009). Variations of value creation: Automobile manufacturing in Thailand. *Environment and Planning A*, 41 (9), 2232 - 2247.

He, X. Y. (2011). Interaction between transnational corporations and local government on industry clusters in China: The case of the automotive industry. In A. Kuchiki, & M, Tsuji (Eds.), *Industrial clusters, upgrading and innovation in East Asia.* London: Palgrave Macmillan, 182 - 218.

Henderson, J., Dicken, P., Hess, M., Coe, N., & Yeung, H. W. C. (2002). Global production networks and the analysis of economic development. *Review of international political economy*, 9 (3), 436 - 464.

Hess, M. (2004). 'Spatial relationships?' Towards a reconceptualization of embeddedness. *Progress in Human Geography*, 28 (2), 1171 - 1193.

Hill, R. C. (1989). Comparing transnational production systems: The automotive industry in the USA and Japan. *International Journal of Urban and Regional Research*, 13 (3), 462 - 480.

Hinata, H. (2002). Guangzhou Honda Automobile Co., Ltd: Honda's Entry into the China Car Market'. *INSEAD Case Study.*

Hoffman, K., & Kaplinsky, R. (1988). *Driving force: The global restructuring of technology, labour, and investment in the automotive and components industries.* Boulder, CO: Westview Press.

Humphrey, J. (2000). Assembler - supplier relations in the auto industry: Globalisation and national development. *Competition and Change*, 4 (3),

245 – 271.

Humphrey, J. (2003). Globalization and supply chain networks: The auto industry in Brazil and India. *Global Networks*, 3 (2), 121 – 141.

Humphrey, J., & Memodovic, O. (2003). The global automotive industry value chain: What prospects for upgrading by developing countries? *Sectoral Studies Series*. Vienna: United Nations Industrial Development Organization.

Humphrey, J., & Salerno, M. S. (2000). Globalisation and assembler – supplier relations: Brazil and India. In J. Humphrey, Y. Lecler, M. S. Slenerno (Eds), *Global strategies and local realities: The auto industry in emerging markets* (pp. 149 – 175). New York; Houndmills, Basingstoke.

Humphrey, J., & Schmitz, H. (2000). *Governance and upgrading: Linking industrial cluster and global value chain research*. IDS Working Paper 120. Brighton: Institute of Development Studies, University of Sussex.

Humphrey, J., & Schmitz, H. (2002). How does insertion in global value chains affect upgrading in industrial clusters? *Regional Studies*, 36 (9), 1017 – 1027.

Humphrey, J., & Schmitz, H. (2004). Chain governance and upgrading: Taking stock. In H. Schmitz (Ed.), *Local Enterprises in the Global Economy: Issues of Governance and Upgrading*, *Cheltenham* (pp. 349 – 381). UK: Edward Elgar.

Huang, H. (2014). *Constructing the global production networks: Development of the automotive industry in Changchun and Shenyang, China*. Unpolished PhD book, Syracuse University.

Irawati, D. (2011). *Knowledge transfer in the automotive industry: Global – local production networks*. London and New York: Routledge.

Itami, H. (1985). The firm and the market in Japan. In L. Thurow (Ed.), *The management challenge: Japanese views* (pp. 69 – 81). Boston: The MIT Press.

Isaksen, A., & Kalsaas, B. T. (2009). Suppliers and strategies for upgrading in global production networks: The case of a supplier to the global automotive industry in a high - cost location. *European Planning Studies*, 17 (4): 569 - 585.

Ivarsson, I., and Alvstam, C. G. (2005a). The effect of spatial proximity on technology transfer from TNCs to local suppliers in developing countries: The case of AB Volvo in Asia and Latin America. *Economic Geography*, 81 (1), 83 - 111.

Technology transfer from TNCs to local suppliers in developing countries: A study of AB Volvo's truck and bus plants in Brazil, China, India, and Mexico. *World Development*, 33 (8), 1325 - 1344.

Jing, N., & Cai, W. (2010). Analysis on the spatial distribution of logistics industry in the developed East Coast Area in China. *The Annals of Regional Science*, 45 (2), 331 - 350.

Johnson, R. B. (1997). Examining the validity structure of qualitative research. *Education*, 118 (2), 282.

Jones, P. N. & North J. (1991). Japanese motor industry transplants: The West European dimension. *Economic Geography*, 67 (2), 105 - 123.

Lecler, Y. (2002). The cluster role in the development of the Thai Car Industry. *International Journal of Urban and Regional Research*. 26 (4), 799 - 814.

Liao, H. (2007). Industrial cluster of Taiwanese electronics firms in Dongguan, China. *Hong Kong University Dissertation*, 1 - 0.

Liu, W. D, & Dicken, P. (2006). Transnational corporations and 'obligated embeddedness': Foreign direct investment in China's automotive industry. *Environment and Planning A*, 38 (7), 1229 - 1247.

Liu, Y. (2017). The dynamics of local upgrading in globalizing latecomer regions: a geographical analysis. *Regional Studies*, 51 (6), 880 - 893.

JAMA (Japan Automobile Manufacturers Association) (2015). *Overview of*

Japanese Automobile Manufacturers' Operations in China. (Tokyo: JAMA).

JAMA (Japan Automobile Manufacturers Association) (2017). *Driving Growth towards the Future.* (Tokyo: JAMA).

Kaneko, J. & Nojiri, W. (2008). The logistics of Just – in – Time between parts suppliers and car assemblers in Japan. *Journal of Transport Geography*, 16 (3), 155 – 173.

Kuchiki, A. (2005). A Flowchart Approach. In A. Kuchiki, & M. Tsuji (Eds.). *Industrial clusters in Asia: Analyses of their competition and cooperation* (pp. 169 – 199). New York; Basingstoke [England]; Palgrave Macmillan.

Kuchiki, A., & Tsukada, H. (2008). Flowchat approach to industrial cluster policy: Guangzhou's automotive industry cluster. In A. Kuchiki, & T. Masatsugu (Eds.), *The flowchart approach to industrial cluster policy* (pp. 41 – 70). New York; Basingstoke [England]: Palgrave Macmillan/Ide – Jetro.

MacKinnon, D. (2011). Beyond strategic coupling: reassessing the firm – region nexus in global production networks. *Journal of Economic Geography*, 12 (1), 227 – 245.

Mair, A., Florida, R., & Kenney, M. (1988). The new geography of automotive production. *Economic Geography*. 64 (4), 352 – 373.

Maruhashi, H. (1995) "Japanese Subcontracting System in Thailand: A Case Study of the Thai Automotive industry", Unpublished Master's book, Faculty of Economics, Thammasat University, Bangkok: Thailand.

Memedovic, O. (2007). Presentation Prepared for the UNCTAD Expert Group Meeting on Enhancing the Participation of Small and Medium – Sized Enterprises into Global Value Chins.

National Bureau of Statistics. (2009). China's Statistical Yearbook 2009. Beijing: China Statistical Press.

Nemoto, T., Hayashi, K. & Hashimoto, M. (2010). Milk – Run logistics by Japanese automotive manufacturers in Thailand. *Procedia Social and Be-*

havioral Sciences, 2 (3), 5980 – 5989.

Okada, A., & Siddharthan, N. S. (2008). Industrial Clusters in India: Evidence from Automobile Clusters in. Chennai and the National Capital Region. In A. Kuchiki, & T. Masatsugu (Eds.), *The flowchart approach to industrial cluster policy* (pp. 109 – 144). New York; Basingstoke [England]; Palgrave Macmillan/Ide – Jetro.

Okamuro, H. (1995). Changing subcontracting relations and risk – sharing in Japan: an econometric analysis of the automotive industry. *Hitotsubashi journal of economics*, 207 – 218.

OICA (International Organization of Motor Vehicle Manufacturers). (2010 ~ 2014). *Production statistics.* Accessed Jan 20, 2017, from http://www.oica.net/category/production – statistics/.

Özatağan, G. (2011). Dynamics of value chain governance: Increasing supplier competence and changing power relations in the periphery of automotive production – evidence from Bursa, Turkey. *European Planning Studies*, 19 (1), 77 – 95.

Pallares – Barbera, M. (1998). Changing production systems: The automotive industry in Spain. *Economic Geography*, 74 (4), 344 – 359.

Pavlínek, P. (2015). Foreign direct investment and the development of the automotive industry in Central and Eastern Europe. In B., Galgóczi, J., Drahokoupil, & M., Bernaciak (Eds.). *Foreign investment in Eastern and Southern Europe after* 2008: *Still a lever of growth* (pp. 209 – 255)? Brussels: E-TUI.

Pavlínek, P. (2018). Global production networks, foreign direct investment, and supplier linkages in the integrated peripheries of the automotive industry. *Economic Geography*, 94 (2), 141 – 165.

Pavlínek, P., Domański, B., & Guzik, R. (2009). Industrial upgrading through foreign direct investment in Central European automotive manufacturing.

European Urban and Regional Studies, 16 (1), 43 –63.

Pavlínek, P. , & Janák, L. (2007). Regional restructuring of the Škoda auto supplier network in the Czech Republic. *European urban and regional studies*, 14 (2), 133 – 155.

Pavlínek, P. & Zénka, J. (2011). Upgrading in the automotive industry: Firm – level evidence from Central Europe. *Journal of Economic Geography*, 11 (3), 559 –586.

Pavlínek, P. & Žížalová, P. (2014). Linkages andspill – overs in global production networks: Firm – level analysis of the Czech automotive industry. *Journal of Economic Geography*, 16 (2), 331 –363.

Patel, P. & Vega, M. (1999). Patterns of internationalization of corporate technology: location vs. home country advantages. *Res Policy*, 28 (2 –3): 145 – 155.

Poapongsakorn, N. & Techakanont, K. (2008). The development of automotive industry clusters and production networks in Thailand. In I. Kuroiwa, & T. M. Heng (Eds.), *Production networks and industrial clusters: Integrating economies in Southeast Asia* (pp. 196 –256). ISEAS / IDE – JETRO.

Porter, M. E. (1998). Clusters and the new economics of competition. *Harvard Business Review*, 76 (6), 77 –90.

Reid, N. (1995). Just – in – time inventory control and the economic integration of Japanese – owned manufacturing plants with county, state and national economies of the United States. *Regional Studies*, 29 (4), 345 –355.

Reid, N. (1990). Spatial patterns of Japanese investment in the US automotive industry. *Industrial Relations Journal*, 21 (1), 49 –59.

Rugraff, E. (2010). Foreign direct investment (FDI) and supplier – oriented upgrading in the Czech motor vehicle industry. *Regional Studies*, 44 (5), 627 –638.

Rutherford, T. D. (2000). Re – embedding, Japanese investment and the restructuring buyer - supplier relations in the Canadian automotive components industry during the 1990s. *Regional Studies*, 34 (8): 739 - 751.

Rutherford, T., & Holmes, J. (2008). The flea on the tail of the dog': Power in global production networks and the restructuring of Canadian automotive clusters. *Journal of Economic Geography*, 8 (4), 519 - 544.

Sako, M. (2004). Supplier development at Honda, Nissan and Toyota: comparative case studies of organizational capability enhancement. *Industrial and corporate change*, 13 (2), 281 - 308.

Sato, Y. (1982). *Small business in Japanese economy*. Tokyo: The Japan Foundation.

Schmid, S., & Grosche, P. (2008). Managing the International Value Chain in the Automotive Industry. *Bertelsmann Stiftung*.

Sheard, P. (1983). Auto - production systems in Japan: Organizational and locational features. *Australian Geographical Studies*, 21 (1), 49 - 68.

Shimokawa, K. (2010). *Japan and the global automotive industry*. Cambridge University Press.

Smika, M. J. (1991). Competitive Ties: Subcontracting in Japanese Automotive industry. *New York: Columbia*.

Stimson, R. J., Stough, R. R., & Roberts, B. H. (2006). *Regional economic development: analysis and planning strategy*. Springer Science & Business Media.

Sit, V. F. S., & Liu, W. (2000). Restructuring and spatial change of China's auto industry under institutional reform and globalization. *Annals of the Association of American Geographers*, 90 (4), 653 - 673.

Sturgeon, T. J., Biesebroeck, V. J., & Gereffi, G. (2008). Value chains, networks and clusters: Reframing the global automotive industry. *Journal of Economic Geography*, 8 (4), 297 - 321.

Sturgeon, T. J., Memedovic, O., Biesebroeck, J. V., & Gereffi, G.

(2009). Globalisation of the automotive industry: Main features and trends. *International Journal of Technological Learning, Innovation and Development*, 2 (1/2), 7 - 24.

Sturgeon, T. J. & Lester, R. K. (2004). The new global supply - base: New challenges for local suppliers in East Asia. In Y., Shahid, A., Anjum, & K., Nabeshima. (Eds.), *Global production networking and technological change in East Asia* (pp. 35 - 89). The World Bank and Oxford University Press, Washington, DC.

Sturgeon, T. J. & Van Biesebroeck, J. (2010). *Effects of the crisis on the automotive industry in developing countries: a global value chain perspective.* The World Bank.

Sturgeon, T., Daly, J., Frederick, S., Bamber, P., & Gereffi, G. (2016). The Philippines in the Automotive Global Value Chain.

Sun, P., Mellahi, K., & Thun, E. (2010). The dynamic value of MNE political embeddedness: The case of the China's automotive industry. *Journal of International Business Studies*, 41 (7), 1161 - 1182.

Sung Chun Jung (2008), 'Korean Automotive industry's Production Network in China', in Ariff, M. (ed.), *Analyses of Industrial Agglomeration, Production Networks and FDI Promotion*, ERIA Research Project Report 2007 - 3, Chiba: IDE - JETRO, pp. 331 - 367.

Techakanont, K. (2008). *The evolution of automotive clusters and global production network in Thailand.* Disussion Paper No. 0006. Faculty of economic, Tammasat University, Bangkok.

Terdudomtham, T., Techakanont, K., & Charoenporn, P. (2002). The changes in the automotive industry in Thailand. In H., Horaguchi, & K., Shimokawa (Eds.), *Japanese foreign direct investment and the East Asian industrial system* (pp. 203 - 224). Springer.

The State Council (1994), *Automotive Industry Development Policy.* The

State Council.

Thun, E. (2004). Industrial policy, China's – style: FDI, regulation, and dreams of national champions in the auto sector. *Journal of East Asian Studies*, 4 (3), 453 –489.

Thun, E. (2006a). *Changing lanes in China: Foreign direct investment, local governments, and auto sector development*. Cambridge; New York: Cambridge University Press.

Thun, E. (2006b). Going local: Foreign investment, local development, and the China's Auto sector. In J., Carrillo, Y. Lung, & R. V., Tulder (Eds.), *Cars, carriers of regionalism* (pp. 233 –246). GERPISA.

UNCTAD. (2001). *World investment report: Promoting linkages*. New York and Geneva: United Nations.

UNCTAD. (2005). *World Investment Report: Transnational Corporations and the Internationalization of R&D*. New York: United Nations Conference on Trade and Development).

Van Tulder, R., & Ruigrok, W. (1998). *European cross – national production networks in the auto industry: Eastern Europe as the low end of European car complex.*

Wad, P., & Govindaraju, V. C. (2011). Automotive industry in Malaysia: an assessment of its development. International Journal of Automotive Technology and Management, 11 (2), 152 –171.

Wang, H. (2014). *Constructing the global production networks: Development of the automotive industry in Changchun and Shenyang, China.* Unpublished PhD book, Syracuse University, America.

Welsh, E. (2002). *Dealing with data: Using NVivo in the qualitative data analysis process.* In Forum Qualitative Sozialforschung/Forum: Qualitative Social Research (Vol. 3, No. 2).

Wilhelm, M., & Sydow, J. (2018). Managing Coopetition in Supplier

Networks – A Paradox Perspective. *Journal of Supply Chain Management*.

Womack, J. P., Jones, D. T., & Roos, D. (1990). *The machine that changed the world*. New York: Rawson Associates.

Yang, C. (2017). The rise of strategic partner firms and reconfigured personal computer production networks in China: Insights from the emerging laptop cluster in Chongqing. *Geoforum*, 84, 21 – 31.

Yang, C., & Liao, H. (2010). Industrial agglomeration of Hong Kong and Taiwanese manufacturing investment in China: a town – level analysis in Dongguan. *The Annals of Regional Science*, 45 (3), 487 – 517.

Yao, B. H. & Han, J. Q. (2008). *Witness the Guangzhou Auto Decade*. Guangdong People's Publishing House. (In China).

Yeung, H. W. C. (2005). The firm as social networks: An organizational perspective. *Growth and Change*, 36 (3), 307 – 328.

Zysman, J., Doherty, E., & Schwartz, A. (1996). Tales from the 'Global' Economy: Cross National Production Networks and the Re – organization of the European Economy.

ACKNOWLEDGEMENTS

The book was accomplished on the basis of my MPhil book, undertaken at Hong Kong Baptist University. I twould like to dedicate my sincere thanks to the people helping me in this book, with my deepest gratitude to my teachers, colleagues, and friends.

First, I am deeplyindebted to Professor Yang, my principal supervisor. Her serious and diligent academic attitude and rigorous academic thinking provided endless help during the writing of this book.

Second, I would like to thank Professor Li Siming for his invaluable comments and suggestions.

Third, my gratitude goes to Professor Neil Coe and Professor Henry Yeung of the National University of Singapore. They kindly answered many of my proposal questions and illuminated the thoughts of my book. Following their suggestions, I understand GPN2. 0 theory more deeply, which considerably helped me in learning how to employ GPN2. 0 theory in this book.

Fourth, I remain grateful to those who have contributed to the collection of the survey data sets. Given the difficulty in obtaining data in China, I extend my sincere gratitude to them. I also remain grateful to other participants in the surveys, including the officers and interviewees, especially Luo Zhongning, Secretary General of Guangdong Automobile Industry Association. Without their effort and cooperation, the collection of the data sets would have been impossible.

Fifth, I want to thank my leaders and my colleagues, particularly Xibo Wu.

Without your endless support, I could not have finished this book fluently.

Finally, I would like to thank all those who have provided advice and help in the writing and publication of this book, especially the Guangzhou National Central Urban Research Base for their financial support, and the hard work of Editor Chen Sun.

Li JIANG